高校思政课实践教学成果系列丛书
北 京 市 共 建 项 目 专 项 资 助
教育部“高校思想政治理论课教学方法改革项目择优推广计划”成果
教育部“全国高校优秀中青年思想政治理论课教师择优资助计划”成果

《行走的课堂——北京城乡一体化发展情况的调查》编委会

顾　　问　胡树祥　朱凌云　李志军　韩小谦

主　　编　冯秀军

副 主 编　陈文娟　郭红梅

参编人员　郭红梅　朱家梅　哈战荣　张晓阳　邢　雷
　　　　　蔡亚志　詹来宇　李　娟　肖　翔　卢迎春

行走的课堂

——北京城乡一体化发展情况的调查

中央财经大学马克思主义学院
“毛泽东思想和中国特色社会主义理论体系概论”教研室/编

Xingzou de Ketang

中央民族大学出版社
China Minzu University Press

图书在版编目（CIP）数据

行走的课堂：北京城乡一体化发展情况的调查/本书编者. —北京：中央民族大学出版社，2018.5 重印
ISBN 978-7-5660-1138-1

Ⅰ. ①行… Ⅱ. ①中… Ⅲ. ①城市建设—调查报告—北京市 Ⅳ. ①F299.27

中国版本图书馆 CIP 数据核字（2016）第 004613 号

行走的课堂:北京城乡一体化发展情况的调查

编　　者	中央财经大学马克思主义学院“毛泽东思想和中国特色社会主义理论体系概论”教研室编
责任编辑	戴佩丽
封面设计	布拉格
出 版 者	中央民族大学出版社 北京市海淀区中关村南大街 27 号　邮编:100081 电话:68472815(发行部)　传真:68932751(发行部) 68932218(总编室)　68932447(办公室)
发 行 者	全国各地新华书店
印 刷 厂	北京建宏印刷有限公司
开　　本	880×1230（毫米） 1/32　印张：12.5
字　　数	320 千字
版　　次	2018 年 5 月第 2 次印刷
书　　号	ISBN 978-7-5660-1138-1
定　　价	49.00 元

行走于课堂之外

（序言）

作为一名高校思想政治理论课的教师，时常会遭遇这样的尴尬：教师站在讲台上口若悬河、滔滔不绝，学生却枯坐于讲台之下面无表情、昏昏欲睡。甚至，还会有善良的学生满怀同情地悲悯于我们教师的真情投入，并善解人意地宽慰：老师，其实，您讲得挺好，挺不容易的……

为什么会有这样的遭遇和尴尬？为什么我们努力地付出却未能得到成正比的回报？带着问题与困惑，我们发起各类、形形色色的调研，一遍遍地审视教学的每一个环节。调研、审视的结果，不外乎教材内容陈旧、不切实际，教学方式方法有待改进，教师能力素质有待提高等一系列问题。于是我们对症下药，组织专家编写教材，教材层次越来越高；改进教学技术，课件制作越来越精美；加大师训力度，教师倍感使命与责任……不可否认，情况确实有所改善，但问题似乎还是没有根本解决，社会各界对思想政治理论课教学实效性的质疑也依然存在。那么，在这些常规问题与对策之外，还有其他的突破点吗？

于多方求索中，我们有一个小小的“非常规”发现：问题或许还与思想政治理论课的课堂样态有关。

不妨再来检视思想政治理论课教学的课堂场景：教师在孤岛式的讲台上谆谆教导、苦口婆心，学生在秧田式的课椅上端坐、僵坐、呆坐、枯坐——这是一种学生身体被捆绑在椅子上的静态课堂，且是日复一日的捆绑式静态课堂。这样的课堂场景，无论教材多么完美，教师讲授多么精彩，都难免陷入“说教、灌输、重复、枯燥、厌倦、逆反……”的泥沼——据学生说，就算老师讲授的每节课都是“精彩一课”，还是难免“审美疲劳”而感觉乏味！

在这种没有思维活性的休眠课堂、缺乏情感参与的冷漠课堂之中，可能取得良好的教学成效吗？这需要再回到思想政治理论课的课程特性与目标。与那些以科学性知识学习为主旨的课程不同，思想政治理论课是一门以世界观、人生观和价值观等为主要内容的价值性知识学习课程，其课程目标就是引导和帮助学生学会认识、理解和对待我们生活的世界和社会。对于科学性知识学习，经由具体经验提炼而来的间接、抽象知识和理论的学习，是更为高效、便捷的途径；对于价值性知识学习，却很难单纯依靠纯粹抽象的知识传递和理论说教完成，还必须经过学习者的情感体验、心灵感悟和价值认同等重要环节。因此，如若没有心灵深处风起云涌的心动时刻，没有头脑之中火花飞溅的思维碰撞，思想政治理论课不可能有效，层出不穷的思想政治理论课教学改革与创新也难见成效。

那么，身体的捆绑与思维的活力、情感的激荡有关联吗？心理学告诉我们：活跃、兴奋的身体状态总与思维、情感的活性相关。在捆绑式的静态课堂中，即便教师的讲授具有足够的吸引力，学生也只有眼睛与耳朵是“醒”着的，他们的四肢和其他感官往往处在“休眠状态”。“休眠”的身体状态往往伴随着精神的惰性，意味着思维与情感的蛰伏。既然如此，我们能否尝试将学生从端坐、僵坐、呆坐、枯坐的捆绑式静态课堂之中解放出来，让他们的五官和四肢再去激活、点燃他们的思维与情感？

那么，又该如何让学生的五官和四肢活跃起来？我们认为，行走于课堂之外的实践性学习，或许是一条不错的路。

或许我们“文明”的太久，反倒忽略和淡忘了一个事实：人类以人类特有的方式认识和改造世界，就是首先从解放自己的四肢开始的，从双手握住那块石头开始握住整个世界。从直立行走起步开辟崭新世界——行走于广阔天地间的实践原本就是人类认识、把握和改造世界的最基本方式。实践更是人的意识活动的基础。正是在实践过程中，人发展出了意识能力，使人的生命活动成为有意识地生命活动。“通过实践创造对象世界，改造无机界，人证明自己是有意识地类存在物。”（《马克思恩格斯全集》第3卷，人民出版社2002年版，第273页。）如此看来，虽然随着人类实践经验的积累，我们可以通过抽象学习、理性的理论学习来更高效地认识和把握世界，但对于思想政治理论课程这样的价值性学习来说，身体力行的实践性学习却是必不可少的基本环节。

《行走的课堂》即源于这样的思考与认识：努力改变传统的课堂场景和样态，让那些充满生命活力和青春能量的大学生行走于课堂之外的课堂，让他们尝试用行走的双脚去认识世界，用伸开的双手去触摸世界。

当他们迈开双脚，伸出双手，张开耳朵和嘴巴——去走，去做，去看，去听，去问——他们必然会与种种“问题”相遇。需要特别指出的是，这些问题，是他们自己的问题，而不是教师的问题；是因人因时因情境而不同的真问题，而不是课堂上“为赋新词强说愁”的假问题；是激起他们好奇、愤怒、迷茫、自豪、痛苦等情感体验的活问题，而不是课堂上闭着眼就知道教师需要什么答案的死问题……面对这些问题的“逼迫”和“诱惑”，他们只有去思考，去尝试；去碰壁，去坚持；去选择，去放弃；去征服，去反思……如此，在身体的活动中出现了思维过程的展开和碰撞，出现了心灵的震撼和激荡——这不正是我们千方百计求之不得的“珍宝”吗？不愤不启，不悱不发，这才是教育的契机所在，生命的节奏所在！

“北京城乡一体化发展情况的调查”是中央财经大学马克思主义学院的教师基于如上认识与思考，带领近2500名2012级大学二年级学生在“毛泽东思想和中国特色社会主义理论体系概论”课程教学中，结合中国特色社会主义理论，围绕北京城乡一体化发展情况进行的广泛的社会调查研究。同学们围绕大主题自己设计了具体的实践主题，通过个案访谈、调查问卷、现场采访、角色体验等方式展开社会实践，对北京城乡一体化发展中的教育、医疗、交通、村改城等情况进行了深入的调查。通过几周的社会实践，深化了同学们对中国特色社会主义理论的理解，增强了对国情、社情、人情的了解，总结了北京城乡一体化发展过程中的经验，也认识到了这一过程中存在的不足和问题，提出了自己的思考和认识。

或许他们的实践和报告还显得幼稚、浅薄而不够成熟、深刻，但在缺憾和不完美中我们已然看到了他们在行走途中的收获。天空似乎没有留下痕迹，但鸟儿确实已经飞过。愿以此《行走的课堂》记录师生共同成长的足迹。

2015 年 5 月

目 录

探究城乡一体化过程中农民生活变迁状况

——以昌平区石牌坊村为例

团队：行者无疆

成员：吴　丹　路　珊　尤雪莹　蔡泽彬　张雪薇

姜潇潇　韦　琪　甄　妮

一、实践方案

（一）实践主题

党的十七届三中全会提出《中共中央关于推进农村改革发展若干重大问题的决定》，其中指出，城乡经济社会一体化新格局是农村改革的一个基本要求。该文件指出了促进城乡经济社会一体化的必要性："农业基础仍然薄弱，最需要加强；农村发展仍然滞后，最需要扶持；农民增收仍然困难，最需要加快。"形成城乡经济社会发展一体化新格局是新阶段中国农村改革的总体方向，是解决当今城乡发展的问题重要措施和方法。

马克思和恩格斯的著作中均提到了城乡一体化的概念。城乡一体化是人类社会历史发展中所要经历的必然阶段，这是一种马克思主义的发展观。马克思在《政治经济学批判》中提出："古代的历史是城市的历史，不过这是以土地、财产和农业为基础的城市；亚细亚的历史是城市和乡村无差别的统一；中世纪是从乡村这个历史舞台出发的，然后它的进一步发展是在城市和乡村的对立中进行的；现代的历史是乡村城市化。"而恩格斯提出了"城乡融合"的概念，同时指出了“城乡融合”的标志：工人和农民之间阶级差别的消失；人口分布不均衡现象的消失。《共产党宣言》中也提出：“把农业同工业结合起来，促进城乡之间的差别逐步消灭。”城乡一体化是我国现代化和城市化发展的一个新阶段，是对城市和乡村的共同促进和实现两者的协调发展。城乡一体化不仅是促进城乡居民的生产方式、生活方式和居住方式变化的过程，还是城乡的人口、技术、资本、资源等要素相互融合和互相服务的过程，并逐步实现城乡之间的经济、社会、文化、生态上的协调发展。城乡一体化，是重大并且深刻的社会变革，是思想观念、政策措施、发展方向等各个方面的创新和变化。

从宏观上来看，虽然我国的农村社会经济改革发展取得了较为显著的成效，但是从工业化和城市化的进程中来看，还有很多社会问题需要解决。目前城乡之间的差距仍然很大，国民收入分配还存在很大问题。而国家的资金、政策、制度等综合的资源配置仍然大幅度地倾向于城市，国家总体的改革发展成果在城市和乡村之间的分配并不平衡。在城乡一体化中，农民的生活虽然得到了一定程度的改善，但我们还需要对农村给予更多的关注，关注城乡一体化对他们的生活产生的方方面面的影响。

（二）实践目的及意义

我们调研的目的有四个。一是通过调研，了解昌平区周边的乡村人民的日常生活情况，深入社会，深入群众。二是通过亲身实践，走访较为贫困的地区，了解人民的生活，倾听人民心声，关心他们的生活变化和生活情况。三是从实际中发现问题，并对调研中发现的问题进行总结、概括，争取能够上报给有关部门，将基层的情况和意见建议反映给上级。不仅仅是局限在校园里、局限在有限的课本知识里，而是通过实践来学习，将理论和实际相结合，真正地掌握课上的理论知识。四是锻炼自己的社会活动能力、人际交往能力、沟通能力和逻辑分析能力，从实践中学习和提高自己。

社会实践有助于我们接近实际，接近生活，贴近社会，真正地了解社会正在发生的变化，遇到的问题和需要改进的地方。促进城乡一体化，有助于加强城乡之间的经济交流与协作，使城乡的生产力能够优化合理地进行分工，合理地布局、协调发展，最终取得最佳的经济效益。随着城乡一体化的进展，逐步缩小直至消灭城乡之间的基本差别，从而使城市和乡村融为一体，促进社会的和谐发展。但是城乡一体化不能一蹴而就，社会的发展是曲折前进的，其间一定会遇到许多问题和一些发展误区。这就需要我们亲自去了解，去走访，深入地探寻政策实际运用中的问题，并对这些问题进行总结，提出解决方案，促进社会更好地发展。

（三）实践方法

1. 观察法：即通过实地观察，真实地记录下所看、所听、所闻、所感，对所要研究的对象有个大致地直观了解。在这次实践中，我们在对实践地的人们进行采访的时候，充分运用了该法，实时记录下被采访者在回答问题时有意义的情绪和神态，以便于采访记录分析更到位。

2. 文献资料法：文献法也称历史文献法，就是搜集和分析研究各种现存的有关文献资料，从中选取信息，以达到某种调查研究目的的方法。它所要解决的是如何在浩如烟海的文献群中选取适用于课题的资料，并对这些资料做出恰当分析和使用。实践中，我们在实地调查之前通过图书馆、网络等方式查阅了大量关于北京市城乡一体化及该村的资料，并要求每位组员对这些资料进行仔细阅读，以便于更好地把握本次实践的主题。

3. 问卷调查法：即用书面形式收集意见和建议来间接获得材料和信息的一种方法。在本次实践中，我队成员根据确定的主题方向及要了解的问题制作了调查问卷。

4. 深入访谈法：访谈法是指通过访员和受访人面对面交谈来了解受访人的心理和行为的心理学基本研究方法。因研究问题的性质、目的或对象的不同，访谈法具有不同的形式。根据访谈进程的标准化程度，可将它分为结构型访谈和非结构型访谈。访谈法运用面广，能够简单而详实地收集多方面的工作分析资料，因而深受人们的青睐。在此次实践中，队员尤雪莹、吴丹、路珊前往实践地与当地农民进行了亲切深入的交谈，获得了农民的信任，掌握了更加真实可靠的资料。

二、实践过程

（一）实地观察结果

从网上的文献资料中我们得知，北京市昌平区石牌坊村是个以发展种植业和畜牧业为主的村庄。村内已实现“五通”（通水、通电、通路、通电视、通电话），但是没有路灯。医疗教育均有发展但还不太完善。但是这些对石牌坊村的认识都很抽象，当我们小组亲身来到昌平石牌坊村后，对这个处于城乡接合部的村落有了更加深刻直观的认识。由于时间和地域的限制，我们小组选取石牌坊村的十户人家作为重点了解对象，深入农户家里做了认真地观察和采访。

1. 石牌坊村的自然环境

我们小组一走入石牌坊村就被当地绿树蓝天的风景所深深吸引。它地势平坦，视野开阔。村中和果园茂密的植被覆盖给石牌坊村带来不同于昌平城镇的新鲜空气，和田园风光一道，使村周围的自然环境保持良好，为村民提供着一层天然的绿色保护伞。

2. 村民的居住环境

石牌坊村的村民基本都是居住在自家修建的房屋中。家中相对宽裕的村民修建的就是两层结构的小楼，中等的家庭则是平房，而相对贫困的农户则住的是老旧的土屋。村民的房屋的共同特点就是家中没有过多装修，仅是简单的毛坯房，摆放着桌椅，柜子等家具，不过基本的家电（诸如电视、风扇）还算齐备。

3. 石牌坊村的民风人情

我们小组全体成员最大的感受就是这里的民风十分淳朴，村民们都很友善，热情好客。当我们说明采访意图和原因后村民们都会笑着让我们进屋里坐，给我们倒水喝，有位阿姨甚至给我们洗水果吃，这一切都让我们倍感亲切，也少了一分入户采访的不安和拘谨，整个采访都像聊天一样轻松愉快。

4. 石牌坊村的经济发展

石牌坊村作为北京市昌平区的所辖村落，经济的发展还是相对不错的。从我们的观察中可以直观地感受到三点：

第一，村民中存在着明显的贫富差距，这从住房大小、房屋外观和家里陈设中可见一斑；

第二，基础设施建设不完善，村中仅有三家杂货店，村上的商店关门时间很早，基本在天黑后（夏季时间就是20点左右）村上的街道就漆黑一片了；

第三，二手资料显示：该村农村经济总收入166.1万元，其中：种植业收入67.5万元，占总收入的56%；畜牧业收入75.6万元，占总收入的26%（其中，年内出栏肉猪538头）；二、三产业收入17.6万元，占总收入的14%；工资性收入4.3万元，占总收入的0.4%。农民收入以种、养殖业为主。全村外出务工收入2.7万元，其中，常年外出务工人数54人，在省内务工5人，到省外务工49人。

此外，石牌坊村的交通情况良好。石牌坊村旁有通往昌平城区的公路，并且有昌67路公交车直达。村民出行基本上靠自家的摩托车、汽车或者搭乘公交车。总的说来，出行对于村民来说已经十分的便利。

（二）问卷调查分析

我们小组采用随机抽样的方式在石牌坊村调查了55个样本，并且将调查问卷与入户采访相结合，在与当地居民的交谈中完成了对调查问卷的填写，对石牌坊村的情况有一个更加深入的了解。由于时间和交通的限制，因此我们小队将抽样的对象重心放在靠近道路的村中农户家中。问卷样本的数量虽不算多，但具有一定的典型性和代表性。

1. 性别

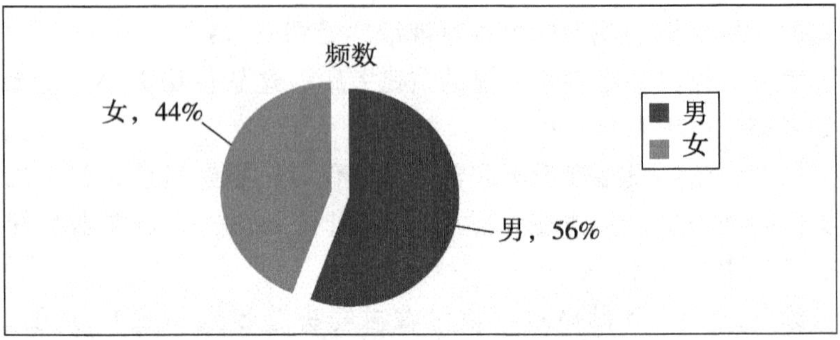

2. 年龄

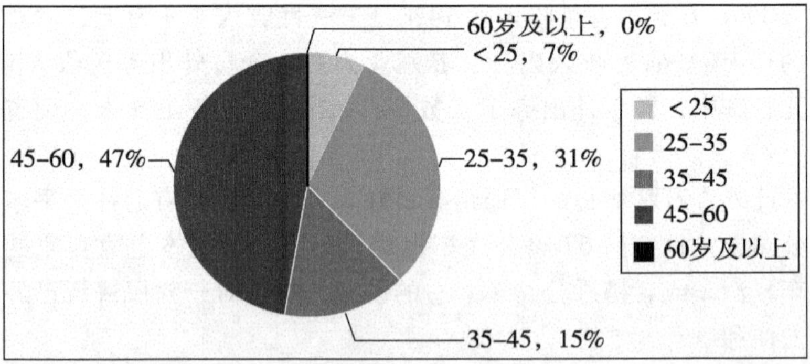

从以上两个饼状图可以看出我们的调查对象的男女比例相当，年龄层覆盖老中青三代，这为我们调查实践结果的可靠性和普遍性提供了一定程度的保障，有利于得出更加真实和准确的实践结论。

同时从年龄分布的饼状图也可以看出 45 岁以上的中老年人在石牌坊村所占比例较大，而青壮年人占三分之一左右。这从一个方面说明除去村里的青壮年劳力外出务工，老人留守在家，石牌坊村还是有较大一部分富裕劳动力的。

3. 受教育程度

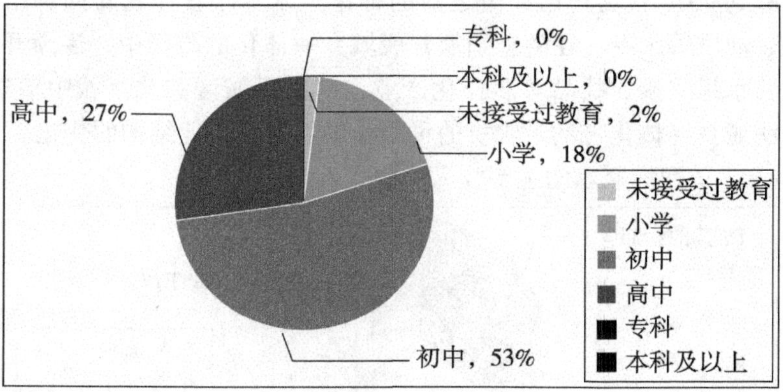

从图中我们可以看出石牌坊村小初高中学历的人占92%，尤其是初中学历人口占了一半以上，而十分缺乏专科和本科学历的人。说明当地人民普遍受教育程度低，文化水平低，缺乏有知识、有文化的人力资源也是阻挠石牌坊村迈向小康的重要因素。昌平区政府应重视对不同年龄层的教育，加大对县里教育的投资，如对下岗再就业培训、专业技能培训和青少年的全日制教育等的重视都是有利于长远发展的。

4. 请问您家是从什么时候开始转向经营水果采摘的？

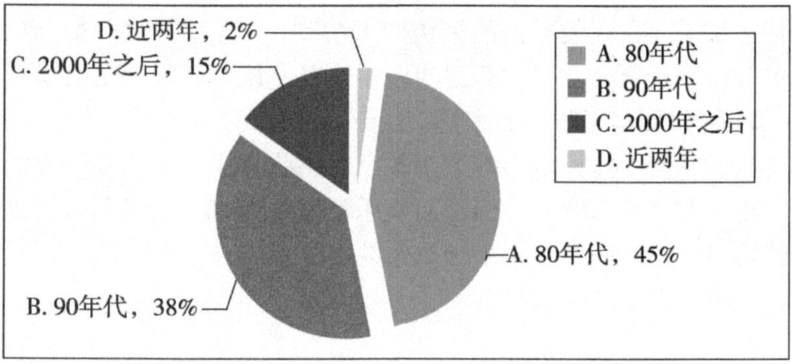

从饼状图和与村民的聊天中我们可以看到，石牌坊村有83%的家庭到90年代为止已经由之前的种植玉米等粮食作物转向种植樱桃、油桃等水果。在随着国家开展城乡一体化的脚步中，逐渐开始经营水果采摘、礼品等多样化产业，向昌平城区和北京城中输送。说明城乡一体化带动了农村的种植业的发展和产业结构的变化。

5. 请问您家庭的主要收入来源是？

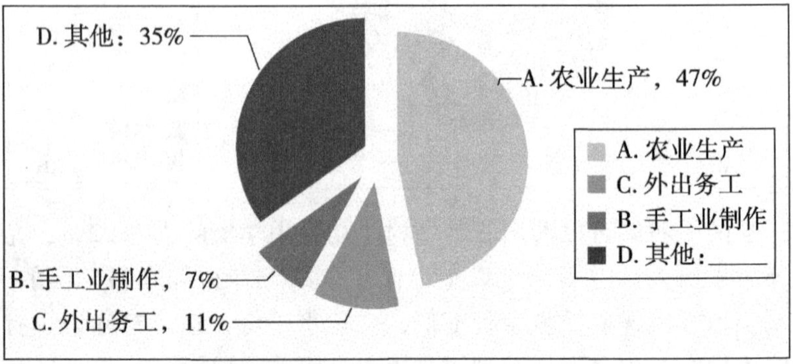

从图中可以看出一半左右的家庭的主要收入来源于农业生产所得，以从事手工业制作和外出务工为主要家庭收入的仅占18%。这说明石牌坊村依旧是以种植业为支柱产业之一，其主要的劳动力都投入在这个上面，并在种植水果的基础上经营采摘、加工、礼品等一体化发展。在我们后面的采访中了解到，“其他”这一部分的人群中有很大一部分在当地新建的老年公寓、旅游度假山庄工作。

6. 请问您家庭收入的主要支出方面是？

从饼状图中可以看出绝大多数家庭将收入主要支出在子女教育和食物等家庭日常收入方面，而娱乐消费仅为10%。这可以推断出石牌坊村居民娱乐和精神生活较为缺乏。

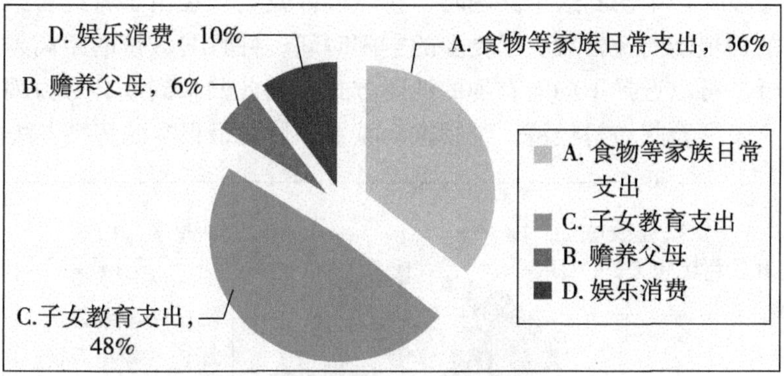

7. 请问您每天务工或工作时间大约是？

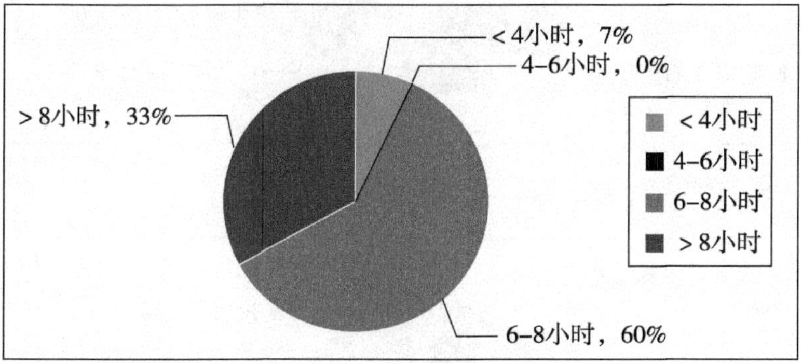

从饼状图可以看出大部分人每日的工作时长在6至8个小时，工作强度还算适度，但也有33%的人每天工作8小时以上。从采访中我们了解到，部分家庭的主要收入来源每天工作时长甚至达到12小时。这说明部分村民的工作很辛苦，并且收入在北京来说并不容乐观。

8. 您在休息时的消遣方式有？

从饼状图中可以看出石牌坊村村民的娱乐消遣方式还是比较丰富的，在闲暇时有跳舞、聊天、看电视和打牌的多种方式打发时间。在采访中谈到这个问题时，村民告诉我们现在由于将纯自给自足的种植转向经营后有了更多的空闲时间，并且与城镇的距离越来越近，可以选择不同的有趣的消遣方式。因此归根到底，努力因地制宜发展石牌坊村经济，继续推动城乡一体化最根本的解决方法。

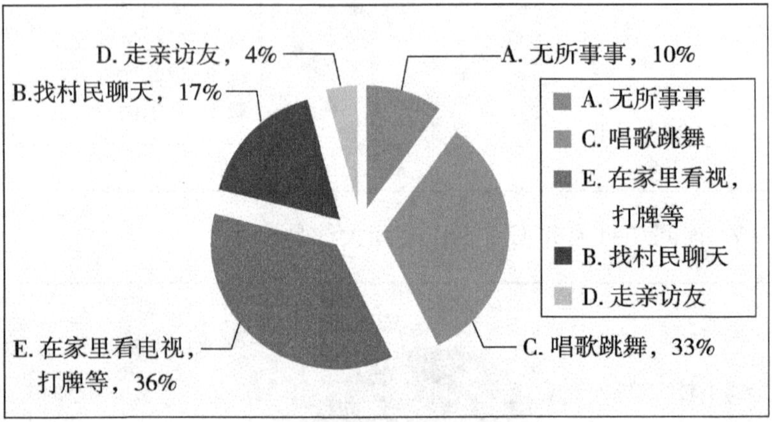

9. 请问您平时生病就医是否有困难？

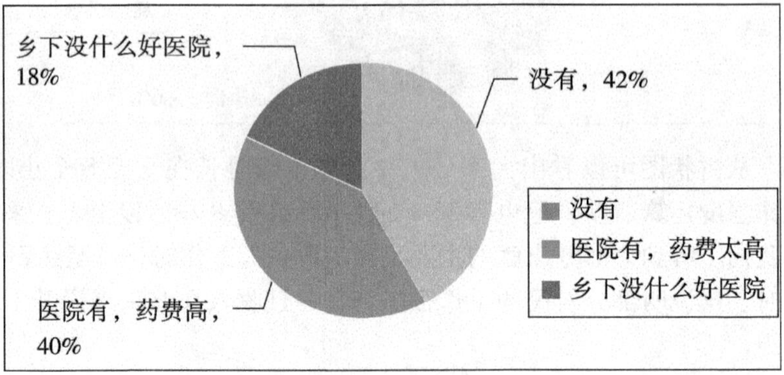

由于国家实行的新农合政策，让现在村县的医疗问题解决不少，42%的居民认为就医基本上没有困难。但是仍然存在一些问题尚未解决，比如自费药费用高，医院门槛费高和乡下没有什么好

医院。

10. 您一般会去的医院是?

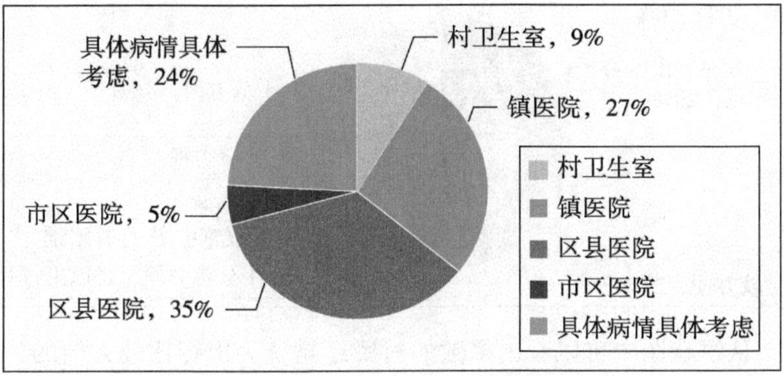

从饼状图中可以看出不同级别的医院都会有选择，但也会依据具体病情具体考虑。一般的疾病则会选择镇医院和区县医院，而如果遇到较为严重的疾病则会去市区医院。

11. 医疗费用会有国家补贴吗?

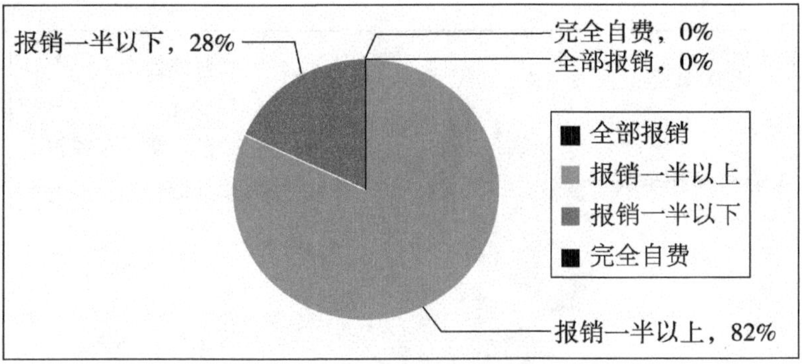

从国家针对农村的医疗报销政策来看，村民可享受的是70%的报销，因此有82%的人看病报销可以达到一半以上。但是也有一些村民无法享受到一半以上的报销，问及原因时，村民也表示不清楚。

12. 请问您觉得平时出行是否方便？

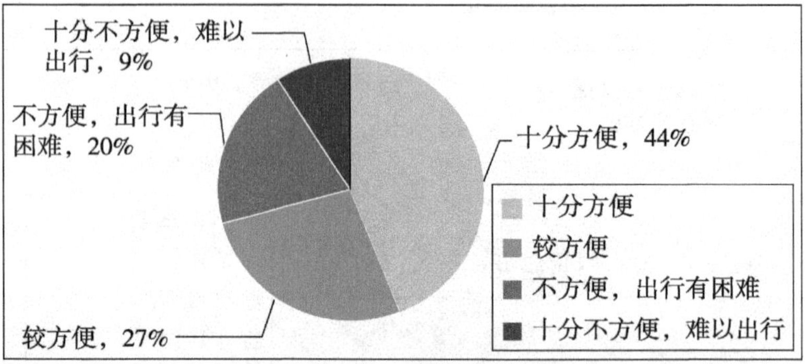

从饼状图中可以看出多数的村民还是认为出行比较方便的，因为多数村民所在村落位于公路附近。但也有29%的人认为出行很不方便，主要由于他们住在距离公路较远的地方，离搭乘公交车的地方需要走一段路。但总体来说实现“五通”后的石牌坊村的交通还是十分方便的。

13. 请问您常采用的交通方式是？

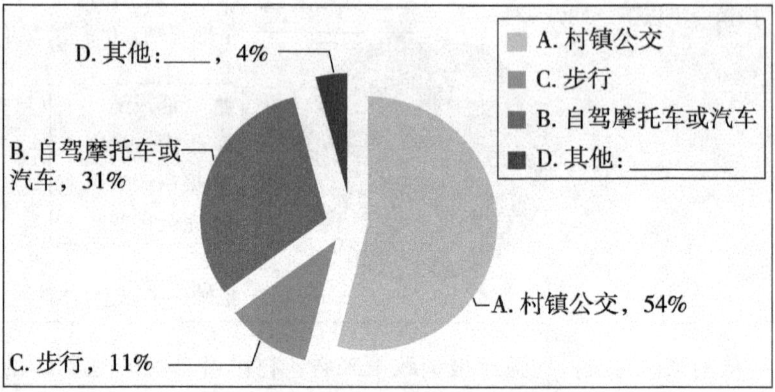

从饼状图中可以看出公交车和私家机动车是村民的主要交通工具。

三、实践感悟与思考

本次调查结束后，我们离开石牌坊村回到学校。小组全体成员随即召开了会议，大家各自谈了对于此次实践调查的感受，并对所收集到的资料进行了探讨。经过小组的合作整理分析，我们认为石牌坊村如今的发展现状基本令人满意、总体发展势头向好，但同时也存在一些缺陷和问题。

（一）良好发展的表现

1. 石牌坊村的水果种植业和特色采摘农业不断发展，村民收入日益增加，生活水平不断改善。

2. 便利的交通不仅为村民的出行带来便利，也是当地特色采摘农业发展的动力。便捷的交通使得更多城市居民慕名来度假，对水果采摘和农家乐活动进行消费，这有助于激活当地经济发展，使之由主要依靠农业向依靠第三产业转变，降低全村经济发展的风险，为村民收入的稳定性提供了保障。

3. 村民衣食住行及医疗都有了相应保障，村中为村民们兴建了包括音乐室在内的学习娱乐场所，村民们的闲暇时间和可选择的娱乐活动均有增加。

4. 受访村民中青壮年劳动力比重不低。刨除儿童，可以推断出青壮年劳动人口占全村人口的比例应在70%以上。足够的青壮年劳动人口为石牌坊村的发展提供了动力及续航的保证。

5. 村民对教育的重视程度高。（前文饼状图中显示，受访村民将48%的收入用于子女教育支出。虽然现在“上学难”是普遍问题，但石牌坊村民们舍得这笔开支，足以体现他们对教育重要性已经有所认识）

（二）仍然存在的问题

1. 村民收入

村民收入水平在全北京内仍然不容乐观，且受访者中有1/3的劳动人口劳动强度较大（超过八小时），其中原因是多样的。受教育程度低是主要原因之一。

解决措施：石牌坊村可依靠其相对良好的环境及已经有一定规模的水果采摘发展成为特色经营，客源就是数量庞大的北京及周边地区市区居民。

（1）改进村内相关设施，增强采摘果园商业接待能力。完善水果生产产业链，可尝试发展新鲜水果直销、特色水果产品加工（如樱桃果干）等行业。

（2）应适时组织开展针对水果种植经营的村民培训课程，开拓生产经营思路，拓宽收入来源。可以邀请农科院专家定期对村民进行种植技术、日常管理、防治病虫等方面指导，积极探索农业经济发展模式，建立特色农业基地，为石牌坊村农民增收提供多种途径。

（3）可以尝试打造"公园式果园"同时完善设施：新建改建步道、索道、休闲亭、景观池等一系列旅游设施，新增马车、犁等一系列农具供游客体验，让城区的客人在这里可以一站式采摘、游玩、休息、体验农耕文化，来了多待一会，留下来吃个午饭再走，带动周边服务业发展。

2. 基础设施

村内基础设施不完善，虽然近几年有所增建，但仍然仅有三家杂货店，并不能满足村民们对日常生活用品的全部需求。石牌坊村中甚至没有路灯。虽然医疗补贴通常可以抵消医药费的50%以上，但受访村民仍有半数以上表示自己面临"看病难看病贵"的问题。从他们的回答能看出，石牌坊村所设的医疗机构水平有限。

解决措施：农村基础设施建设担负着新农村建设中的"硬件"

建设任务，是社会主义新农村建设的重要组成部分。加强农业农村基础设施建设，既是当前扩大内需、改善农村民生的重要举措，也是形成城乡一体化新格局的战略任务。通过加强基础设施建设，努力将石牌坊村完善成一个设备齐全的居民社区。政府有关部门应该高瞻远瞩、统筹安排，编制相应的建设规划，把房屋建筑、交通、安全饮水、水利、供电等基础设施规划结合进行，与农村义务教育、医疗卫生等社会事业以及生态保护和产业发展规划有机统一。对于有关费用，可采取村民集资和政府投资相结合的方式。除了政府加大财政投入以外，我们建议政府创新机制，建立引导、鼓励各种社会力量投入农村基础设施建设的参与机制。进一步放宽农业和农村基础设施投资领域，强化政府支农资金的引导职能，充分利用市场机制，采取税收优惠、贴息等措施引导社会力量积极参与农村基础设施建设。大型建设靠政府下属有关部门组织建设，一些息息相关的小设施（如路灯）则可以由村中组织村民集资安装。政府既要充分做好村民思想工作，使他们愿意为之出资，也要在政策上给予尽可能多的补贴。对于“看病难看病贵”的问题，我们认为这是全国普遍存在的问题，不单单石牌坊村如此，因此只能建议畅通报销机制，对“如何报销”和报销的详细情况进行解说，让村民们的医药费报销过程更顺畅。为了方便结报，提高办事效率，必须加强新农合管理运行系统的信息化建设。建议由区卫生厅出资设计统一的软件系统，使新农合的结报模式与城镇职工医疗保险的结报模式相同。这样可以解决两大难题：一是费用报销实行电脑自动审核，克服人为关系等因素的干扰；二是农民看病报销可以即看即报，不需要农民垫付报销费用，提高工作效率。

3. 教育程度

受访村民普遍受教育程度不高，这限制了他们对农业技术和生产经营方式的改进，从而也就减缓了全村经济发展的速度。据调查石牌坊村附近只有一所小学，初高中学龄儿童需要到昌平区其他区域的学校就读，这给他们带来了不便。

解决措施：强化农村基础教育是培养和提高人口科技文化素质的必由之路。提高农民科技文化素质，要从基础工作抓起，这就要求政府一方面加大对教育的投资力度，为发展教育提供足够的资金，不断改善教学条件；另一方面要切实贯彻《义务教育法》，保证学龄儿童的入学率和巩固率，防止和尽量杜绝青少年辍学和失学现象的发生。政府需要加大教育投资，根据村中学龄儿童就读需求考虑扩建原有校区或增设新学校。对于成年村民，要有针对性地开设成人教育班，后续跟进与水果种植相关的农业知识与果园和农家乐的经营方法的普及教育，有计划、有针对性地提高村民科学文化素质。

4. 农业支持

昌平区政府在农业科技和育种方面并未给村民提供支持，这在一定程度上限制了作为主要收入来源的种植及养殖业发展。

解决措施：政府机构应增强在农业科技和育种方面的资金和政策支持，帮助村民改进育种及生产技术。定时组织专家入村对村民进行知识普及和宣讲，使石牌坊村村民的生产效率得以提高，从而可以进行更高质量的生产经营，通过这种方式增加个体收入，解放生产力，既能减轻村民的劳动负担，又能使整个村子的生产经营收入得到增加。

（三）总　结

石牌坊村应该重点发展水果生产产业链，增加水果产业附加值；充分利用自身优质资源开展农家乐项目，果园采摘等活动。但其周边配套设施不完备阻碍了农家旅游的进一步发展，网上资料显示北京有很多这样的村落，可以说石牌坊村是有代表性的样本，开拓思路、多种途径发展经济、提升村民生活水平应放在第一位。

教师点评：

该小组从昌平区的石牌坊村发展情况入手，选题立足于身边真实的生活，通民意，接地气。小组运用了丰富多样的调查方法，对石牌坊村的自然环境，居住环境，民风人情，经济发展情况等做了详细而透彻的调查，也设计了全面的问卷并对其进行了深入的分析，实践过程完整、科学。在实践过后，小组根据实地考察得到的第一手资料，总结出了实践成果，对石牌坊村取得的建设成果和仍然存在的问题进行了反思，并通过小组讨论以及资料查找，总结出了该村城乡一体化发展的建议，为当地发展提出了初步的参考意见。

城乡一体化中的教育均等化问题

团队：五月花号

成员：南笑意　郑兆强　闪琦慧　亢　越　代　轲

黄晓璇　陈玫伊　黄静涵　俞树笑　韩佳沂

一、实践方案

（一）实践背景

城乡一体化是我国现代化和城市化发展的一个必然阶段，城乡一体化就是要把工业与农业、城市与乡村、城镇居民与农村居民作为一个整体，统筹谋划、综合研究，改变长期形成的城乡二元经济结构，实现城乡在政策上的平等、产业发展上的互补、国民待遇上的一致，让农民享受到与城镇居民同样的文明和实惠，使整个城乡经济社会全面、协调、可持续发展。

在人类社会，要发展就必须要牺牲。在过去，是牺牲环境发展经济，牺牲农村发展城市。但是，不管经济社会处于何种状态，教育永远不能为其他事物的发展让路，这是一个民族发展的根基。

在头脑风暴阶段，小组成员从以往的支教经验出发，看到了城乡一体化进程中的教育问题，尤其是来自农村处于城市边缘的农民工子女和城市居民子女的教育环境和资源分配的不均等问题。于是我们把主题定为教育，想看看在当前城乡一体化的过程中，教育在城乡间的现状是什么，差别有多大，差别在哪里，原因是什么，并结合真实的走访和调查实践找到问题的答案。

（二）实践思路

鉴于小组的人员较多，为使每个队员都得到充分的实践机会，并且更好地展示我们的课题研究成果，我们选择了两所中学进行对比研究，在城市和农村各选了一所学校。城市里，我们选择了位于北京市朝阳区的陈经纶中学。陈经纶中学是一所国家公立学校，地处朝阳区最繁华的商业街，毗邻中央商务区，由香港企业家陈经纶先生捐资改建，是北京城市公立学校的代表。乡镇里，我们选择了位于昌平区百善镇的百善中学，就读学生主要是农民工子女，具有一般乡镇学校的代表性。

我们将队伍分成了两个组——“进城组”和“下乡组”。一组五人，分别前往朝阳区的陈经纶中学和昌平区县城的百善学校进行实践。

（三）实践特色

1. 理论性

我国的教育现代化必须是有中国特色的社会主义教育现代化。突出中国特色，必须立足于农业大国的国情，着眼于城乡教育一体化发展；突出社会主义属性，必须突出教育公平，致力于城乡教育公平。城乡教育一体化是我国教育现代化的核心要素，城乡教育一体化现代化是我国教育现代化的理性目标模式。

2. 时事性

近年来全国各地普遍出现的城镇学校班容量过大、进城务工人员子女入学难、留守儿童管护难、农村边远学校保留难、城乡学前教育普及难等问题，都是城乡一体化过程中涌现的教育问题。我们紧跟时事热点，从关注民生的角度出发，去感受城乡差距中的教育问题。

3. 可行性

由于时间较紧，我们实践选取的学校一个位于昌平区，离本校较近，交通方便。一个位于朝阳区，是一位队员的母校，联系较为方便，具有较强的可行性和可操作性。

（四）实践人员分工

项目	人员	
分组	进城组：郑兆强　闪琦慧　亢越　代轲　黄晓璇	下乡组：南笑意　陈玫伊　黄静涵　俞树笑　韩佳沂
资料收集	闪琦慧　亢越	黄静涵　俞树笑
学校实践	全组	全组
资料整理	郑兆强　代轲　黄晓璇	南笑意　陈玫伊　韩佳沂
PPT 展示	全员	

二、实践过程

（一）进城组

1. 前期资料收集

北京市陈经纶中学是国家公立学校，始建于1921年，是朝阳区唯一一所具有90年历史的老校，2002年被批准为北京市首批示范性普通高中，是目前朝阳区办学规模最大的市级示范校。

（1）硬件设施

陈经纶中学具备一流的办学设备。新建的图书馆、阅览室宽敞明亮，藏书13万册，实行开架借阅；学校各类专用教室齐全，今年投资建设朝阳区第一个数字博物馆，并拥有设施先进的学术报告厅和可容纳近2000人的多功能大礼堂，可安排不同规模的教育教学活动；学校拥有竞赛标准的田径运动场，室内篮球馆和游泳馆；2007 年 10 月竣工的陈经纶中学数字化校园工程，无限扩展了师生的教育视野和学习时空，成了学校全面建设和发展的新平台。

（2）办学理念

陈经纶中学在“建设个性化学校，成就个性化教师，培养个性化学生”的办学理念引领下，正朝着“办学个性化、施教科学化、校园数字化、学习国际化、规模集团化”的办学目标发展，让全体学生都得到健康、活泼、主动的发展，全面践行素质教育。

（3）办学特色

陈经纶中学是一所有着深厚文化积淀的老校、大校、名校，有着自己独特的办学风格和办学特色，有着优秀的师资和课程资源，能给学生带来丰富的、积极的学习体验。

（4）名师特色

陈经纶中学是“重视人才先进单位”，围绕“名长名师”工程创新了学校的人事管理体制和机制。全国劳模、市区先进、优秀教师、市区学科带头人和学科骨干的人数占学校教师的 56%，其中特级教师 4 人，市级学科带头人 3 名，市级学科骨干 16 人，区级学科带头人、学科骨干和优秀青年教师 68 人，高级教师占教师总人数的 30%，硕士以上高学历教师 24 人；班主任队伍精良，唯一一所与《班主任》杂志社密切合作并正式命名为研究基地的学校。

（5）课程特色

学校全力实施新课程的同时自主构建拓展性课程。课程不仅注重“双基”训练，还强调开展学科综合，渗透学科思想，培养方法能力，注重学生基本学力和高考竞争力的提高。我校综合实践活动、研究性学习、人生远足等课程在市区都做出了有益探索，有广泛的影响力。特别是我校与中科院合作共建“科技英才班”，从教育研究的角度探索培养拔尖创新人才模式，与北京大学、北京师范大学、中国农业大学、北京工业大学等高校合作，让优秀学生走进国家重点实验室进行深度的课题研究。校本课程开发方面，构建了“科技活动类、学科竞赛类、生活技能类”等十大类开放多元的课程体系，促进了学生全面而富有个性的发展。在社团建设方面，开发了以“拾贝公司”为代表的品牌社团100多个，每个经纶学子都能找到自己喜欢的社团，给学生的不同兴趣特长搭设发展的平台。

2. 走访实践

（1）5月5日早上九点左右，我们实践小组一行5人乘地铁到达

实践目的地陈经伦中学，在校门口登记后进入。一走进校园，我们就被学校浓厚的文化氛围所吸引。校门内墙壁上雕着历代校名，草坪上立有建校者的铜像，教学楼环绕下的操场中央有一座小型喷泉。

（2）领队郑兆强同学带小组成员们找到了他的历史老师，老师为我们推荐了另一位更了解学校情况的张耀老师，我们便前往礼堂找张耀老师。礼堂很大，兼有室内体育场的功能，左侧墙壁是一面大镜子。张耀老师正在打羽毛球，见到我们很高兴，为我们介绍了许多学校的情况，并答应为我们寻找学生采访对象。此时离下课还有一段时间，小组同学们便在郑兆强的带领下参观校园。

（3）我们首先来到实验室，有两名老师穿着工作服在整理器械，实验室内十分整洁。我们登上教学楼间的走廊，俯瞰了学校的运动场，已经有些破旧了。随后来到学校电子阅览室，内有笔记本电脑可供学生学习使用，下层是图书馆，馆内藏书丰富，还有小部分学生自习的地方，再下层则是游泳馆。离开图书馆我们来到了天文馆及科技长廊，墙上挂有电脑供学生操作，还有电子显示屏滚动展示着学校的风貌与成就。走廊尽头是通用技术课教室，有学生正在上课，气氛十分活跃。最后我们来到了食堂，门口两侧的墙上贴满了各种社团或活动海报，色彩斑斓。食堂内此时没有就餐学生，十分整齐干净，几位师傅穿着工作服正在忙碌，墙上挂着相关证书和意见簿。

（4）下课时间快到时，张耀老师带我们采访了一些学生。教学楼内的走廊上挂着历史上有名的教育家画像，学生的绘画作品，表彰通知和宣传栏等。教室不大，一个班学生在 30 人左右，每人有独立的桌椅，教室内装有空调。

（二）下乡组

1. 前期资料收集

百善学校位于昌平区沙河高教园区东侧，是一所九年一贯制学校。现有教职工 131 名，教学班 33 个，学生 1000 名。学校占地面积 52000 平方米，校园环境优美，教育设施完备。

学校充分整合现有设施和师资条件，建设体育、科技、心理健康教育特色。

2. 实践纪实

2014 年 5 月 5 日上午，我们“毛泽东思想和中国特色社会主义理论体系概论”小组的部分成员来到了百善学校。在说明来意后，百善学校的教务处辅导员热情地接待了我们并全程陪同我们参观。9 点的太阳温暖和煦，小学生部的孩子们在校园中间整齐的做起了课间操。而不远处的操场上，初中部的学生也进行着足球、跑步的各式各样的运动。

学校虽然不大，却让我们感受到了浓郁的活力。紧接着，老师带我们参观了食堂。除了排放整齐的桌椅，光洁的地面，学校食堂对学生饮食全方位的关怀让我们记忆深刻，据老师介绍，学校的菜谱由学生和家长投票选出，食堂根据投票结果制定每天的菜谱。这也是百善学校的特色之一吧。

紧接着，老师带我们参观了小学部的教学楼，在每个教室里都配备着最新的多媒体设施，教室的阳台摆放着孩子们从家里带来的花草，四面的墙壁粘贴着优秀的作业和可爱的手抄报等。

教室的外墙上，贴着全班同学的照片和老师的寄语。整个环境充满了家的氛围。同时楼梯的墙壁上也大多贴着学生的书法、绘画等作品。参观了教室，老师带领我们来到会议室，为我们详细介绍了学校的办学特色。

从谈话中，我们感受到了百善学校浓郁丰富的办学特色。学校设有多类兴趣班，音乐、美术、科技、体育等均有涉及，仅仅是绘画类就包括了国画、水彩、油画等课程，学生可以从中自由选择。这些兴趣课的设置使得学生们得以全面发展，老师介绍道，学生们在北京市的机器人设计大赛、体操大赛等均有出色的表现。同时，学校从各种细微之处关怀学生，仅仅心理室就设置了发泄室、集体活动室等多类教室，定期观察孩子们的心理健康。

在采访完老师之后，学校的眼保健操时间到了。伴着整齐的音乐，每个班的孩子们都认真地进行着眼保健操。等待孩子们做完眼保健操，我们分别对不同年级的学生进行了采访。一张张活泼开心的笑脸无形中告诉我们，他们在这里快乐地成长着。结束了采访，也到了离别的时刻。我们和老师合影后，离开了让我们感触颇多的百善学校。

百善学校是昌平区发展过程中具有代表性的学校。我们在来访之前对这所学校几乎没有了解，实地参观后，学校整齐的规划、独具特色的办学、优质的教学环境给我们留下了深刻的印象。教育在一个民族的发展中扮演着极其重要的角色，我们相信，越来越多如百善学校般学校的涌现，会更快地推进国家教育事业的发展。

三、实践感想

这次实践让我真真切切感受到了我们是一个团队。从最早的定主题，我们就在食堂讨论了几个小时。从每个队员提出意见到备选方案，不断地提出问题，分析问题，甚至到了快要吵起来的地步！可以想见我们讨论有多激烈，对于这次实践的重视程度也可见一斑。

这次的主题是城乡发展中的教育问题。在走访了两个学校后，我们得到了最真实的第一手资料，深刻体会到了城乡教育的变化和发展。我去到了百善中学和昌平二中附小，百善中学地处偏僻的居民小区里，学校不大但基本的基础设施完善，学生总数不多但是同学们的学习氛围很好，学校对于科技和体育十分重视。让我们感触很深的是，在采访中，小朋友们有的想要当房屋设计师，有的想要当兵，有的想要当特警，这些都和学校对于科技的重视分不开的。然而在昌平二中附小我们则看到了不一样的场景。那里没有操场，没有体育课，一个年级只有一个班，老师都是随便请来的，同学上课也只是打闹居多，而高年级的居然会有一些忧郁。通过具体的走访实践，得到了与我们主观想象差别很大的结论。事实上，就北京地区而言，城乡一体化中的教育差距在不断缩小，但是农民工子女的教育问题仍然是发展中的一个盲区，需要政府给予更多的支持。也希望国家能够更加重视这些问题，教育是一个国家强盛的根基，解决好了教育问题，才能让城乡一体化道路走得更加完善。借助一些媒体资源我了解到其实还有一些地区的教学资源十分匮乏，师资力量仍然比较短缺。这其实需要国家地方财政的扶持以及许多志向远大的人才投身于当地教育事业。同时我们不仅仅要提高硬件设施的服务水平，更要提升教学水平，重要的是培养人才。

——陈玫伊

借助一些媒体资源我了解到其实还有一些地区的教学资源十分匮乏，师资力量仍然比较短缺。这其实需要国家地方财政的扶持以及许多志向远大的人才投身于当地教育事业。同时我们不仅仅要提高硬件设施的服务水平，更要提升教学水平，重要的是培养人才。

——郑兆强

北京市是一个教育水平比较高的城市，我们小分队走访的陈经纶中学的硬件设施和教师资源以及学校的整体氛围让我对这一句话有了真切的感受。位于城区的陈经纶中学交通便利，师资雄厚，学校实验室、图书馆、大礼堂、游泳馆等硬件设施一应俱全，除学习外，学校有多种多样的文娱活动，丰富了学生课余生活的同时也增强了同学之间的情谊，为学生培养兴趣爱好提供了很多渠道。在丰富教学资源的培养下，学生有很多机会可以接触到更加高精尖的资源，为之后的发展积累了丰厚的基础。和陈经纶学校相比，普通高中的学生学习生活比较单调枯燥，尤其是到了高三之后很少有文娱活动，希望以后城乡一体化过程中普通高中也能享受更多的教育资源，享受更充实的学校生活。

——代轲

此次参观陈经纶中学让我感触良多，虽然我的母校在当地也是数一数二的学校，但和北京的许多中学都有着不小的差距。此行让我认识到教育资源的均等化将是一条十分漫长而艰难的道路，我愿意为此略尽绵薄之力，让孩子们接受更优质的教育。

——黄晓璇

从本次社会实践中，我感触很多，通过亲身体验了城市与乡镇的学校，发现了北京市城乡一体化过程中横向教育水平的缩小以及现在仍然存在的一些问题，并深切地感受到了教育的重要性。

从选题到前期的资料准备，再到实地考察调研阶段到最后的资料整理，我们小组经过了多次头脑风暴，从而也加深了我们对城乡一体化的理解。

先从选题说起，在当时小组讨论的时候有几个备选题目：教育问题、城乡养老问题以及文化基础设施建设。在这三个题目之中，我们展开了激烈的讨论，最后确定了研究城乡一体化中的教育均等化问题，选择这个题目，是从可行性，创新性等多方面考虑的。

然后是前期的资料准备阶段，针对教育均等化的问题，我们小组准备实地对城区以及乡镇的学校分别进行考察，小组成员分成了城区组和乡镇组。乡镇组又分为了百善中学组和昌平二中分校组。我属于城区组和昌平二中分校组，在前期的收集资料过程中，我们在网络上搜集有关学校的资料，分别整理了学校的硬件设施以及软件设施情况，所以我在此次实践中去了两个学校——陈经纶学校和昌平二中分校。

感触最深的还是在实地考察阶段，周一上午，我们去了位于朝阳区的陈经纶中学，这所中学由初中部、高中部和国际高中部组成，进入校园，觉得校园非常干净整洁，校园还有广场和喷泉，非常现代化，在大概参观完校园之后，我们去办公楼找到提前联系好的老师对其进行了采访，包括对学校的师资的介绍，学校的介绍以及师生关系等等，然后我们通过老师找到几个学生进一步对其进行采访。

通过采访我们发现，城区学生所在学校环境非常好，师资配备也比较完善，课程设置也比较丰富，并且有多彩的课余活动，比如说篮球比赛、黑板报比赛等，城区学校总体发展水平还是比较高的。周三，我们通过参加支教活动来到了昌平区第二中学分校，这个学校给人的感觉就和陈经纶中学不一样，首先，昌二中分校的地理位置就比较偏僻，整个校园也占地面积也比较小，进入教学楼，一股刺鼻的厕所味扑面而来。这个学校的学生大多是外来务工人员的子女，没有北京户口，而且老师大多都是年轻女老师。在课程设置上，这个学校的音乐美术课都是由志愿者来上，但是志愿者并没有专业的音乐美术知识，这一点和陈经纶学校相比就有较大的差距。陈经纶中学不仅有专业的音乐美术老师，而且有专门的音乐美术教室。总体来说，通过参观这两所学校，就能感受到明显的城乡差距，在城乡一体化过程中，虽然近几年的差距在不断缩小，比如百善中学与陈经纶中学的差距就非常小，但是城乡一体化过程中，教育均等化还没有完全实现。

希望在以后城乡一体化的过程中，政府能够对教育资源实现均等化的配置，加大对乡镇学校的支持力度，通过招聘等其他方式改善乡镇的教育，促进地区发展，促进经济发展，为祖国培养新一代的人才。

——亢越

教师点评

教育问题是中国特色社会主义建设进程中的一个重要问题，尤其是在城乡一体化的发展进程中，教育公平具有十分重要的现实意义。五月花号实践团队选择了以城乡一体化进程中的教育均等化为题，选题贴近实际，充分体现了当代大学生关心时政、关注民生、关注公平。该小组选择了 2 +1 的实践对象，用最直观的对比分析的方法，从办学硬件、学校氛围、课程安排等多个方面对两所中学进行了比较研究，这也是本次调研成果的主体部分。

五月花号实践团队在此次实践过程中，能够做到全员参与，不仅每位成员得到了锻炼，更为宝贵的是激发了团队成员关于教育公平问题的思考。仰望星空的同时，他们也能做到脚踏实地，我认为这也是社会实践课程的意义所在。

当然，我们不满足于仅仅引发思考。教育公平是一个系统性的问题，如果该团队在未来能够综合运用所学的政治、经济、历史等多学科知识，透视教育公平问题，对问题产生的原因、影响因素等进一步深入分析，对解决的方向提出自己的观点，那么此次社会实践将达到一个更高的水平。

走入基层畅言中国梦，探访民生城乡共发展

——以肖家河村社会保障城乡一体化为例

团队：青春筑梦

成员：胡富捷　朱翔宇　蔡艳萍　孙泽慧　刘思旋　吴　玥

一、实践方案

（一）实践背景

1. 现实背景：社会发展推动城乡一体化进程

推进城乡一体化的战略决策，是由我国基本国情决定的。改革开放以来，我国社会生产力水平明显提高，综合国力显著增强，但城乡差距却逐步拉大，这在很大程度上是由历史原因造成。作为农业大国，新中国成立以来，为推动社会主义工业化，中国政府长期

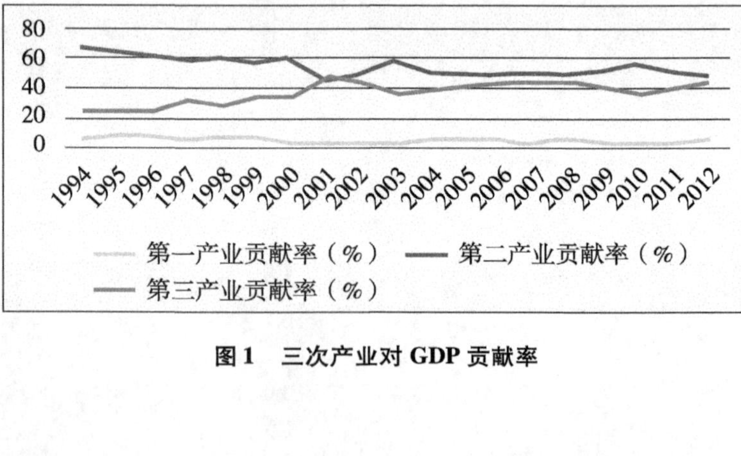

图1　三次产业对GDP贡献率

运用制度和政策手段，利用工农业产品价格的“剪刀差”，将资本从农业转向工业。此外，1958 年开始实行的以城乡分割为特点的户籍制度，使城乡居民在税负、就业、教育、医疗、社会保障等方面，没有享受同等的国民待遇，加剧了城乡结构的失衡。

改革开放以来，我国工业化快速推进。由图 1，从产业结构来看，近 20 年来三次产业中农业对 GDP 贡献率维持在 10% 以下，工业则基本保持在 50% 以上。同时，由图 2，2013 年城镇化率已达到 53.37%。按照国际经验，我国农业对 GDP 贡献率低于 15%，城镇化率高于 40%，已经从一个农业大国转变为工业大国，具备了工业反哺农业、城市支持农村，推进城乡经济社会发展一体化的能力。

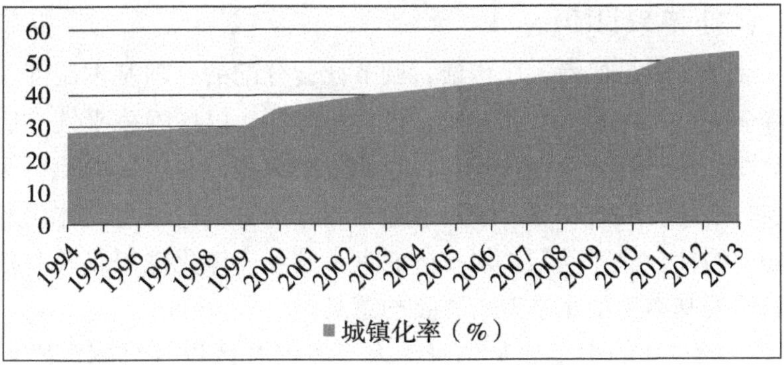

图 2　中国城镇化率

2. 政策背景：十八大报告谋划城乡共发展

在中国共产党第十八次代表大会上，胡锦涛同志发表了《坚定不移沿着中国特色社会主义道路前进为全面建成小康社会而奋斗》的重要讲话。十八大报告强调，解决好农业农村农民问题是全党工作重中之重，城乡发展一体化是解决“三农”问题的根本途径。报告同时指出，需要统筹推进城乡社会保障体系建设，要坚持全覆盖、保基本、多层次、可持续方针，以增强公平性、适应流动性、保证可持续性为重点，全面建成覆盖城乡居民的社会保障体系。

3. 社会背景：肖家河地区整治是必然趋势

北京市海淀区马连洼街道肖家河社区位于北京市北五环肖家河桥北侧，是典型的城乡接合部地区。肖家河地区交通便利，且本地居民多为征地搬迁的农民，住房条件简陋，房屋租金较低，成为外来务工人员理想的生活场所。肖家河社区内租住的流动人口达33000余人，是常住人口的8倍多。2010年，肖家河被列为北京市50个城乡接合部重点整治的“城中村”之一，如何妥善安置征地搬迁的农民，确保肖家河地区居民基本生活得到保障，推进肖家河村等城乡接合部的发展已经成为亟待解决的问题。

（二）实践目的

社会保障是保障人民生活、调节社会分配的一项基本制度。要坚持全覆盖、保基本、多层次、可持续方针，以增强公平性、适应流动性、保证可持续性为重点，全面建成覆盖城乡居民的社会保障体系。由此可见，积极寻求有效途径和方法去解决城乡一体化发展进程中的社会保障问题，对推进北京市城乡一体化发展以及改善城乡居民的基本生活水平有着重要的意义。

1. 通过我们小组成员亲身深入肖家河社区以及肖家河附近居民区交流采访实践，加深我们对北京城乡一体化发展进程中社会保障方面问题的理解与感悟，进而提出我们对这些现存问题的独到看法以及如何改善这些问题的政策建议；

2. 深度挖掘政府和社会对城乡一体化社会保障方面问题的关注点和聚焦点，走访基层获取第一手资料，并分析研究问卷数据和调查采访资料，为研究相关方面问题的后来者提供借鉴和参考；

3. 运用课堂上所学到的理论知识，分析北京城乡一体化中的社会保障问题，进一步加深对毛泽东思想、邓小平理论、“三个代表”重要思想以及科学发展观的理解，真正做到理论应用于实际。

（三）实践意义

1. 理论意义

（1）聚焦城乡一体化，青春践行十八大。党的十八大报告里多次出现了有关实现社会保障城乡一体化的问题。作为新时代的大学生，我们需要用心解读十八大报告，密切关注政府工作的思想路线和指导方针。要支持推进城乡一体化发展，加大统筹城乡发展力度，增强农村发展活力，逐步缩小城乡差距，促进城乡共同繁荣等一系列政策措施。

图3 实践活动得到肖家河居委会党支部书记支持

（2）畅言基层中国梦，构建和谐新社会。城乡一体化后居民的生活水平是我们所关心的问题，通过这次社会实践，希望能够向他们诠释“中国梦”的伟大构想，帮助他们提升自己的幸福感和融入感，带去我们对他们的关心和爱护，争取向上级部门反映他们的社会保障问题，使之能够得到及时的解决，构建一个全面的和谐的小康社会。

2. 实际意义

（1）破解城乡二元结构，助推城乡共同发展。我国的社会保障制度呈现出鲜明的城乡二元特色，城市与农村的社会保障水平还存在很大的差距。相对城市而言农村社会保障依然存在着项目不全、覆盖面狭窄、保障水平低、社会化程度低等一系列问题，还不能从根本上解决农民的社会保障问题。这些问题都需要我们去关注和解决。通过此次社会实践，希望能够引起相关负责部门的重视，解决好问题，这样才能把北京的城乡一体化向前推进。

（2）体察基层生活百态，加强服务人民意识。通过实践，我们真切地感受到了百姓不易的生活，抑或勤俭拮据，抑或水深火热。我们要做的，就是从现在开始，好好学习，争取以后能有更大的能力去奉献自己服务更多需要帮助的人，积极投身于为人民服务这一伟大事业当中。

（四）可行性分析

1. 实践方向扣主题，关注民生探基层

北京的快速发展过程中方出现了城乡二元化困境问题，而在众多“城中村”中，社会保障问题一直是一大关注热点。经过深入讨论并与老师进行多次沟通后，我们将实践方向定为“社会保障问题”，紧扣主题并与社会热点问题结合。

2. 相关机构热心肠，社区座谈引深思

我们联系到了肖家河社区居民委员会、肖家河社区支部委员会的党支部书记，并与他进行了气氛友好的座谈会。他在这方面的经验将使我们的实践更具专业性，也提高了我们考虑问题的深度。

3. 资料查阅渠道广，研究分析方法多

基于对此次社会实践的高度重视，我们进行了充分的前期准备活动。在选题过程中，我们发现相关“城中村”社会保障的文献较多，社会关注度高，这有利于我们广泛收集资料，了解相关政策，并为我们提出合理化建议提供保障。此外，我们团队利用多种研究方法，为得出正确结论提供了保障。

4. 出发之前做预案，安全问题有保障

安全一直都是我们团队考虑的首要问题。在做实践前我们已制定了合理的安全预案，准备了足够的药物和必要的防身工具，确保此次调研的安全性。

二、实践过程

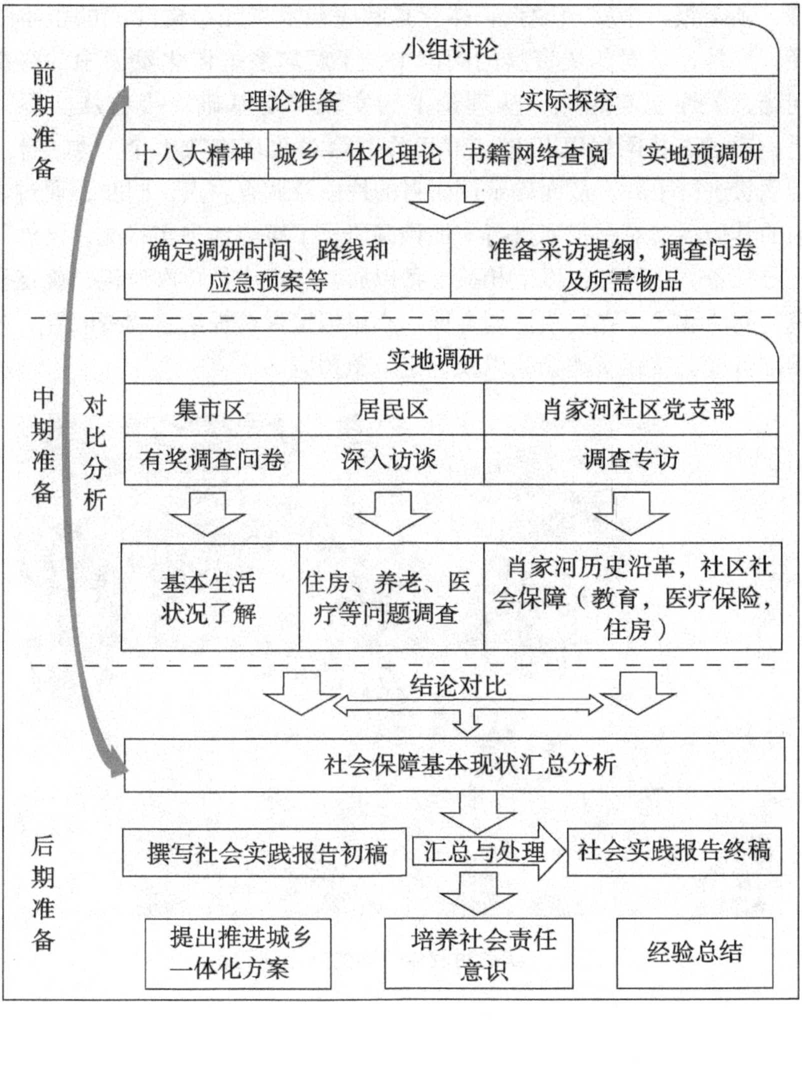

（一）前期准备

1. 头脑风暴成员讨论

在进行社会实践调研之前，小组成员进行多次认真讨论，分别从各个方面充分了解实践背景，包括小组成员认真研读十八大报告，领会报告中实现城乡一体化是解决城乡二元结构问题的根本途径；另外，从对相关资料的阅读中，了解城乡一体化发展中的突出问题，关注现实热点，从理论上为实践奠定基础；接着从实际入手，通过查找网络以及北京市相关书籍对北京市数十个“城中村”的现状进行了解，从而确定调研目的地以及调查重点，同时，通过之前的其他活动对肖家河进行实地预调研，了解当地现实状况，已做足充分准备。在进行过以上相关准备以后，小组成员再次讨论，确定研究时间路线等，在实践计划方面，小组拟定采访提纲、调查问卷，最后准备社会实践所需物品以及确定应急预案。

图 4　实践过程中及时进行小组讨论

2. 肖家河社区预调研

本次社会实践小组遵循充分准备的原则，在社会实践正式调研之前进行了一次预调研，预调研的主要目的是了解肖家河小区的大体情况，与小区居民零距离接触，对他们的生活状况有大致的了解。在城乡一体化的进程中，肖家河是否发展要看最基层居民的生活状况是否改善。本小组积极发挥主观能动性，从多角度观察肖家河的发展与变迁，以点带面，关注社会保障发展进程，也以此为基准确定下一次正式调研的着眼点和关注点。

图 5　预调研走访肖家河社区低保户

5 月 1 日劳动节当天，我们开展预调研，走访了肖家河社区公租房的居民，他们主要是北京大学教职工宿舍建设项目征地搬迁的农民，还有一些外来务工人员。我们在居委会的指引下走进了王奶奶家，并主动帮老人的房间做了卫生大扫除，在周边邻里产生了积极影响，为我们一周后的再次走访和发放问卷奠定了基础。

（二）中期调研

1. 发放问卷实地调研

通过对肖家河的背景学习以及以往实地调查的经历，我们了解到肖家河是北京市数十个“城中村”之一，当地的农民经历了政府集中征地，搬迁以及回迁的过程。另外，肖家河还有数量可观的外来迁入人群，使肖家河的人口社会成分和结构相对复杂。我们希望以肖家河几十年的变迁为线索，探究其在北京市城乡一体化进程中社会保障的变化。

首先我们来到肖家河的集市区，采访了当地的老人、商贩以及发放调查问卷，对当地的生活情况以及人们的生活情况有了更深入的了解。接着，我们来到了一处居民区，由于这里的建筑很多都是平房，我们就沿途寻找合适的采访对象，针对每个采访对象进行了

图6　组员接头细致发放问卷

深入访谈，进一步加深对肖家河社区居民的了解。我们分别采访了一位老人和一位女士，了解到社区的医疗、教育状况以及小区内人们的生活情况，包括小区治安、福利、社区服务以及小区内居民的集中生活诉求，从而寻找城乡一体化进程中政策施行的效果。

小区内外来人口众多且生活工作条件并不理想，这里有众多的农民，他们大都为生计奔波，并且年龄较大的老人养老保障方面堪忧。

2. 党政机关深度座谈

之后我们来到了肖家河社区的党支部，并对党支部书记进行了深入访谈。我们按计划先请党支部书记介绍肖家河的基本情况，了解了自改革开放以来肖家河发展的历史沿革以及重要政策。接着我们组员逐一提出问题，从社会保障的各个方面询问肖家河社区居民的教育、医疗保险、残疾人救助等社区服务的相关状况并进行相关记录。最后，获取相关照片与视频资料，结束外出调研。

图 7　肖家河党支部社会保障主题座谈会

（三）后期分析

1. 撰写社会实践报告

回到学校以后，小组成员再次进行讨论，汇集外出调研所获得各项资料，分析数据。同时对实践过程中的问题进行了集中汇总，总结实践过程中的不足，及与原计划预计结果有出入的环节，例如走访肖家河社区党支部时由于时间仓促并没有针对性地对相关问题进行详细询问等。

2. 小组成员总结经验

在初步撰写实践报告以后，实践团队对报告进行了汇总与处理，形成最终的社会实践报告终稿，同时小组成员分别从理论层面总结外出调研在方法步骤上问题，为社会科学研究调查积累经验，同时认真总结中国城乡一体化改革进程中的现状与问题，以肖家河为基点，以点带面，认识到北京市城乡一体化过程中的突出问题，使自己积极关注民生与社会问题，培养建设中国特色社会主义责任意识。

（四）数据分析

调查问卷是此次社会实践调查的重要组成部分，对调查问卷数据的处理和分析对于我们研究城乡一体化进程中肖家河村民的生活和心理现状有着重要的作用。

本次社会实践我们一共发出调查问卷 100 份，回收调查问卷 87 份，有效问卷 83 份。对于其中的重要问题和信息的处理及分析如下所示：

1. 个人基本信息

（1）性别

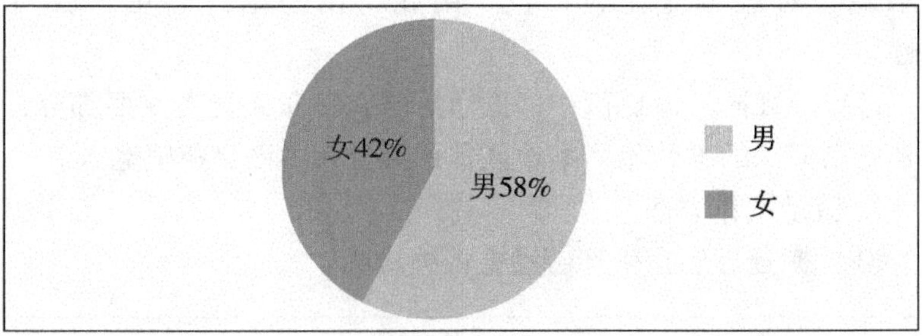

（2）年龄

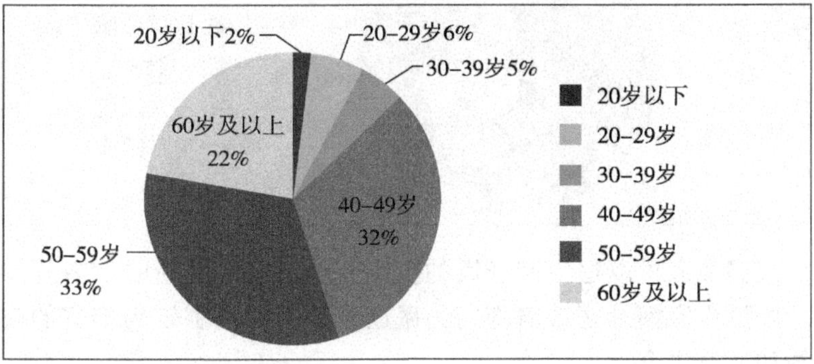

（3）文化程度

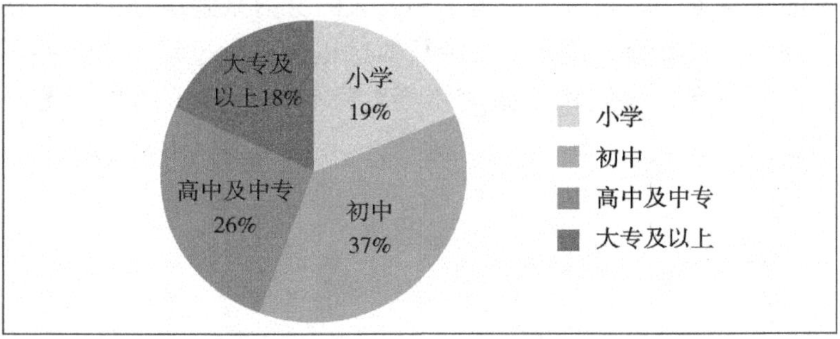

个人基本信息的整理情况反映出本次调查的样本具有一定的代表性。男女比例适当，各年龄段、文化水平的人群都有涉及，表示调查对象涵盖比较广泛，由此得出的结论会更加具有科学性。

肖家河社区人口比例中，低学历的农转非人员占主要部分，其次是来京务工的青壮年，本地区常住人口大多已是花甲老人。

2. 劳动工作方面

（1）搬迁后您在生产劳动方面适应吗？

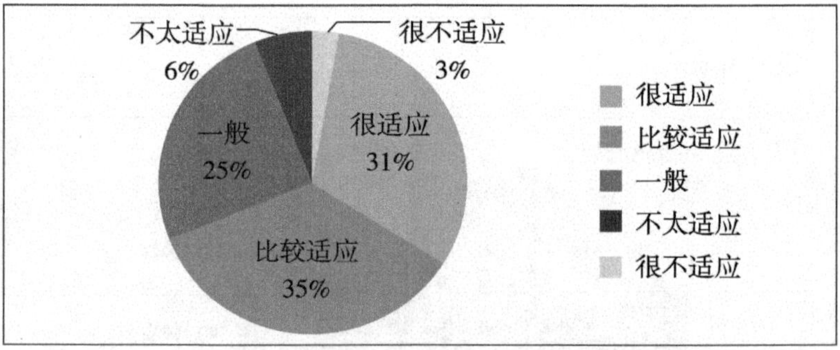

大多数人可以适应搬迁后的生产劳动，能够在新的地方开始工作。可见肖家河社区政府部门为搬迁居民们提供了较为丰富的就业选择和就业机会。

然而，也有少数适应能力较差的人群不能很快适应新环境，始终不能正常工作。政府也付出了相当大的努力来解决他们的工作问题，并会一直继续。这是一个漫长的过程，在此过程中，有些不满和摩擦很正常，我们相信政府将会陆续解决这些人的生产劳动问题的。

（2）您现在最需要肖家河为您提供哪方面的帮扶措施？

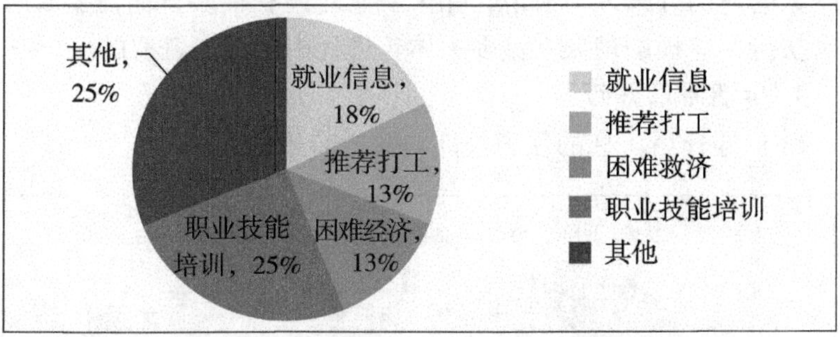

（3）肖家河社区开设就业服务站帮助解决就业实施情况

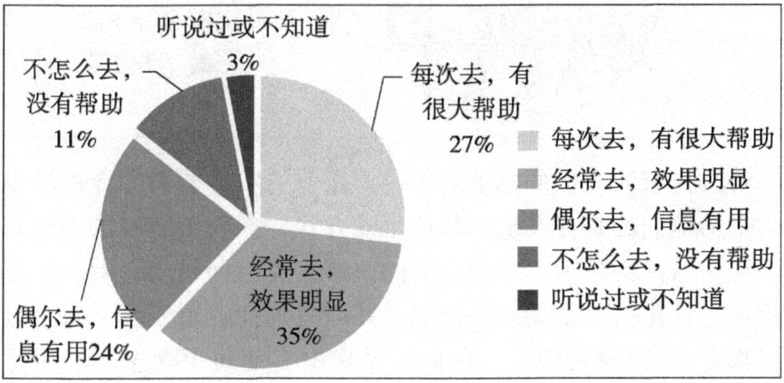

肖家河社区失业人员以农转非人员为主，而且绝大部分人员学历偏低，没有特殊技能。针对这种情况，大力宣传“3540”、“4045”就业政策一直是肖家河社区就业服务站的工作重点。截止2013年，共有符合“3540”政策的人员31人实现了灵活就业，享受了大龄就业困难人员灵活就业社会保险补贴费用。

针对社区人员结构复杂等问题，社区开设法律援助站，每周三都有两名公益律师为新居民提供法援咨询服务，有效地减少了争议，维护了广大新居民的合法权益，为和谐社会社区环境有积极意义。

当然，这些措施并不能覆盖社区居民的生活全境，对于意图在京安家落户的外来人口来说，除了就业外还有很多方面需要政府指导和扶持，这样的现象在城乡一体化进程中是相当普遍的。

3. 生活质量方面

（1）搬迁后，您的住房条件与搬迁前相比：

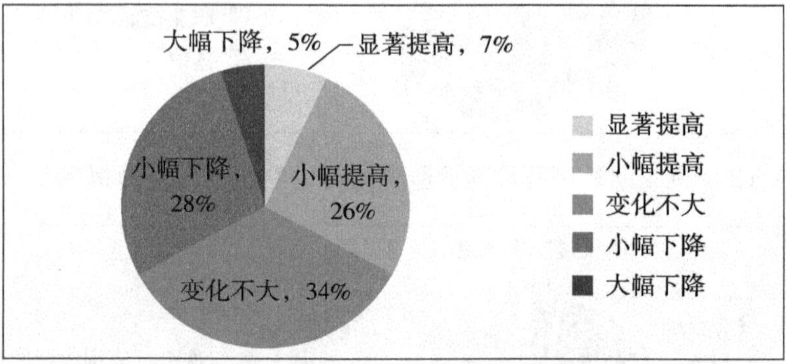

对于肖家河社区的本地人来说，之前的农转非和如今的城乡一体化带给他们的是更具现代化的生活方式，相较于之前的农村式平房，住房条件得到了一定程度上的改善。肖家河村中，有一片平房出租房，几排平房都为统一修建，并配有物业进行管理。每一排出租房都有 15 家左右租户，在这片平房中有超过 100 家租户生活在这里。然而对于外来务工人员，北京较高的房屋租金对冲了增加的收入，部分居民的住房条件没有太大改善，甚至有下降的趋势。

（2）搬迁后，您的月收入是在：

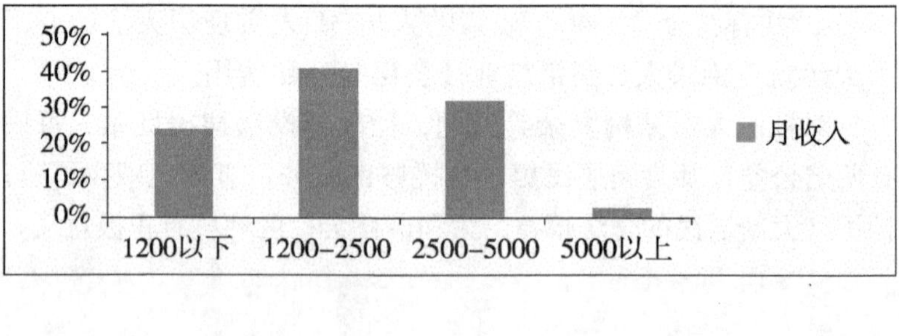

（3）搬迁后，您的月收入与搬迁前相比：

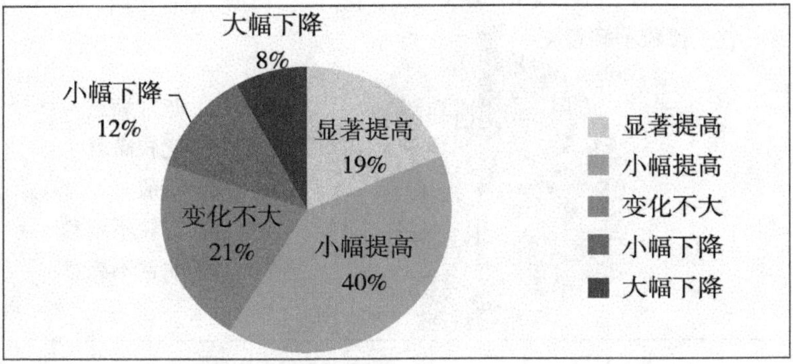

受调查者的月收入大多在1200—5000之间，主要以个体经营和打工为主；还有一部分在1200以下，主要是暂时失业人员和补助救济人员。收入的增长主要是因为来京后整体工资薪金水平的提高，加之目前较为严重的用工荒，使得掌握一技之长的务工人员获得较高的收入。仍有部分居民处于流动性失业或暂时失业状态，这就需要依赖于社区完善的就业服务体系。就像之前提到的，政府也在积极帮助就业困难人员，增加就业机会。

（4）您每年对孩子的教育费用支出情况：

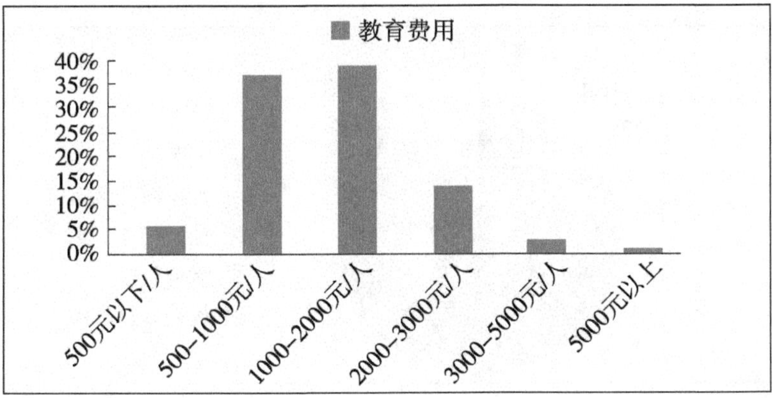

（5）您对当前子女的教育情况的评价是：

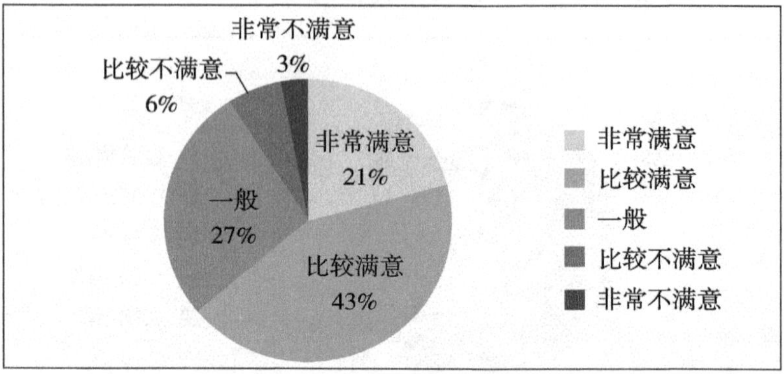

对于肖家河这样人口层次多、来源广的社区，在教育方面获得64%的肯定和91%的认可是十分不易的。众所周知，北京的教育资源十分珍贵，对于流动人员更是如此。然而，面对户籍、学龄等多方面限制，肖家河社区依然尽全力为居民解决子女教育问题。

针对社区内的孩子们下午三四点放学后处于无人监管照料的情况，社区居委会与附近高校积极联系大学生志愿者，开设了“课后四点班”，给打工子弟学生创造了一个新的学习和文娱活动的环境，丰富了孩子们的课余生活。

（6）您一般选择什么地方看病：

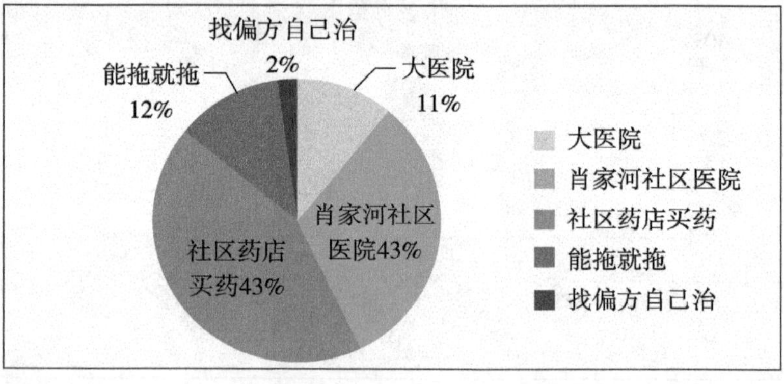

近70%的移民认为搬迁后医疗保健条件上升了一个新的台阶，完全可以接受现在的医疗保健条件。搬迁后，医疗硬件设施更进一步，各种新政策如新农合、城镇医疗保险更是锦上添花，大多移民很满意目前的医疗保健条件。不过还有极少人由于没有当地户口，不能享受相应的医疗保险政策，这是不可避免的。

4. 心理状况方面

（1）您与本地人的关系如何：

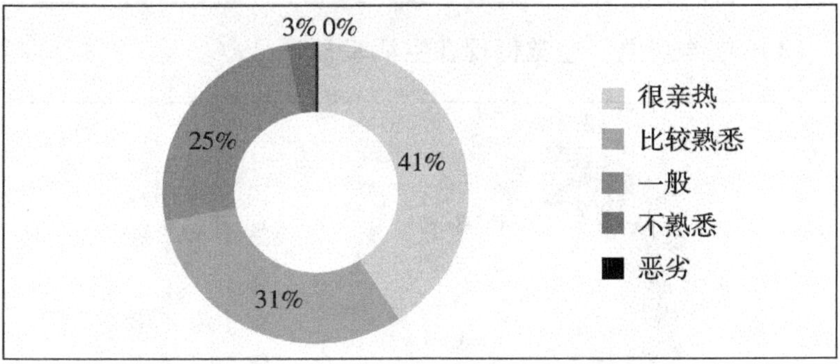

整体上来看，外来人员和本地常住人员在日常生活中，已经有不错的融合。由于肖家河社区有流动人口密集的特点，因此社会融入问题相对较小。社区的外来人员和搬迁户多少都带有在此安家落户的意味，居民间的隔阂较小，社会融入也比较容易，没有或极少出现人际关系恶劣的情况。

（2）您平时有困难主要想谁求助：

当自己有困难时主要还是自己想办法解决，23%的移民选择求助亲戚，13%的移民选择求助原来的朋友和搬迁后认识的新朋友。这也可以看出，移民大多数还是倾向于自力更生，自己能解决的事情就自己解决。当然，还有6%的移民选择求助于搬迁后认识的新朋友，这说明移民在搬迁之后能够正常开展社会交往活动，这也是社会服务优质的体现。

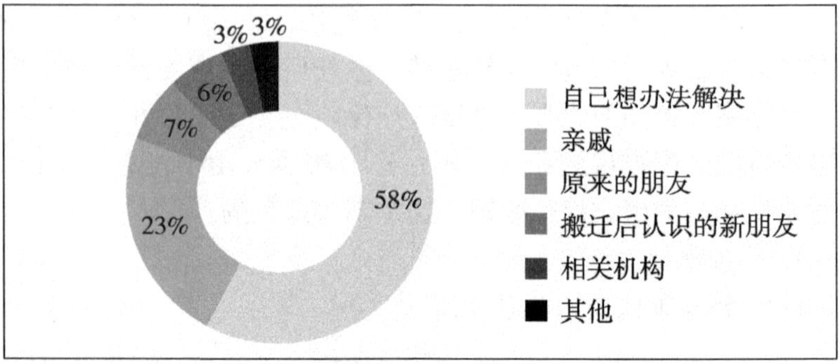

（3）总体来说，您觉得现在生活幸福吗：

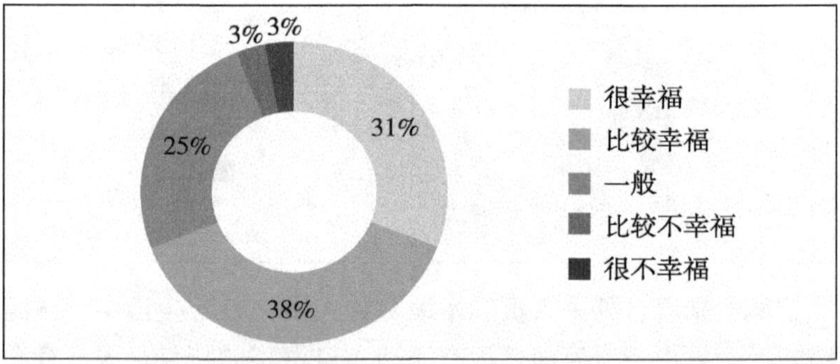

从总体上来说，肖家河社区政府积极响应十八大号召，统筹推进城乡社会保障体系建设。完善社会救助体系，健全社会福利制度。建立市场配置和政府保障相结合的住房制度，加强保障性住房建设和管理，满足困难家庭基本需求。健全残疾人社会保障和服务体系，切实保障残疾人权益。健全社会保障经办管理体制，建立更加便民快捷的服务体系，这一系列举措极大地提升了幸福指数。对于少部分牺牲了个人利益的人来说，国家和当地政府正在努力做得更好，尽可能多地补偿损失，为提高其幸福感而不懈努力。

三、实践感悟与思考

（一）政策建议

问题 1：受访的绝大多数征地搬迁农民生活较贫困。由于农民文化水平偏低，专业技能匮乏，失去土地以后难以通过工作维系生计。

建议 1：农民收入不足，生活水平偏低不是肖家河社区特有现象，而是我国城市化推进过程中普遍存在的问题。解决农民生活水平不高的问题，从宏观视角看需要统筹安排。各级财政应以公共财政的职能为出发点，按照十八大报告中提出的“广覆盖、保基本、多层次、可持续”的城乡一体化建设原则，逐步提高农村居民最低生活保障标准和农村社会扶贫救济金标准，推进农村低保全覆盖。同时建立最低生活保障与物价联动的变动机制，避免物价变动加大农民生活压力，从而切实改善农民衣食住行。对仍然拥有土地的农民，坚持和完善农村基本经营制度，保持农民收入持续较快增长。

问题 2：肖家河社区存在未参加养老保险的居民。

建议 2：农村居民受教育程度低，存在误解养老保险功能的可能。相关部门需要加强开展养老保险宣传活动，让农村居民加深对养老保险取之于民，用之于民的理解。对生活困难确实无法履行养老保险个人缴费责任的农户，财政部门可适当采取补助，按照个人缴费、集体补助、政府补贴相结合的缴费原则，鼓励农村居民参加新型养老保险。

问题 3：肖家河社区征地搬迁农民曾一次性领取 3 万元补偿金，但由于物价上涨、货币贬值等因素影响，补偿金如今难以弥补农地被征的损失。

建议 3：从微观视角看，肖家河地区要实现“搬得出，稳得住，逐步能致富”的征地搬迁目标，除一次性补偿 3 万元外，还需要政府继续追踪，配合开展帮助再就业等形式的工作。例如受访的肖家河党支部定期开展的就业信息公布、贫困户走访慰问活动，才能让农民实现幸福生活，对城乡一体化发展起到推动作用。

问题4：随着2012年对50个重点村改造工作的初步完成，以肖家河为典型的北京市城乡接合部治理过程中，政策连续性存在变数。

建议4：城乡一体化的稳步推进需要长期努力，政府部门需要提供长期的、跨年的、连续的政策保障，为农村、城乡接合部的发展提供稳定的环境，以便形成稳定的发展预期。此外，城乡一体化需要分类推进，对于城乡接合部应以维护农民根本利益为重心，例如扩大社会保障覆盖面和力度，而对郊区农村，目前应采取审慎的态度，避免城乡一体化过快推进带来负面影响。

（二）实践感悟

城乡一体化作为一个专有名词早已耳熟能详，但只有通过大量的资料查阅和文献阅读，我们才从历史的视角理解了城乡二元差异的产生原因，从中国特色社会主义建设的理论高度理解了推进城市与农村在医疗、就业、社会保障、收入、土地流转等领域实现一体化的必要性。

正如推进城乡一体化进程中的崎岖与坎坷一样，我们团队实践的过程也并非顺风顺水。调研前期是资料堆成的山，调研时期是汗水流成的河。这次社会实践给了我们一个切实体会城乡一体化的机会，而不止于纸张上的泛泛而谈。肖家河社区书记发自肺腑的每一句话，被采访者的每一段真实描述，在社区里我们所见的每一街每一景都是改革大潮中的缩影，这种真实而复杂的接触和探索值得我们认真思考和体会。在深入基层的实践走访中，我们认识到发展应以人为本，唯此才能全面建成小康社会，实现中华民族复兴的伟大梦想。

参考文献：

[1] 国家统计局 http：//data. stats. gov. cn/index

[2] 马同斌，周敏，徐红梅．北京郊区城乡一体化战略与实践的思考［J］．农业科研经济管理，2003（2）．

[3] 中共北京市委农工委研究室等．抓好城乡接合部拆迁改造，统筹推进城乡一体化，2010（3）．

[4] 杜晓艳，刘超群．论我国城乡一体化社会保障体系的构建［J］．理论研究，2011.

[5] 张文茂．城乡一体化与农村社会结构转型，2012（6）．

[6] 何关新．在城乡统筹中推进社会保障一体化［J］．中国社会保障，2012（3）．

[7] 王燕红，薛兴利．城镇化背景下社会保障城乡一体化的构建与完善［J］．新疆农垦经济，2013（10）．

教师点评：

北京肖家河地区是典型的城乡接合部，调查这一地区的城乡一体化发展情况具有特殊意义。以胡富捷同学为组长的社会实践小组，在认真学习党的十八大有关促进城乡一体化政策的基础上，对北京肖家河地区的城乡一体化基本情况进行了实地调研，他们通过问卷调查、访谈等多种途径，对肖家河地区居民的基本生活情况和社会保障状况有了比较深入的了解和把握，对调查数据进行了分析，并根据调研数据和分析情况提出了相应的对策。通过深入一线的调查研究和调查报告的撰写，促进了理论与实践的结合，深化了他们对北京城乡一体化发展进程中社会保障方面问题的理解与认识，锻炼了他们的实践能力以及分析问题的能力。

北京市城中村改造现状及经验总结

——以唐家岭为例

团队：TEN 团队

成员：李文鹤　赵振宁　戴倩雯　王敏霞　陈志茹　彭昕卉

李思农　翁乐尧　王　爵

一、实践方案

（一）实践背景

1. 城中村简介

“城中村”是中国大陆地区城市化进程中出现的一种特有的现象。在1978年开始改革开放后的30多年间里，一些经济发达地区城市的建成面积迅速扩张，原先分布在城市周边的农村被纳入城市的版图，被鳞次栉比的高楼大厦所包围，成为“都市里的村庄”。

北京市的“城中村”主要分布在城市建成区的边缘地带和城乡接合部地区，这些地区城市化进程相对滞后，人口密度大，外来人员相对集中，违法建设、违章建筑和私搭乱建严重，市政基础设施匮乏，房屋破旧，环境脏乱，社会管理混乱，城市公共安全隐患多。

2. 唐家岭简介

唐家岭村位于海淀区西北旺镇中心区北侧，东邻京包快速路，南倚中关村软件园，西与永丰产业基地相望，北邻航天城，地处高新技术园区的腹地。唐家岭村处于特殊而复杂的海淀区城乡接合部地段，因此集中了北京市城市化进程中所面临的几乎所有难题。

第一，唐家岭常住人口和流动人口比例严重倒挂，外来人口管理十分困难。唐家岭全村户籍人口 2905 人，流动人口却多达 5 万人以上，其中约有大学毕业生 1.7 万人，是典型的蚁族聚集地。第二，唐家岭地区违章建筑较多，该地区绝大多数居民住房都存在私自新建扩建房屋的现象，村中 90% 的房屋达到两层以上，最高的私建房屋可达到七层，安全隐患严重。第三，唐家岭地区基础设施条件差，房屋建筑严重缺乏规划性。环境脏乱、道路狭窄、治安状况差、消防隐患多、饮用水受到污染等恶劣的生活条件已经严重影响到唐家岭地区的发展。

（二）实践目的

1. 深入调查“城中村”唐家岭改造的现状

2010 年，唐家岭开始城中村改造工程。在此次城乡一体化的进程中，唐家岭地区的改造总共需要腾退的建筑面积为 148 万平方米。按照市区的统一部署，地区整体腾退工作已于 2010 年 12 月 31 日前完成，共涉及家庭 2099 户、人员 4816 人。如今，全体村民已经根据 1∶1 的置换原则入住回迁房。目前，唐家岭地区已经结束腾退搬迁。

城中村改造已经进入腾退搬迁圆满结束、居民生活平稳阶段，我们希望通过实地调研深入了解作为此次北京市“城中村”重点改造对象的唐家岭的实际拆迁改造状况。

2. 为拆迁中的居民补偿和安置问题提供建议

由居民搬迁引发的补偿纠纷时有发生，居民与政府的矛盾也凸现出来，虽然拆迁补偿条例对城市建设中的相关问题作了明文规定，但补偿范围和补偿额度却没有明确的说明。且由于各区域的实际条件有所不同，对于当地搬迁居民的补偿具有很大的不确定性，在有些“城中村”的改造过程中，由于居民的补偿金额及搬迁安置问题得不到解决，北京市拆迁工程的进度明显放缓。此次社会实践中，我们将走访唐家岭，对当地的村民进行问卷调查和随机采访，了解他们对搬迁补偿额度、住房安置等问题的看法以及他们的生活需求，为未来决策者提供建议。

（三）实践意义

1. 为社会提供真实可靠的信息，引发社会的关注和再思考

随着北京市城市建设脚步的加快，“城中村”改造的问题受到了社会的普遍关注。然而由于一些媒体的不实报道，作为同样关注这一问题的我们也只是道听途说，无法真正了解真实的状况。此次社会实践为我们提供了一次实地调研的机会，使我们能够深入唐家岭，实地体验其改造现况。

2. 了解村民搬迁后的生活现状，存在的困难和需求，反映社情民意

在城中村的改造过程中，政府通过“城中村”改造实现了建设用地的增加和市容的改观，无疑是其中的获益者。于是，作为“被拆迁人”的当地村民成了这场博弈中的唯一有可能“牺牲”的一方。政府政策真正的落实情况怎样，原唐家岭居民现在生活状况如何，这是我们调研主要想要解决的问题之一。

此外，北京市的“城中村”中还“蜗居”着一些外来务工人员。他们学历不高、工资微薄，凭借赚来的不多的钱支付生活的所需。对于这些外来居民而言，此“城中村”消失了，他们将会转战到彼“城中村”。但如果所有的“城中村”都被改造了，那他们又能住到哪里？在此次的社会实践中，我们也将这一问题纳入调研的范围内，真实全面地反映社情民意。

（四）实施方案

北京城中村问题近年来越来越受到人们的关注，我们调研小组在查阅了城中村建设和后续效果的相关资料和背景后，选择了唐家岭城中村重建项目进行调研。而在调查方式上我们决定以问卷和走访相结合的方法，并以城中村重建效果为基础设计调查问卷。

在实地走访方面，我们决定进行多次的走访调查。第一次我们会着重于问卷，向各个年龄阶层的村民、租户分发，并就我们准备的问题对其中的唐家岭部分居民进行采访。

之后我们将对问卷进行分类分析，得出一些不同人群对重建效果的意见。

在第二次走访中我们将对唐家岭物业和村委会进行走访，以我们了解的问卷结果为本进行采访，以求得到各方面的看法，力求通过多次走访和问卷调查得出相对客观的调研结果。

（五）实践时间安排

时间	实践阶段	主要实践内容
2014. 3. 20—2014. 3. 31	前期准备	确定选题、资料查找、问卷设计
2014. 4. 1—2014. 4. 2	第一次实地调研	分发问卷、采访居民、采访物业
2014. 4. 15—2014. 4. 16	第二次实地调研	采访唐家岭物业、采访村委会
2014. 17—2014. 5. 17	后期工作	总结分析、撰写报告

二、实践过程

此次社会实践中，我们走访了唐家岭，对当地的村民进行问卷调查和随机采访，了解他们对搬迁补偿额度、住房安置等问题的看法以及他们的生活需求，并且采访了物业和村委会，为未来决策者提供建议。

（一）问卷调查

1. 数据分析

本次实践活动一共发出 63 份问卷，下面将对问卷中重要问题进行分析。

2. 问卷各题的分类统计分析

（1）转换户口后，您的农保转城保进程是否顺利：

A. 已经解决，且开始享受城镇保险

B. 正在解决，且过程较为顺利

C. 正在解决，但是不太顺利以及还未解决

结果分析：超过一半的居民农保转城保问题正在解决，但过程不太顺利，或者尚未解决。但是村委会成员告诉我们考虑到就业、医疗、养老保险的购买，优先给已参加工作的青壮年解决户口问题，购买三险一金，全面保障村民各项权益。这两者给出的结论有很大出入。是由于政策的不透明化导致居民不能准确判断政府的农保转城保进程，还是真如居民所说的，农保转城保不顺利，由于调研途径的局限性，所以具体事实我们无法得知。

（2）城乡一体化之前，您的经济来源是什么

A. 农活

B. 租房子

C. 有稳定的工作

D. 其他

结果分析：唐家岭是著名的蚁族聚集地，以租房子作为其主要经济来源的居民占到调查样本的41%。以农活为其主要经济来源的居民占到25%，其他的有17%，其他包括退休费、保险金等。但是有稳定工作的居民只占到调查样本的17%。唐家岭这种发展模式为后面城中村改造带来了很大的困难，不把生活质量放在首位，一味地谋求经济利益的最大化，甚至违背国家用地政策，私自扩建房屋并出租获取利润等等不和谐的模式在唐家岭居民心中根深蒂固，所以，致力于提高生活质量的城中村改造进程在唐家岭居民心中的满意程度很低，居民怒气冲天地抨击政府给的补助少，却看不到改造的未来利益。

（3）一体化后，政府是否为您提供了就业相关方面的帮助

A. 政府以直接或间接方式安排了工作

B. 进行过职业技能培训，且有很大帮助

C. 进行过一定的就业指导，但帮助较小

D. 采取了其他增加就业的措施但收效甚微

E. 政府没有采取任何增加就业的措施

结果分析：一体化后，对于政府是否安排了就业这个问题大约80%的人都认为未采取任何措施，20%的人认为政府采取了措施但收效甚微。

实地调研中我们发现唐家岭村物业和安保巡逻队为唐家岭的居民提供了一部分的就业，但是大家对于政府安排的就业十分不满，大部分原因是现在的收入没有之前出租房屋的收益大。

（4）您现在的工作收入情况如何

A. 较之前更好

B. 和之前一样

C. 没有之前好

结果分析：78%的人认为现在的工作收入没有之前好，唐家岭的城中村改造，属于可见利益较少的，但是未来利润高。可能由于村民看不到现在的利益，对于政府的满意程度下降。就业问题确实是一个严重的问题。

（5）一体化过程中回迁房1：1置换政策实行的制度落实的怎样

A. 完全落实了

B. 基本上落实了

C. 没有很好地落实

结果分析：政策的落实情况是本次调研的另一个重点问题，大约有50%的居民认为政策没有很好地落实，像住房1：1置换政策，居民对此意见颇多，他们认为政策中1：1是指现在住房面积加上

公摊面积才算得上是 1∶1 置换，但是由于之前住房面积大的人显然不能接受这样的安排。

村委会负责人说，政策上有关于住房政策的详细介绍，但是根据查资料考证，住房政策只是笼统地说 1∶1 置换，并无其他附件详细说明此问题。

可能由于政策的不透明导致政府及村委会和居民之间的信息不对称。

（6）您觉得拆迁后教育资源配置是否改进

A. 有

B. 基本没有

C. 说不清

结果分析：其中 82% 的居民认为教育资源配置得到改善。在走访过程中，我们发现在小区附近已建立起一座小学，而据当地相关部门介绍初高中建设也在筹备中。

（7）一体化之后您的生活水平较以前相比

A. 明显改善

C. 保持不变

D. 明显恶化

结果分析：问卷结果显示，有七成居民认为较之前生活水平有明显改善。出于对小区卫生、安全、交通便利程度的考量，我们认为这样的结果并不意外，虽然拆迁政策给原居民的经济利益带来损害，但是对整体居住环境带来正向影响。

（二）采访过程

1. 采访居民

唐家岭村民认为城中村改造有利有弊。弊端主要在于以下三点：

（1）小区物业费高。有居民说小区物业费一平米四元，但别的小区都是 8 角。

（2）小区基础建设不合格。周围缺少菜市场等生活活动场所，使得居民生活很不方便。

（3）村民收入减少。以前唐家岭小区是“蚁族”聚集地，村民的主要收入来源是房屋租赁以及农活收入，收入中房屋租赁占了很大一部分。城中村改造后，一些居民丧失了主要收入来源。居民对此很不满，而此时政府也未出面解决唐家岭居民就业问题。

（4）交通不便。

好处主要在于以下两点：

（1）教育设施完备。小区旁边修建有小学，孩子上学方便。

（2）环境改善。以前脏乱差的唐家岭现在变为绿化良好的小区，使居民赏心悦目。

2. 采访物业

由于唐家岭小区物业不接受采访，我们转向唐家岭小区旁边的图景村物业，通过采访物业管理人员刘经理，了解了图景村及其附近村子城乡一体化进程改造的整体状况。

对于居民反映的物业费贵的问题，经理说物业费是测算出的，有电梯的小区和没电梯的小区不一样。物业费主要贵在电梯使用费。不是物业在搞同盟，搞价钱一体化，西北旺镇有个趋势，就是把物业做成一个大的集团，更好地为居民服务。因为居民都是从平房过来的，以前没住过楼房，从平房到楼房需要一个观念改变的过程。

关于在搬迁进程中的困难，物业表示没有出现瓦片经济，村里人几乎没有这个意识，都是出门学手艺。图景村物业表示村民对于搬迁这件事有一个积极的态度。唐家岭存在很多违章搭建事件，他们的负能量主要原因是政策对于红线之外的面积没有补偿，还有修高楼，租房子超高的利润也没有补偿，由于政府补偿得看产权证，这一部分是不可能得到补偿的，所以拆迁会起一些摩擦。图景村拆迁如此成功是因为村民不怎么依赖土地租房，有稳定的收入来源，因此回迁对他们来说不是断了生活来源，而是提高了生活质量。

关于图景村的经济来源的问题，刘经理说图景村思想很先进，老人有退休金，年轻人有工作，大家都比较想改善生活质量，对于城中村改造很支持，搬迁较为顺利。

3. 采访村委会

对村委会进行采访后，我们了解了以下问题：

（1）唐家岭城中村改造的大体情况。

唐家岭已经拆迁两年多了，村民现在都已经搬回了楼房，部分公租房还在建设之中，有配套的小学和幼儿园，也有相对应的中学，但中学的建设还在落实中，建设都已完成了大体规划。村民从住平房到住楼房，生活还是有一些不习惯。小区的治安很好，每个小区都有对应的保安来负责安保工作。

（2）村民的就业途径。

以前村民的主要收入是来自于种地和出租房屋，现在村民都住进楼房之后，有一些进物业工作，年轻人一般都在外边工作。

（3）农保转城保问题。

村民户口农转非之后，国家有补贴保险的年限，村里面给补交了一些养老保险的年限，村民一个月交一百多就能上三险。

（4）拆迁之后的补助情况。

拆迁之后每家每户都有一些生活费补助。老百姓腾退之后，在外边租房，就可以享受这个补助，搬迁进小区之后，不接受补助。

（5）土地置换的一些基本情况。

城中村改造的政策不是由政府制定的，是由村民代表大会和党员代表大会从很多种方案中筛选出来的。村委会只是执行者。土地置换有两个选择，一个是一比一置换，另一个是每人 65 平米置换。

三、实践感悟及思考

（一）唐家岭模式的优势分析研究

1. 解决了农转非户口问题，加快了城市化进程

2. 改革过程中补助政策涵盖全面，政策实惠

被腾退人有效宅基地面积及居民区居民住宅落院面积按 1∶1 比例置换安置楼房原则，补偿费方面安排实惠，包括搬家补助费等各类相关费用。

3. 改造后环境改善，生活质量有所提高

4. 周边部分资源完善，方便居民

5. 改造后各方积极提供帮助，政策实惠

村委会利用集体资源积极开展第三产业，例如开办采摘园等等，年末集体分红，带动村民致富，对于新出现的闲置房屋，由政府集中收取，统一建设公租房，使村民能够借助闲置房屋取得经济收入。

（二）唐家岭模式不足的分析研究以及相应建议

1. 政策制定与落实监管不足，反映渠道缺失

（1）政府在改造唐家岭村时制定了房屋 1∶1 回迁的政策，然而在采访中我们发现，很多村民表示回迁过程中没有很好地执行这一政策，导致了村民对回迁房屋面积缩水存有异议。

（2）村民的意见没有办法向上反映，出现了政府管理村子，村子却没有将意见传达的问题。

对应措施：

（1）增加政策制定与落实透明度，使村民对政策有正确客观的解读。

（2）成立村民监督机制，由下往上进行监管。

2. 改造后的区域主要由居民区构成，产业链缺失，一定程度上减少了经济来源，导致村民就业缺少长期安排，失业问题严重。

对应措施：

（1）改造应更注重解决居民的收入来源和长期发展的问题。

（2）唐家岭政府可实施政策引导群众改变收入模式。

3. 周边服务业设施简陋，交通不发达，给当地居民带来不便。

4. 改造布局缺少整体规划，问题百出

唐家岭村镇分为南村与北村，北部改造已达到一定规模，但南村建设却迟迟拖延。现阶段的南村发展较为缓慢，违章建筑现象仍然严重，房屋质量较低；产业结构较为低级，物流公司各自为政，未能有效组织形成规模经济。

对应措施：

建立发达的第三产业相关设施、依托服务业、旅游业等产业进行发展。

5. 土地规划不合理

唐家岭总体规划中设想将居民区北移，中心建立公园，围绕居住区建立产业带，然而，原有土地是宅基地，本身并不适合绿化作用，这样对于北京之肺的建设无疑是有害的。

（三）“城中村”问题产生的原因

1. “以地生财”模式是导致“城中村”问题的经济原因

在城市化的压力下，一无技能二无经验的“城中村”农民为了谋生，自然地选择了一条风险最小且收益不菲的“以地生财”道路。在这种模式下，“城中村”的土地利用、开发建设行为完全取决于土地收益分配的比较利益。

2. 城市规范化管理不到位是产生“城中村”问题的政策原因

在实现农村城市化过程中，政府在取得城市发展需要的土地后，基本上将“城中村”事务留给“城中村”自己解决。在传统村落组织结构及社会网络关系影响下，“城中村”的管理仅限于本村人管理，而对数倍于自己的外来人口的管理既无意也无力承担。在这种情况下，“城中村”基础设施落后，黄赌毒泛滥、脏乱差蔓延便难以避免。

3. 落后的土地管理体制是造成“城中村”问题的体制原因

在城市化过程中，有的地方直接保留了农村土地的集体所有制性质，有的地方虽然实行了土地国有化，但通过给“城中村”划定“集体工商发展用地”和“宅基地”的方式，使“城中村”土地事实上具有无偿、无限期、无流动使用的行政划拨特征。在这种体制下，村民在认知上，并不觉得国有化后“城中村”土地与以往有什么不同，“土地是我的，怎么建我说了算”。在利益驱动下，村民便千方百计规避政府监管，脱离城市规划的引导与控制，结果形成了大量布局混乱、密不透风的“握手楼”、“接吻楼”。

4. 政府未能为外来人口提供足够廉租屋是刺激“城中村”违法滥建的客观原因

在高速城市化过程中，受土地资源、资金的限制，政府一时无法提供足够的廉价住房供广大的外来人租住。这就为“城中村”违法私房的建设提供了大量的需求。

（四）经验总结

在城市化进程中，“城中村”问题不能回避。历史遗留下来的“城中村”，成为城市角落中的一块“鸡肋”。其改造的难点在于村民、政府的利益平衡。村民的希求是在改造中对他们的损失给予补偿；政府要保证市场、社会的稳定。“城中村”的最终改造方案，将是他们利益平衡的合约安排。

（五）“瓦片经济”现象出现的必然性及解决措施

“瓦片经济”是城乡接合部（也指城中村）农民离开土地后，靠租房给外来人口增加收入的一种经济形式。

目前违法建设主要分为两种类型，一种是属于有证的违法建设，其中包括在审批过程中就开始建设以及在建设过程中增加面积、加层等等；另外一种则是根本没有得到任何审批，建设方就开始私搭乱建。事实上，对各级政府来说，治理“城中村”是一种有法可依，操作性很强的活动。但是，近几年来，“两违”现象还是屡禁不止。

其实，究其本质，“瓦片经济”现象的出现有其必然性：

1. “以地生财”的发展模式是导致“城中村”问题的经济原因

这种方式对于“城中村”农民们来说是一种风险最小且收益不菲的收入来源。随着城市不断外扩，农地陆续被征用，农耕经济衰落，相当大一部分农民实际处于失业状态。在这种情形下，村集体违法用地，村民滥建私房屡禁不止就不难理解了。

2. 落后的城乡管理体制和土地管理体制是“瓦片经济”现象存在的政治原因

目前，我国独特的城乡二元政治、经济管理体制依旧普遍存在。国家对于农村的经济投入十分有限。这种情况下，“城中村”集体经济组织既要负担本村的基础设施和公共服务设施的建设，又要维护本村的社会管理，不堪重负，农民增收阻碍重重，于是，通过搭建和出租违规建筑就成为一条获取财富的捷径。

3. 外来务工人员的大量涌入和政府无法为其及时提供安置房是刺激“城中村”违法滥建的客观原因

更好的就业，更多元的发展空间，更优质的生活—北京像一块磁铁，吸引着外地人源源不断涌入。由于政府无法为其提供足够的廉租房和安置房，选择聚居于此对他们而言是最佳的生活方式，这就客观上使得当地居民有利可图，从而助长了他们违规建房的行为。

要想很好地解决这一问题，我们认为：

（1）要从完善立法开始，要根据城中村改造中出现的新问题对原有立法加以补充，及时颁布和完善相关的行政法规。

（2）要破除二元结构、推动城乡管理体制创新，颠覆原有的落后的土地管理体制，着力破除城乡二元结构，促进城乡经济社会发展融合互动，促进新建地区的产业发展，为居民增收开辟新的途径。

（3）要科学规划外来人口，建立一种科学的城市布局。“城中村”拆迁，栖身于此的外来务工人员再次面临住房难题。为根治这一现象，政府首先应当为他们提供足够的廉租房和保障性住房，并且可在新建和改建住房的过程中，加强与“蚁族”的沟通，了解其居住需求，努力在城市化进程中为其营造和谐文明的城市空间。

（六）拆迁居民的失业补偿问题及解决措施

事实上，北京在实施城中村改造时，对拆迁居民的补偿是相对较高的。然而我们在调研中发现，仍有一些村民对政府的补偿措施不甚满意——失地农民虽然拿到安置房“农转非”，但很快就遇到就业难题。此外，多数失地农民获得的是一次性补偿，对于这笔不小的财富，很多村民往往不知如何支配。在补偿金吃光用尽后，失去了原有的收入来源，又要承受各种生活开支，其生活水平下降又诱发了新的社会矛盾。

拆迁居民的失业补偿问题是以往任何“城中村”改造都会面临的问题，其中也不乏高碑店这样失败的案例。既往城市化进程中的严重制度性缺陷，如不加以矫正，农民与政府、农民与企业，以及农村内部的冲突会更加激烈。

此次“城中村”改造中，北京市政府汲取以往城市建设中的经验教训，采用新的征地建城模式，对村民在拆迁后的安置和规划也更具长远性。其中我们所探访的唐家岭村就是此次大规模“城中村”改造的试点。

教师评语：

“城中村”是改革开放以来随着我国城市化进程的加快出现的

一种独特的城市现象，它是城市规划滞后于城市发展的产物，也在很大程度上制约了城市的进一步发展，影响了市民的生活。北京作为全国的首都，近30多年来发展得非常迅速，“城中村”也越来越多，因此，解决好这一问题将为北京进一步发展的提供重要经验。TEN团队把这一问题作为社会实践的研究对象，以唐家岭以例进行了深入的分析和研究，并得出了一些有价值的建议，我认为这一实践成果是比较好的，因此予以推荐。

城乡一体化进程中土地盘活的经济效益分析与前景展望

——基于北京市海淀区北坞村的实践调查分析

团队：地御农心

成员：刘婉威（队长）、刘展鹏、陈珂琪、夏方圆、李晓宣

一、实践方案

（一）前　言

实现城乡统筹联动，赋予农民更多财产权利，推进城乡要素平等交换和公共资源均衡配置，让农民共同分享现代化成果，这一直是我们所期待的美好图景。而如何使农民及其子女能够享受更好的教育、医疗等公共服务和社会保障，真正实现城乡一体化，已成为当前社会关注的焦点。为较为深入地研究这一问题，我们以北京市城乡一体化为例进行深入的调研分析。

（二）实践背景

1. 国家对城乡一体化的政策支持

2008 年 10 月党的十七届三中全会做出了促进城乡经济社会发展一体化的重大战略部署，2010 年发布的中央一号文件《中共中央、国务院关于加大统筹城乡发展力度，进一步夯实农业农村发展基础的若干意见》进一步提出要协调推进工业化、城镇化和农业现代化，努力形成城乡经济社会发展一体化新格局。

2. 北京市城乡一体化进程

从改革开放初起，北京市就逐步探索推进城乡一体化的进程。

长期以来，北京的城乡一体化就是按城市支援农村、工业带动农业，最终实现郊区政治、经济、文化及城镇建设齐头并进的脉络发展。

2008年中共北京市委十届五次会议通过了《中共北京市委关于率先形成城乡经济社会发展一体化新格局的意见》，提出了加快城乡接合部地区改革发展步伐，完善社会保障，推进城乡基本公共服务均等化等具体目标。

3. 北京市海淀区北坞村城乡一体化试点情况

北京市海淀区北坞村在2009年开始了城乡一体化的试点工作。1月，北京市书记刘淇多次亲访北坞村，在实地调研的基础上制定了旧村腾退拆迁方案。其主要任务是“一落一起”，即拆除旧村，建设北坞新村——北坞嘉园，满足全村2900多人的回迁住房需求。

同时，为解决农民失去土地后的就业问题，镇政府集中管理各公共服务岗位，通过成立劳务派遣组织、提供创业帮扶来帮助农民实现就业。村民也可以通过缴费享受社会保障待遇。

（三）实践目的

1. 真实掌握北京市城乡一体化现状

在城乡一体化推进过程中，有必要及时了解各种措施的实施情况，土地确权、流转以及集体建设用地的使用情况，以及了解农村居民在这个过程中的想法和感受。了解现状是深入研究的前提。

2. 发现存在的问题，积累经验教训

城乡一体化是新时期改革和发展的重要内容，其中关于土地盘活的推进需要通盘考虑和逐步推进。通过实践调查发现北京市在这一过程中所遇到的难题以及政策措施实施后产生的正反面影响，并通过与其他做得好的地方情况对比分析，从大学生的视角出发，总结出可以推广的经验。

3. 反映民情民意，督促政府相关工作的高效展开

城乡一体化中必然会涉及现有经济发展方式和土地使用方式的

调整、改革，这直接关系到农民的利益。尽管政府在盘活土地存量的过程中，以村民的利益和经济建设为出发点，但仍可能在某些问题上考虑不周全，在政策措施执行过程中与村民的利益和想法存在冲突。通过调查村民，了解他们在本村城乡一体化过程中的真实收益与成本，从而敦促主管部门及实施单位及时转变不太合理的措施，推动北坞村城乡一体化的良好发展。

（四）研究框架

小组五人在查阅大量资料之后，决定以“土地盘活”问题为切入点，结合制度经济学、博弈论的相关理论进行分析，调查、评价当前土地资源利用情况，确定的整个实践的研究框架如下。

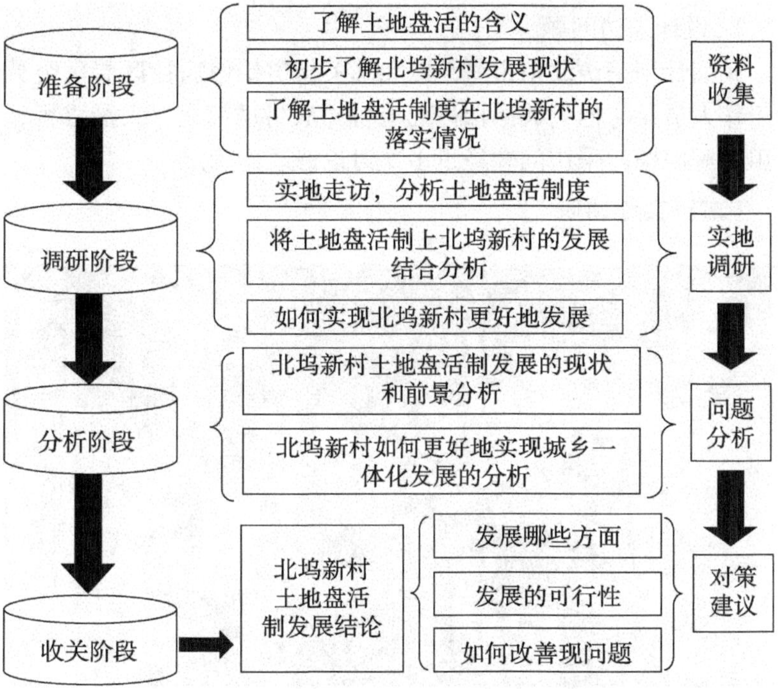

图1　实践研究框架

二、实践过程

（一）前期准备

3月21日–4月15日，我们为4月20日的实地调研的准备工作阶段。这阶段做的主要工作有：

1. 设计调查问卷

小组成员根据前期对文献的阅读研究，以及结合“农村城镇化”发展现状，针对北京市海淀区北坞村的实际情况设计了调查问卷。问卷内容全部采用客观题的形式，方便村民作答。

2. 设计采访问题

我们计划采访北京市海淀区北下关街道娘娘庙社区居民委员会的工作人员，与他们共同探讨北坞村“农村城镇化”发展进程、推行阻力等问题。采访问题经过多次讨论修改而确定。

（二）实地调研

图2 实践小组成员合影留念

1. 现场调研

4月20日，我们来到北京市海淀区北坞村进行实地调研。北坞村没有通常概念中“村”应该有的形式。呈现在我们面前的北坞村并不是我们想象的在农地中建立的社区，而是各种配套设施一应俱全的城市社区。社区里有着便利的超市、理发店，还有学校、公交线路、地铁站等，交通很方便。

2. 发放问卷

简单考察后，小组成员正式开始发放调查问卷。此次问卷调查的对象主要是当地的农民，选择他们因为农村城镇化与他们的关系最为密切，他们也最有发言权。问卷分析帮助我们发现存在的问题，也为下一步的改革提供了指导方向。

3. 村委会采访

在3个同学发放问卷的同时，另2个同学来到北京市海淀区北下关街道娘娘庙社区居民委员会进行采访，了解目前北坞村改革的现状、存在的问题、政府对于农村城镇化改革方面的相关意见及发展方向。

采访记录：

调查小组（以下简称调）：阿姨您好，我们是中央财经大学的学生，正在做关于城乡一体化的实践，可以采访您几个问题吗？

王大妈（以下简称王）：嗯，好。

调：请问您贵姓？

王：姓王。

调：王阿姨，我们知道北坞村是海淀区城乡一体化的试点地区，能告诉我们刚开始试点工作的时候您的工作是什么吗？

王：那是在2009年，我那时在村委会工作。

调：村里的试点工作是怎么开始的呢？

王：市书记来过好几次，经过和村里干部的多次商量，后来形成了“腾退方案”。

调：“腾退方案”是怎么实施的呢？是怎么发起村民的啊？

王：先是村委会召开大会，每户人家都有人参加。我们在大会里具体讲了方案怎么做，对乡亲们有什么好处，询问他们有什么意见。

调：那作为村委会成员，您在方案实施中还有需要做些什么吗？

王：那当然有，因为方案是我们都参加了讨论，比较了解情况，我们回到家里得给亲戚们再讲一遍有关政策，并取得村民的支持。

调：方案的实施顺畅吗？

王：挺顺利的，因为拆了旧房，还能分到好几间新楼房，政府也有其他的社会保障，大家都愿意。

调：那没遇到过阻力吗？

王：阻力也有。主要是那些租房住的不愿意拆。平房租金多便宜啊，还都住习惯了。拆了旧房，新房没盖起来时候没地方住，但是他们又得上班，确实有困难。

调：那这些阻力是怎么克服的呢？

王：我们村委会的工作人员每天去和他们沟通，答应也给补偿，村民也都同意还把新房子租给他们。

调：您认为那次“腾退方案”实施的效果怎么样？对推进北坞村城乡一体化有帮助吗？

王：很不错啊，现在我们都住进了楼房，每月租金和养老金差不多也足够花，不愿意闲着的还可去做照顾花坛等工作。

调：您觉得北坞村的城乡一体化过程中还有问题需要解决吗？

王：基本上没什么问题。硬要说就是老人们突然间住上楼房不太习惯，村里待了几十年，环境变了心里不踏实。

调：您觉得自己的生活在城镇化后怎么样？

王：挺好，每天也没什么事，有时换一下宣传栏里的内容，大家有事来找时解决一下他们的问题，过得挺好。

调：谢谢您给我们讲了这么多，打扰您了。

王：没事。

（三）实践总结

1. 实践主要结论：

我们对填好的问卷进行数据统计和数据分析，得出主要结论：

（1）北坞村“腾退拆迁”政策的积极作用比较显著，多数村民从中感受到了实惠，认为生活水平较以前有提高，目前约80%的村民由原来的自有住房迁入了新居。

（2）北坞村曾经主要有三大问题：经济发展水平低、交通不便、环境差，目前，约有67%的村民认为交通方面已有了明显的改善，环境治理方面也有突出效果，但在经济水平上，相当一部分村民认为还没有达到令人满意的程度。

（3）最受北坞村村民欢迎的一种土地利用方式是宅基地换住房，承包地换社保。这和北坞村耕地面积少、宅基地多的现状有关，而大部分村民都没有了自家的耕地，土地转包、出让不容易大规模实现。

2. 问卷中几个重要问题的统计结果与分析：

（1）2009年前后村民家庭收入主要来源的变化：

分析结果：北坞村实行城乡一体化改革方案以后，村民的工作岗位和家庭收入来源发生了明显的变化：2009年之前，村民住房尚未整改拆迁，房屋租金是大部分家庭收入的主要来源，个体经营和打工也是一部分家庭的收入方式；而城乡一体化推进后，依靠房屋出租获取收入的家庭明显减少，下降了将近一半，更多的家庭转向企业就职或到工厂、工地务工，自主经营者也有少量增加。这很明显地体现出城乡一体化过程中，各种措施，尤其是腾退方案改变了村民原有的经济资源、物质基础，对于村民就业和收入产生了很大的影响。

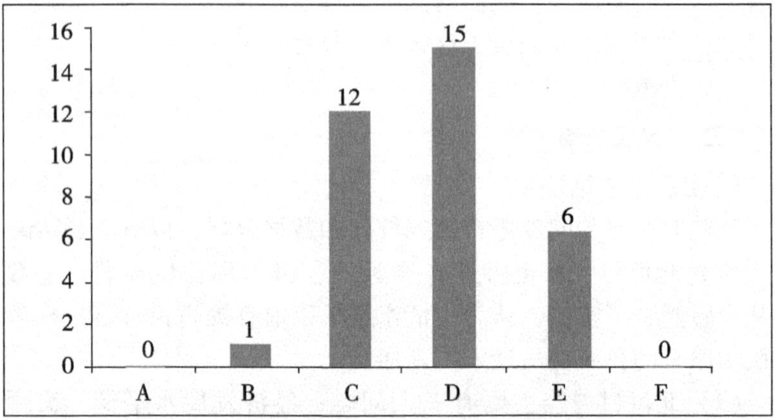

图 5　2009 年前村民家庭收入主要来源（A. 种植业　B. 养殖业　C. 经营性收入　D. 房屋租赁收入　E. 本地或外出务工　F. 其他）

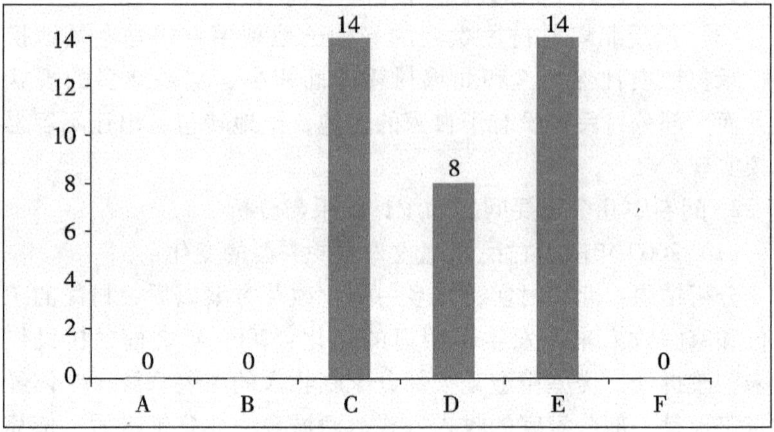

图 6　2009 年后村民家庭收入主要来源（A. 种植业　B. 养殖业　C. 经营性收入　D. 房屋租赁收入　E. 本地或外出务工　F. 其他）

（2）村民认为政策存在哪些问题：

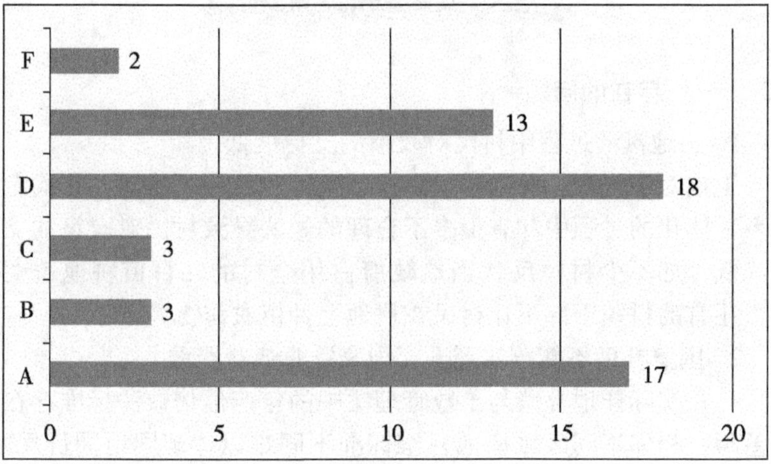

图 7　村民眼中政策存在的问题

各选项代表结果如下：

A. 补偿标准不统一且较低

B. 强制搬迁

C. 对弱势群体照顾不周

D. 腾退搬迁后，村民没有了经济保障

E. 新居条件不符合要求

F. 政府行为透明度不高

G. 其他

分析结果："腾退搬迁"政策基本上能够令村民满意，但也约有 10% 的村民对其存在一些意见。村民提出的问题主要集中在补偿不合理、腾退后无保障以及新的住房不如意三方面，政府在公开政策信息、执行情况以及尊重村民意愿等方面没有出现太大的问题。

三、实践感悟与思考

（一）存在的问题

1. 土地盘活过程中村民对政策的支持度低

土地对于许多农民来说，意味着生计和希望。然而，在我走访城乡一体化的过程中却有很多不合理的做法导致村民对政策的支持度降低，如不少村民反映当地政府占用全村的几百亩耕地盖度假村，还有的村镇干部不让村民在耕地上种植农作物。

2. 国家补助不能落实到人，国家资源浪费严重

一是实际征地补偿与土地管理法中的年产值倍数法标准存在一定差距，相邻不同区域征地补偿标准不同难以体现同地同价原则，征地补偿受征地用途影响，公益性征收补偿远远低于非公益性征收补偿；二是征地补偿费存在层层截留现象。村一级补偿费分配应遵循村民自治、村民协商的原则。然而实际分配方式，往往由村领导主导村级提留，用途不够透明农民不满情绪严重；三是征地补偿费分配以一次性货币安置为主，未能有效解决被征地农民的社会保障问题，被征地农民抵抗失业风险、健康风险和养老风险能力偏弱，农民长远生计难以得到保障。

3. 农民理财规划不合理，城镇化过程中的金钱矛盾突出

首先，农民他们不合理消费问题严重。尽管新生代农民知识水平提升了，但由于他们年轻且大多没有家庭压力，其消费缺乏长远规划。经过调查发现，大多数农民没有记账的习惯，花钱较为随意。其次，农民的理财意识较淡薄。经调查，农民真正进行理财的只占了小部分，大多数都是无计划、无节制消费，没有长远打算。因此，需要对征地农民加强合理、有计划消费宣传，以及普及相关理财知识。最后，农民的理财方式单一，风险高。根据调查，90%以上的农民选择的理财方式是银行的定期存款，鲜有涉足基金、股

票、保险类理财产品。

4. 对于外来务工人员出租乡镇房屋面临诸多不便因素

随着城市进程的不断加快，我国的大中型城市迅速向农村扩张，城市周边地区出现越来越多的城乡接合部。城乡接合部相比较市区繁华地区房租低廉，但离市区较近且交通方便，这就吸引了越来越多的外来流动人口到此居住和发展。他们进入城市经商、务工、就业，对于促进城市经济发展起到了很大的作用，是一支不可忽视的产业大军，但是也给社区管理、治安带来了不少困难。

另外，在城乡一体化过程中，会进行土地盘活，改变土地的原有用途，城乡接合部原来用于租给外来人的房屋将会进行拆迁重建，这必然会给外来人员的正常生活带来很多麻烦和不便，如果不能较好的安置外来流动人口，就会出现治安、消防、公共卫生、管理等诸多方面的社会问题。

（二）问题的解决对策及方向

1. 解决土地盘活过程中村民对于政策的不支持心态

城乡一体化过程中必须以农民满意为开展工作的标准，要确保村民思想上“拆得通”。政府要把维护和发展群众的利益放在首位，充分做好村民的思想工作，取得村民的支持和配合，才能够推动城乡经济社会的全面快速发展和城乡一体化目标的早日实现。

北坞村在实施“自我腾退、自我建设、自我管理、自我资金平衡”的过程中，有的村民担心一次性的补偿仅能维持短期的生活，原来的“瓦片经济”收入中断，入住新居后又要增加物业费、暖气费等各种开销这种心理影响了工作的深入、顺利推进，如何解决这些问题，一方面需要政府在财政上给予更多的资金支持，尤其对于一些困难户，更需妥善解决如此类问题。另一方面，发展城乡经济，要依靠产业用地带动经济增长，创造更多的工作岗位，让村民转居时也实现农转工让他们的生活有来源。北坞村就很好地解决好了这两个问题，工作进行很顺利。

2. 合理分配各种政府补助，避免国家资源的浪费

我们的研究目的就在于探索我国农业补贴制度与土地流转制度的衔接与配套，寻找制度之间的关联以使制度配套落实与实施。针对不同地区不同经济状况的农村土地流转后的政府补贴分配严重不均衡问题，我们小组参考不同国家和地区的现金补贴分配方式，同时结合北京市农村的发展现状，设计出一套适合北京农村土地流转后政府补贴资金的发放模式，以确保农民分配补贴的相对均衡和利益最大化，以及国家资源浪费的最小化。

3. 构建合理的补贴发放模型

我国法律规定，农村土地属于农村集体所有，农民拥有土地的承包经营权。土地征收后，农村集体经济组织失去了农地的所有权，农民则损失了农地的使用权，理应得到合理的补偿。国家以征地补偿费的方式发放给农村集体经济组织农村集体经济组织，分得土地补偿费，即土地所有权收益，农民获得青苗和地上附着物补偿费。如果有单位对农民进行安置，安置补助费交由安置单位；如果不安置，则安置补助费交给被征地农民。征地补偿费的分配体现了所有权和使用权的关系。因此，我们从产权理论进行分析，构建了补贴发放模型。

我国对农村集体土地的承包经营权规定为 30 年，而土地的所有权可以看成是无限年期的使用权，因此粗略计算两者的分配比率可以用 30 年期的土地使用权价值除以无限年期的土地使用权价值。然而在土地征收过程中，土地的使用权是 30 年使用权的剩余期限，因此使用权与所有权的收益分配比率应该是剩余年限的土地使用权与所有权的比率。

剩余有限年期土地使用权收益 $=\frac{a}{i}\left[1-\frac{1}{(1+i)^{n}}\right]$，土地所有权收益 = 使用权与所有权的收益分配比率 $=1-\frac{1}{(1+\mathrm{i})^{\mathrm{n}}}$（a 代表年

土地收益，n 代表土地使用权剩余年限，i 代表折现率）。其中，折现率一般采用安全利率加上风险调整值的方式求取。安全利率一般取银行一年期定期存款利率，而风险调整值可以视为 0。

折现率越高，土地使用权收益越接近土地所有权收益，如果按照 30 年的土地承包经营权计算折现率在 3%—6% 之间时，土地使用权与所有权的收益分配比例在 60%—83% 之间，按此理论分析，农民获得土地使用权，农村集体获得土地所有权，则农村集体提留比例应该在 17%—40% 之间，而农民则应获得 60%—83% 的使用权收益。

4. 加强农民理财规划，减小城镇化过程中的金钱矛盾

（1）投资理财规划——合理购买理财产品

风险承受能力比较小的村民可优先选择国债这种信誉度高、收益稳定、风险低的债券；农民还可以购买货币型基金、股票型基金、基金套餐等，实现专家理财，分散化投资，获得较为稳定的收益。这对于缺乏金融知识的农民来说，是实现资产管理、增加收入的一种比较简便有效的方式。

此外，教育投资也是一种较好的选择，农民可以通过考取相应专业等级证书取得相关领域的执业资格，如学外语、学习电脑操作等等，获得更多的知识而增加未来经济收益。

（2）开发适合农民的理财产品

目前市场上针对农民的理财产品还比较少，在理财品种上，大多都以保险、基金为主。除此之外，在大中城市可以买到的理财产品在农村根本没有供给。因此，加强金融机构的产品创新和服务创新，开拓农村市场，为农民理财拓展渠道，是金融单位和相关部门亟待解决的现实问题。

5. 外来流动人口的安置问题的解决方法

（1）政府主导，统筹规划

外来流动人口为北京的发展做出了不可忽视的贡献，政府对这

个主体应该进行政策上的扶持帮助，并且把它纳入城区建设的统筹规划中，视为城乡一体化的重要组成部分。

政府不但应该为外来人口住房提供有利条件，还应整合各方面的资源，包括土地资源、资金资源、房屋资源、教育资源等相关配套设施，建设统一的医疗系统，让外来流动人员能够得到有效的医疗保障；建设设施较为完备的学校，保证外来流动人员子女的教育需求；设立超市、健身活动场所等生活设施，从多方面满足外来流动人口的客观需求。

（2）设立统一信息平台

外来流动人员在城务工的消息来源较为单一和闭塞，为了满足他们的就业、居住、教育等需求，应该建立一个统一的信息发放平台，让外来流动人口能够及时获取他们需要的信息，满足他们各方面的需求。

此平台发布的信息应包括政府的政策扶持和帮助、居住及消费需求信息以及就业信息等。在这个信息平台的支持下，各个管理部门与各种市场经营组织能获取服务信息，协助政府与企业，提供解决居住及其相应生活服务保障的设施和条件，形成社会的协作机制。

教师点评：

本课题小组以海淀区北坞新村为个案，对北京市城市一体化进程中的土地盘活问题进行深入的调研和细致的研究。本课题组通过问卷调查，针对调研问卷课题小组进行了统计分析，进一步了解了实际情况。大量的实地采访，则增加了调研报告的可读性。本课题还发挥小组成员专业特长，在研究报告撰写中结合经济理论进行分析，具有较高的研究水平。

北京市城中村改造的成就与存在问题研究

——以回龙观村为例

团队：思澈团队

成员：王佳艺　李文森　胡敏洁　赵　秾　刘天生　严富强
俞文俊

随着北京城乡建设一体化进程的加快，城市规划和城市建设当属政府管理中最为重要的议程之一。近年来，北京市对城乡建设的大力支持，加之外来人口的增多，以及房地产开发热和城镇化热导致的城市快速向农村扩张，北京城乡一体化建设飞速发展。但在城市化快速发展的过程中，城乡接合部逐渐演变而成的城中村现象及其带来的问题越来越突出，给北京的城市发展和整体规划提出了诸多需要解决的课题，因此，加快城中村的改造成了城市发展过程需要重点考虑的一个问题。那么，北京城乡接合带的城中村是如何改造的，有什么宝贵经验，又有什么教训，能为其他城市城中村的改造提供什么借鉴，等等。这些问题并期望在解决的过程中积累经验，为解决相关问题提供了理论指导和经验借鉴。我们团队将“北京市城中村改造过程研究”作为社会实践的选题，以回龙观为研究点，进行了深入的调查和研究。

一、实践方案

（一）实践计划及流程

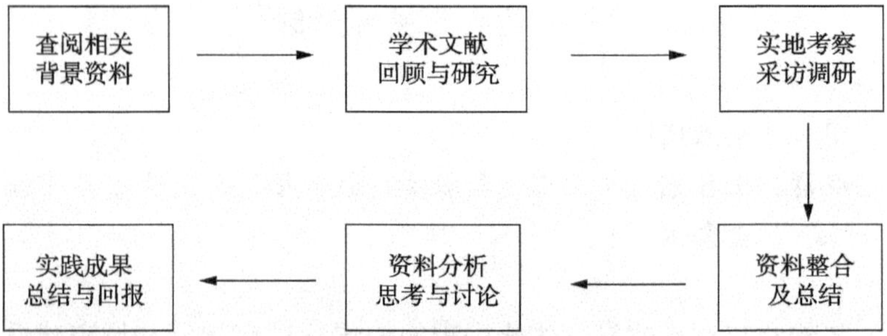

图 1—1　实践计划及实施流程

（二）实践主要方法

1. 文献综述法

阅读相关文献、政策有助于我们对研究主题的背景的深入了解和准确把握。我们打算通过中国知网等网站搜集有关北京城中村旧村改造的相关文献和政策，了解课题研究背景，对文献中关于北京城中村的现实状况、存在问题和解决对策等作重点把握，并结合我们的实践主题，有重点地把握实践主题的相关文献和资料。

2. 实地调研法

本次社会实践，我们选取昌平区城中村旧村改造的典型——回龙观镇回龙观村作为范例，进行实地调研。实地考察之前，我们先在网上搜集有关回龙观村旧村改造的资料，了解相关背景，做足功课，然后前往回龙观村进行实地考察。在考察过程中，我们主要了解了回龙观周边的设施设备、环境状况、村民居住状况、楼房施工状况等相关内容。

3. 采访谈话法

通过对北京昌平区回龙观村三位村民和一位外村务工的工人的交谈，我们了解了有关回龙观村旧村改造的进程、措施等一系列做法，并了解了旧村改造过程中村民对政府这一做法的感受和态度，以及改造后的状况和仍需解决的问题。

二、实践过程

（一）前期资料查阅及文献研究

借助互联网的平台，我们查阅了大量有关北京市“城中村”发展现状以及回龙观村改造情况的资料，将其涉及的主要方面归纳如下：

1. 北京市“城中村”的改造及现状

北京市的“城中村”主要分布在城市建成区的边缘地带和城乡接合部，这些区域城市化进程相对滞后，人口密度大，外来人员相对集中，违法、违章建筑和私搭乱建现象严重，市政基础设施匮乏，房屋破旧，环境脏乱，社会管理混乱，城市公共安全隐患多。

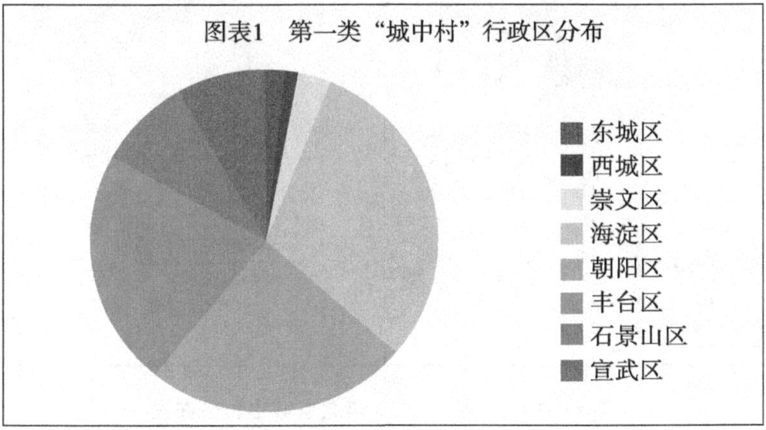

图 1—4—1 北京市城中村分布图（来源：实践小组根据统计数据制作）

据统计，北京市的“城中村”大体分为两类：第一类是指在建成区内环境脏乱的城市角落，第二类主要是指规划城区内的行政村。第一类“城中村”是北京市城市化进程中比较严重的遗留问题，北京城八区约有这类的“城中村”231 个，具体分布如图表 1 所示。

2008 年奥运会前夕，北京市对市区 231 个“城中村”进行了整治，拆除了奥运场馆周边及四环路以内的 171 个“城中村”；2010 年北京市政府下发了 50 个市级挂账整治督办重点村名单。

2011 年北京市人民政府办公厅发布京政办发〔2011〕48 号文件，为促进城乡接合部地区 50 个重点村集体（图 1—4—2）产业发展提出了指导性意见。在经过两年的整治与改造之后，2013 年北京城中村分布图如图 1—4—2 所示。

图 1—4—2　截止 2013 年北京城中村分布图

2. 回龙观村的发展历程及现状

回龙观位于昌平区东南部。东起黄土南店，西北至二拨子；南为海淀区东北旺乡上地村，以观得名。现在的回龙观小区正处在此核心地带的东面，周边还有三合庄、周庄、北店、良庄几个村庄。三十年前这里除了农场机关的几排青砖平房外基本上全是农田。回龙观最早的住宅区就是现在的北郊农场家属院。随后农场机关大楼建成，成为此地最早的楼房，虽然只是三层的红砖楼但也是当时此地最高的建筑。这已是二十几年前的事了。几年后，北郊农场开始建设第一幢宿舍楼，此地开始有了高层住宅。此楼就是现农场家属院一号楼，已有二十年历史。后又陆续建设了二至六号楼，此地开始有了成规模的住宅楼群。

北京开始实施住宅改革及出现房地产热后，农场决定将下属企业北郊化工厂搬迁，对将原有厂地建成住宅楼，这就是现在的龙华园小区；同时修建十里长街，连接回龙观和霍营，为以后开发回龙观东部做准备。现在的回龙观小区主干道回龙观东大街就是在十里长街基础上修建的，这条路也是此地仅存的几条道路旧址之一。后华远房地产买下农场家属院西面至现八达岭高速这块土地建设住宅小区，就是现在的慧华苑。

北京市政府实施经济适用房建设后，天鸿集团看中了回龙观这块风水宝地，开始投资开发建设回龙观文化居住小区。从那时起此地变成了北京最大的建筑工地。经过几年的建设，小区一期、二期和六期的建成使此地发生了翻天覆地的变化，昔日的农田上面已是高楼林立，四面八方的人汇聚此地，开始了新的生活。

（二）实地考察及调研采访

1. 回龙观村现状及实景介绍

本次实践中最有价值的部分当属实地考察的过程。在实地考察之前，本小组成员先在网络中查找了部分资料，了解了网友热议的城中村改造过程中比较明显的问题以及回龙观村的改造过程。随后前往回龙观村进行实地考察。

从地铁13号线西二旗站下车出站后，按照当地行人指示的方向，我们很快找到了回龙观村。首先映入我们眼帘的是一片未经改造的荒地，荒地内部有部分树木和灌木，周围还堆积有垃圾，环境相当恶劣，气味也令人作呕。但仔细观察我们发现荒地周围有铁丝形成的围栏，我们向周围正在处理垃圾的工作人员询问得知，这里曾经是北京市比较大型的垃圾填埋场，鉴于周围的土地在城中村改造过程中被规划为住房用地，因此政府决定将此改造为绿化用地。目前还没有开始实施绿化整改过程，围栏的作用是防止大家随意进入，防止一些人为活动破坏土质，阻碍植被的生长。

图1—5—2　荒地附近堆积的垃圾

图1—5—1　未经改造的荒地

再往前走，就到了我们要调查的目的地回龙观村。这里已经是高楼林立，和我们想象中的“村庄”大相径庭，我们为这种新型的行政村而惊叹。经了解，回龙观村的回迁房安置工作已经基本结束，原住居民已于2014年年初入住新房，也就是回迁房。小区内都是鳞次栉比的现代化住宅楼，楼宇的中央是几个大型活动广场、音乐喷泉、行政村文化活动室……设施齐全，文化活动丰富，绿化工作也相当到位，符合现代“花园式小区”的标准。

图 1—6—1 小区内居民楼实景

图 1—6—2 小区内活动广场

我们调研时适逢午饭后村民们纷纷外出散步、休息，我们也随机采访了几位村民，就回迁房改造过程中村民的安置工作及相关措施是否到位、他们的满意度如何等问题做了调查。得知当时的政策为：

（1）本城中村于四年前开始改造，政府按照每户的人口分配相应的回迁房面积。具体政策为每人 70 平方米，独生子女每人可增加 20 平方米。

（2）政府在拆迁开始至回迁结束每月给每位村民提供 1000 元的租房补贴，但不集体解决其住房安置问题。

（3）回迁结束后村民户籍由非城市农业户口转为城市居民户籍。

（4）土地所有权和土地类型均发生变更，村民失去了原有“主业”，但政府不统一解决工作，大部分村民处于无业状态。

这些政策解决了居民的后顾之忧，为实行城中村改造扫除了障碍，也是进行城中村改造的先期基础和条件。

2. 采访过程实录

（1）对外村务工工人徐老的采访

徐老是一名外来务工人员，他以旁观者的角度介绍了回迁房的主要政策和村民心态。下面是我们的采访记录：

我们：徐老您好，我们是中央财经大学的学生，请问您可以接受我们关于回龙观村旧村改造的采访吗？

徐老：这个不行，这不好说啊，万一你们又给我发到网上，政府又来找我们麻烦了。

我们：徐老您千万不要误会，我们是大学生，现在做的只是一个课题作业的一部分，和记者不一样，我们是不会向社会公开的。

徐老：那你们想问什么啊？

我们：请问您知道回龙观村旧村改造是什么时候开始的吗？

徐老：应该是2009年开始的吧。

我们：您是参加到了回龙观村的旧村改造过程中了吗？

徐老：不是，我是在这儿干物业管理的，专门帮别人修补楼体的。

我们：修补楼体？是不是说这儿的回迁房质量不好啊？附近这儿栋楼房都是回迁房吗？

徐老：回迁房质量能好吗?！这儿附近大部分都是回迁安置房，就是旧村改造的楼房。

我们：这儿楼房的质量这么差，那住这儿的村民岂不是挺吃亏的？

徐老：这儿楼房的质量虽然差，但是村民可不吃亏。你想想，当年政府拆迁的时候，每家每户按人数计算，每个人能分配到一套房。那有多好啊。

我们：但是他们也都得出钱买房不是吗？

徐老：政府每平方米补助1000多块钱，这儿的房子每平方米3000多块钱，也就是说村民买房也就每平方米2000多块钱，你说2000多块钱的房子谁买不起啊，就算没钱每个月把房子租出去也能补上买房的费用啊。这种事儿能不好吗?！

我们：听您这么说旧村改造还真是造福当地村民啊。那旧村改造就没什么不好的么？

徐老：这个不好说，你们得去问村民他们。

（2）对村民陈阿姨的采访

陈阿姨是小区一名中年环卫女工，正在收拾易拉罐等回收物品。下面是我们对陈阿姨的访谈记录：

我们：阿姨您好，请问您是原来的回龙观村的村民么？

陈阿姨：是啊。

我们：那我能问你几个问题吗？我是中央财经大学的学生，想了解关于回龙观旧村改造的一些情况。

陈阿姨：（表情严肃，不悦）问什么问题？我不想接受采访。要采访去物业。我们接受了采访，你写了出来，政府又会来找我们，我不愿意接受采访。

（陈阿姨的情绪激动，但我们缓和了一下气氛，问了些简单问题，努力获得一些信息）

我们：陈阿姨，您原来是农民么？

陈阿姨：（不满）对啊，现在成了收破烂的了。

我们：那您参加过其他职业培训吗？

陈阿姨：没有啊，原来多自由啊，我种自己的地，过自己的日子，现在地又没了，啥都改变了。

我们：陈阿姨，在回迁安置房前，您住哪里呢？

陈阿姨：自己租房子住啊。

我们：政府有补贴么？

陈阿姨：有补贴也不够啊，现在房租太高了！

我们：您有孩子么？

陈阿姨：小学现在，教育上需要花很多钱，现在就我挣的这些钱，哪里能够啊！

我们：那您对现在的居住环境满意吗？

陈阿姨：房子质量太差，一下雨就漏水；我还是喜欢原来的房子，院子大，都是自己的，现在呢，那么小那么憋屈的房子。都不认识。

我们：那这个小区里，有健身的地方么？

陈阿姨：我们不在这地方健身，我会跑到×××那，距离这儿还比较远。

陈阿姨：我不回答你问题，你别问了。

（可以看出，陈阿姨对旧村改造持强烈的反对和不满意见，由于陈阿姨的态度强硬，所以采访终止）

（3）对村民刘老的采访

我们：刘老您好，请问您是回龙观村当地的村民吗？

刘老：是的，地地道道的老农民。

我们：那太好了，您能跟我们说说咱这个回龙观村旧村改造的具体过程吗？

刘老：嗯……好吧，没问题。

我们：请问回龙观村改造是从什么时候开始的？

刘老：大概是2009年吧。

我们：好的，那当年政府在宣布旧村改造时你们的反应是什么？很反对吗？

刘老：这个不好说，不同的人有不同的反应。就拿我来说，我当时也没很反对，政府要改造，我们也不好违抗，就是想到自己的农田被收走了心里很不是滋味儿。

我们：原来如此。请问政府安排旧村改造时你们住哪儿呀？政府会安排吗？

刘老：那是我们集体到附近或者外面租房子住了。政府不给我们安排，但给我们租金补贴，大概是每户一个月1000多块钱的补贴。

我们：请问这个小区的楼房都是当年旧村改造过程中建成了回迁安置房吗？

刘老：大部分都是，可能也有一部分是保障房。

我们：这些安置房都是怎么分配给你们的？

刘老：政府按照每户每人一套房子的标准进行分配，房子分为70平方米、90平方米、110平方米和120平方米四种型号的，一般的家庭每人分到的是70平方米的房子，独生子女家庭每人可以分到90平方米的房子，而像110平方米和120平方米的房子是给那些不想要小房子便把小房子折合成大房子的村民。比如说某个家庭有5个人，他们想要一套大的房子，把其中两个人的指标合在一起即可。像我们家庭总共有8个人，就分到了8套房子。

我们：哇，你们可以分到这么多房子啊。那这些房子的价格如何？

刘老：安置房的价格平均在每平方米3000多块钱左右。因为我们是被拆迁户，所以在购买房子的时候有政府补贴，我们在购买房子的时候政府每套房每平方米补贴1000多块钱，也就是说我们买房子的价格在每平方米2000多块钱左右。

我们：感觉你们在旧村改造过程中获利很大啊。这些房子的质量怎么样啊？会不会经常有楼体渗水等现象发生呢？

刘老：这个很难说，毕竟是回迁房嘛，质量肯定比不上商品房，但是我们住着还凑合，没有什么大问题。至于楼房渗水漏水的现象确实有，但感觉没啥大问题。

我们：你们家这么多房子怎么住啊？是不是很多房子都租出去了？

刘老：我们都分开住，我和我老伴住一套，几个儿子分别住一套，其余的都租出去了。

我们：那你们租出去的租金一个月是多少？

刘老：这个不好说，大概是3000多块钱一套房吧。这里很多房子都是租出去给外来的人住的。

我们：那敢情很不错啊，看来你们虽然没有了田地，但是靠租房子每个月还有很多收入呢。

刘老：哈哈，是啊。除此之外这个村子我们每家每户都还有股份呢，大家按照当年各家田地的多少入股，田地多的股份就多，田地少的股份就少。

我们：原来还有股份分红啊，那总体来说旧村改造对你们来说还是一个好事儿啊。

刘老：还挺好的。

我们：咱这个村子的物业管理怎么样？需要缴纳物业费吗？

刘老：还不错，经常会有物业的人进行维护管理。物业费按照每户每月每平方米 1 块钱的标准征收，我们家一个月也就 70 块钱。

我们：看来物业费也很便宜啊。总体来说旧村改造之后待遇好了，环境好了，村民都过上好生活。

刘老：对啊，这比以前好多了。之前大家住的都是很糙的毛坯房啊，家家户户都是一层楼，环境不好还不安全。你看现在多好啊，每栋楼都有电梯，社区有人管理也都安全多了。娱乐设施也多，早上大家在广场跳舞，中午吃完饭下楼溜达溜达，再过一段时间附近的商场建好了，公交车通了，咱的日子会更方便呢。

我们：好的，谢谢刘老。

三、实践感悟与思考

（一）实践结论

基于上述所有材料，本小组进行了有关“城中村改造过程中可能存在的问题”的大讨论，对所有材料进行分析，我们认为问题主要为以下几个方面：

1. 村民对政府征收土地的态度不一。对于土地征收，当地村民由于个人情况（年龄、职业、个人观念）不同，态度也有所不同。老年人因为失去了劳动能力，他们的儿女大多都忙于工作或者打工，从事非农业工作，未征收土地前，其承包的土地少，或者土地并未得到有效利用，依靠土地生产农产品并不是他们的主要收入来源，他们对于政府征收土地的态度不持反对意见，或者反对意见不强烈。另外，有些人口较多的家庭分到的回迁房数量多、面积大，满足居住之外，还有多余房屋可以出租，房租是一笔不小的收入，这一变化不但没有影响他们的生活，反而改善了他们的居住条件，增加了他们的收入。而且，就大部分原住房屋被改造者，都属于这种情况，所以他们对城中村改造持欢迎和支持的态度。

但是对家庭成员人数少者、原来从事农业产业者，则持谨慎的或者反对的意见。该类人群多为中年人。他们以土地为生，长期从事农业活动，不具备其他生存工作技能，土地是他们主要的收入来源，政府征地重建剥夺了他们的生计来源，接受新事物新技能速度较慢，且曾经主要以种地为生、土地被征用后便失去了收入来源，对他们来说找农业之外的工作难度大、机会少，又缺少技能，政府也没有为他们安置工作，所以他们大多对政府征收土地持否定态度。尤其是家庭人口数量少的村民反对的态度更为强烈。采访中遇到一中年男性，无亲无故且处于单身状态，他只分到 70 平方米的回迁房自己居住，且目前还没有找到稳定工作，无稳定收入来源，城中村改造对他来说非常不利，用他的话来说“就是灾难”。

2. 村民搬新家后的心理变化。旧村改造，从小平房迁到高楼上，生活的周围景观发生巨大变化，人们的心理会发生很大变化。在从“村民”到“城市居民”的角色转换过程中，熟悉的生活场景的改变，对于接受新事物反应慢的老年人而言，他们显得有些无所适从；同时，从宽敞的生活空间到独立的公寓式住房，原有的社交群体、娱乐活动也发生改变，村民们普遍表现出不适应，甚至有些人对于这种转变呈现抵制态度。

3. 安置房质量问题。在对旧城改造的各项建筑中，这些拆迁安置用房的质量是要大打折扣的，集中表现出的通病有管道渗漏、墙皮脱落、门窗破裂等，诸如楼房倾斜、开裂、倒塌、阳台塌落，天花板被雨水渗得霉烂等严重事件也时有发生。

4. 在拆迁的前期，有部分非本地居民利用所谓“关系”的资源将户口迁至回龙观村内，借此获得补贴并购买低价回迁房。据悉，回龙观村多余的房屋将对外出售，网络资料显示，目前回龙观地区的二手房房价为26000多元每平方米。由采访记录我们可以发现，回龙观村原始居民购买房屋只要2000元每平方米。如此具有诱惑力的价格一定吸引着不少城市居民在拆迁前向农村转迁户口，也有部分中介人和村干部借此机会赚取“灰色收入”。

5. 小区人员闲杂，居民层次良莠不齐，不利于小区居民之间的沟通与交流。小区除原有回龙观村村民外，更多的是一些北京市外来人口，他们购买了多余的商品房或者租用由村民出租的回迁房。采访中我们发现，回龙观村原有村民虽然搬进了新家，但其长期形成的生活观念、生活习惯和生活方式依旧如故，这和小区中其他“城市居民”构成了两种极端、形成了鲜明的对比。这不利于小区里居民的交流以及大家的和谐共处。同时，人员繁杂、流动性大也不利于小区治安的管理。

6. 小区周边支持性设施建设发展不够完善，人们生活还不够便捷。回龙观村虽然已经发展成为了现代的花园小区，但是其周边环境依旧有待提高，之前看到的“荒地”与回龙观村相距不远，但整体风格相差巨大。此外，小区周围的支持性服务也不够全，没有超市、商店、购物商厦等建筑以及部分餐饮业、娱乐业和基础性服务业的支持，小区离公交站、城铁站较远，居民生活的便捷度亟待提高。

（二）思考与对策建议

基于以上分析结果，我们就城中村改造过程中的问题提出了自己的看法：

政府应当改进并完善回迁房面积分配制度，缩小贫富差距。目前回迁房面积分配采用的是按人头分配的方法，人均70平方米，之前家中人口较多的农户则比较占优势，多个人合住一套后将多余的房屋出租，则有强大的收入来源。而对于独居人员来说，一间70

平方米的房屋只能自己居住，他们无额外收入。我小组认为，在这个问题上、政府可采取人均面积累退政策，或者设立每户人家分配面积的上限，这样可缩小贫富差距。剩下的房屋低价投放给低收入人群，有利于解决社会底层人员的民生问题。

社区管理人员应致力于丰富社区文化建设，弥补无业人员内心的空虚感。新回龙观村的很多中老年居民都是地地道道的农民，土地被征用之后，他们无事可做，同时又未经过教育培训，在人力资源市场中不具有竞争优势。因此处于“无业”状态，精神生活比较空虚。社区应当多开展文化活动，丰富其精神生活，同时借这些机会提高居民的文化素养，使居民整体素质得以提高。

房屋质量问题一直以来得不到改善，开发商为了赚取暴利往往在建房过程中偷工减料，房屋质量差成了近年来比严重的问题。政府应加强对开发商的监管，对各种类型的房屋严格审核，从根本上提高我国居民的住房水平。

对于城中村改造前期出现的“城市居民迁转户口买低价房”的问题，政府应在这方面加强管理。有关户籍部门应该对“城中村”村民户籍严格管理审核，一旦发现此类问题，严厉处分相关人员。

小区应加强人员流动的记录与管理，有效控制进入小区的各类人员，加强治安管理。

在回迁房规划的同时，政府应当对回迁房周围支持性服务进行同步规划，比如可以同时建设商场、超市、公交车站等便捷性服务设施以及学校等公共性服务设施。方便居民解决各类问题，提高宜居性。

帮助原村民中比较困难的个人解决工作问题，保证其获得一份额外收入。政府可对这些人员统一进行培训，并为他们安排一些简单的工作（比如社区维护工作）或帮助他们自主创业（如在行政区中开办便利店等），这些基础性服务工作既可以满足小区居民的基本生活需求，又可以帮助部分困难的村民获得收入来源，可形成对各方都十分有利的机制。

（三）总结与感想

北京市城中村的改造过程整体上来说还是令大多数人满意的。它具有以下方面的优势：首先，“城中村”改造有利于提高城市整体风貌，完善北京城乡一体化建设，使首都的形象更加完美；其次，农业用地转为建筑用地，有效缓解房地产市场供不应求的局面，为北京市不断增多的外来人口提供更多住房；此外，“城中村”改造，能够在一定程度上解放低效率的农业生产力，形成高效的农业集约化生产；最后，从宏观的角度来讲，“城中村”改造能够提高被改造地区居民的整体生活水平。

虽然改造过程中存在着些许问题、某些个体的利益会受到损失，但我们绝不能忽视城中村改造所带来的社会整体效益的增加。在这个过程中相关部门一定要保证效率和公平，合理分配资源，尽量让每个个体在同等程度上受益，从而促进整个区域的协调发展。

教师点评：

“思澈团队”选取“北京市城中村改造的成就与存在问题研究”作为社会实践的主题，以北京城中村改造起步早、房地产发展密集、人口密度大等为特色的回龙观作为研究对象，通过实地调研，集中采访，既看到了城中村在集中安置城市人口居住、推动城乡一体化进程、推动北京城市规划发展等方面显示的积极作用，也发现了在整体利好的外表下存在的问题，而且，尽他们所能做了深入思考，提出了一些对策，这些举动不管对他们提高自己学以致用的能力，还是提高他们理论联系实际的能力，或者是锻炼他们关注现实，提出可行性对策的能力都很有益。本小组同学尽管在有针对性确定采访对象、多角度选取调查点多时段进行深入采访，以及深入发掘存在原因等方面还存在一些不足，但是这次社会给他们带来的收获还是很大，他们的探索精神、学习态度还是值得赞扬的。

创意进村·把文化种进田间地头

——从“番茄联合国”创意园区发展看城乡一体化

团队：保险精英队

成员：吴莲莲　李明子　梁　晨　倪　妮　郑梦灵　张　开
万鹏程　于思源　种博文　高瀚理

一、实践方案

（一）实践背景

据《2008年我国文化产业发展情况的报告》显示，截止到2008年底，我国文化产业有法人单位46.08万家，从业人员总数达1182万人。据统计，2009年，我国文化创意产业增加值8400亿元，达到9876亿元，占GDP总量的2.5%；2010年文化产业增加值为11052亿元，比2009年增长18%，约占GDP比重2.75%；2011年，文化产业总产值超过3.9万亿元，占GDP比重超过3%，文化产业平稳增长。

与此同时，中国文化创意产业国际化发展步伐不断加快，不断扩大我国文化的国际影响力。2000—2009年，我国文化影响力从世界排名第十位上升至第七位，软实力排名占全球第三，取得的成绩令人欣喜。目前我国正处在工业化与城镇化快速发展、深入推进经济发展方式转变并由此实现“全面建设小康社会”的攻坚时期，通过文化创意产业的带动作用，促进城镇化和“新农村”建设同步发展，是城乡一体化的必由之路。

文化创意产业作为一种新型的产业类型，离不开当地的经济基础。地区文化创意产业园区的数目与该地的经济水平基本呈现正相关。我国文化创意产业的分布呈现出“东南多，西北少”的态势，这恰恰和我国经济发展“东南沿海较发达，西北内陆较落后”的现状相匹配。

近几年内，文化创意产业园区的数目迅速增加、分布范围快速扩展，正处于蓬勃发展的阶段，文化创意产业正逐步成长为推动地区经济发展的中坚力量。

在北京，通过引入文化创意的理念，休闲农业已经突破了传统的采摘和农家乐的模式。位于通州区的番茄联合国，将番茄的文化创意引入园区，不仅使园区的品牌知名度大大增强，还帮助周边农民实现了致富增收。据北京市农委统计，像番茄联合国这样的特色农业园区，在北京已经逐渐形成规模。例如密云县的“酒香之路”和延庆县的“四季花海”等都属此类。

然而，目前文化创意产业这一模式尚未成熟，存在易受其他产业冲击，难以在各个村镇推广，对政府依赖度高等问题。因此，文化创意产业的发展仍有许多地方值得我们去探究，其在城乡一体化进程中的促进作用还需较强化加深。

（二）实践目的及意义

1. 实地走访，了解创意文化产业发展模式

为了实地了解创意文化产业的具体发展状况，我们选取北京市通州区番茄联合国作为调研对象。通过对园区负责人、普通工人、游客等不同人群的访问，多方面了解该模式下的创意文化农业的发展情况，了解传统农业革新换代的新方式。文化创意产业是由“文化+智力（创意）+科技”三者深度结合形成的产业集群，一改传统文化古板、老旧、疏远的印象，赋予其时代感和价值感，为文化产业注入新鲜的生命力，也为城乡一体化进程中的农村发展提供了可以参考的发展思路。

2. 分析研究，探寻创意文化产业新动力

文化创意产业不仅可以有效地带动经济发展，也可提升当地发展的软实力。

实践中期，对前期文献阅读和番茄联合国实地走访结果进行整理、汇总、筛选、分析，从中发现创意文化产业带动地区发展的新动力。比如提升就业、拉动劳动力收入、提高农民专业素质、拉动园区整体生态发展等多个方面的积极作用。

3. 建言献策，推动城乡文化一体化进程

目前，国家正在大力推进城乡一体化进程，而文化一体化作为其重要组成部分，应当受到高度重视。本次实践，我们团队通过探索北京已有的文化创意产业发展模式，分析其优缺点和适用性，从政府、企业、农村、文化部门以及高校等角度出发，为北京市城乡文化一体化的发展建言献策，从而推动城乡文化一体化进程。

二、实践过程

本次实践选取位于北京市通州区台湖镇胡家垡村金福艺农企业下属的番茄联合国进行调研。小组成员制定了详细的行程规划以及安全预案，随后分别针对在职农民、观光游客、景区负责人员三类不同社会属性的人员设计了调查问卷及采访稿，以求了解游客对于番茄联合国这样一个新型农业景观的看法，以及在职农民和管理人员的经营状态的反馈。在实践的过程中，提出借由义务指路服务来尽快融入番茄联合国这个小小的农业世界中去，探寻其对于助力北京市城乡一体化发展的重要意义。

在聆听了工作人员关于景点分布的解说和参观多个独具特色的番茄大棚后，我们开始了义务指路环节，主要是带领小孩子们到正确的娱乐设施游玩和为迷路的游客们指路。

完成了实地考察环节之后，我们对了解到的资料和数据进行分析、汇总和整理，运用 PEST 分析法和 SPSS 软件工具进行不同影响因素（宏观层面）的微观提取（因子分析法），并及时召开了经验分享交流会，对分析结果进行交流探讨，结合已有材料和实践经历，撰写实践报告书，为文化创意产业推动城乡一体化进程建言献策。

我们的实践过程如下：

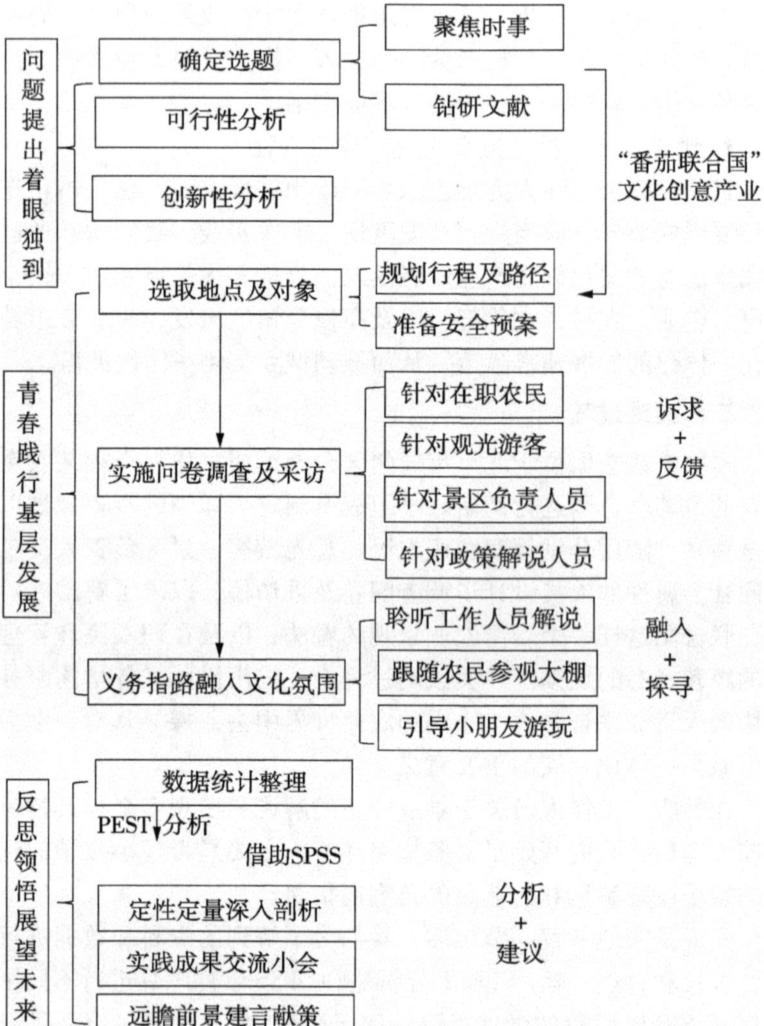

三、实践感悟与思考

（一）PEST 分析法

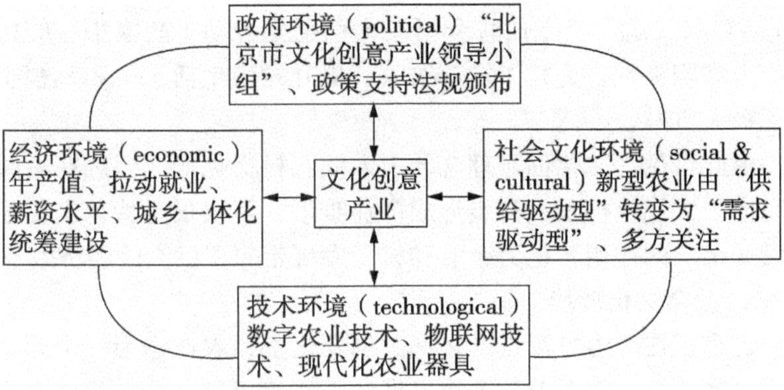

1. 政策环境

2006 年北京市成立了“北京市文化创意产业领导小组”，随后领导小组研究并公布了《北京市促进文化创意产业发展的若干政策》《北京市文化创意产业投资指导目录》，为企业发展文化创意产业提供了一个清晰的思路和可借鉴的政策框架。在这之后，领导小组及相关部门陆续出台系列文件、地方法规，不断予以细化和补充说明。

2. 经济环境

近几年北京市文化创意产业在政府的大力扶持之下，呈现欣欣向荣的发展态势。“十一五”时期，北京市文化创意产业以 20.3% 的速度高速增长，超过全市地区生产总值 5.1 个百分点；从业人员 122.9 万人，占全市从业人员的 11.9%，年均增长 8.1%。

文化创意产业的经济增长空间有力地促进了农村文化创意产业的发展。2012 年，已经经过 6 年发展的番茄联合国从最初的 100 亩发展成为占地3000亩、种植国内番茄品种120多个、国外番茄品种近20个，实施标准化、经济化生产，使一年三季都有番茄产出都能吸引游客的高效番茄种植王国。仅2011年，园区接待游客2万多人次，年产各种水果蔬菜100多万公斤，年销售额达7500万元，年总利润额达3000万元。到2011年末，金福艺农公司已安排700多名村民就业。番茄联合国极大程度上带动了胡家垡村的村民生产力和积极性，为村子增产增收、提升村民生活水平和幸福感做出了极大贡献。

由此可见，文化创意理念的引入使农村文化产业园区在短时间内完成了大规模扩张，初步形成产业雏形，不仅仅对特色文化起到了发扬推广的作用，也为企业和村子发展带来了巨大的经济效益。

3. 社会文化环境

北京正在全力打造设计之都、创新之都，农业作为一个国家的基石，也是首都需要着重关注发展的重要组成部分。文化创意理念在农业中的应用使得农业由“供给驱动型”转化为“需求驱动型”，农产品由单一的物质消费转化为带有文化底蕴的物质精神双重消费无疑会为北京的城市建设贡献新鲜的元素。目前，基于北京市科委软科学课题“聚焦科技服务业，北京案例与创新模式”，北京市农委、科委正在建立北京的创意农业联盟，联盟的宗旨是以创意为核心，希望让更多农业园区、农业科研院所、设计公司和农业生产基地加入此联盟中。

积极鼓励文化创意发展的大环境、文化创意产业和农业间的相互碰撞所迸发出的巨大能量都为农村文化创意产业的发展打造了良好的社会文化环境：通过发展农村文化创意产业，将新农村建设与城市建设紧紧结合在一起，带动农村地区产业转型升级，融通城乡文化氛围，促进城乡一体化建设。

4. 技术环境

番茄联合国与中国农业大学、中国农业科学院、北京市农林科学院、北京市农业技术推广站的专家合作，实现了新品种、新技术的推广与示范的完美对接。其应用的数字农业技术系统，通过现代智能化监控系统（物联网程控中心）可迅速将园区内所有的农产品在24小时实现对环境指数的控制，在异常情况下及时报警。

番茄联合国引入文化创意理念后，所运用的数字高科技种植方式、各类微型、大型新型农业器具对于传统农业进行了全方位的革新，专业人才的引进能够迅速带动在职农民学习新技术新方法，增产增收的同时提高农民的文化素质水平，形成当地独一无二的特色产业。显然，在特定地区发展适当的文化创意产业可以有效缩小城乡收入差距、文化水平差距和技术应用差距。

（二）数据分析结果

1. 因子分析模型

在文化创意产业对推动城乡一体化建设的研究中，我们小组通过分析选择分为经济、文化、农业技术三个方面，针对这三个变量分别设计调查问卷，并对调查的结果进行虚拟赋值，带入到SPSS统计软件中进行因子分析。

利用因子分析的方法，通过调查问卷及采访了解文化创意产业的现状背景，明确其影响经济、文化、农业技术的6或7个因素，再针对这6或7个因素设计调查问卷，然后在给定假设的基础上，利用SPSS统计分析软件来刻画各变量因素之间的数学关系。根据数据统计结果，分析出合理的因素，探讨文化创意产业对于城乡一体化进程的影响作用。

在此模型中，假设有6或7个变量X，有m个因子（也就是影响地方发展的主要因素）（$m \leqslant 15$），则因子分析的数学模型可以表示如下：

$$X_i = \mu_i + a_{i1}F_1 + \cdots + a_{im}F_m + \varepsilon_i \quad i = 1, 2, \cdots 15$$

F_1，F_2，…，F_m 为公共因子，是不可观测的变量。

2. 统计结果分析

（1）农村文化创意产业对经济水平的影响

将数据带入 SPSS 软件中得出如下结果：

公因子方差

	初始	提取
游客参与度	1.000	.462
周围产业	1.000	.453
就业	1.000	.729
特色农业	1.000	.725
农产品价格	1.000	.656
就职人员生活水平	1.000	.664
吸引投资	1.000	.717
农民收入	1.000	.739

提取方法：主成份分析。

解释的总方差

成份	初始特征值			提取平方和载入			旋转平方和载入		
	合计	方差的%	累积%	合计	方差的%	累积%	合计	方差的%	累积%
1	1.541	19.267	19.267	1.541	19.267	19.267	1.527	19.086	19.086
2	1.230	15.370	34.637	1.230	15.370	34.637	1.213	15.168	34.254
3	1.200	14.998	49.634	1.200	14.998	49.634	1.209	15.11	49.366
4	1.175	14.690	64.324	1.175	14.690	64.324	1.197	14.959	64.324
5	.892	11.155	75.479						
6	.821	10.263	85.742						

续表

成份	初始特征值			提取平方和载入			旋转平方和载入		
	合计	方差的%	累积%	合计	方差的%	累积%	合计	方差的%	累积%
7	.745	9.310	95.052						
8	.396	4.948	100.00						

提取方法：主成份分析

由上表可知文化创意产业的经济模型可分为4个公因子，即7个小因素总共可以合并为四大因素，这四大因素分别包括哪几项小因素，分别代表什么则需要进一步分析。

对因子进行旋转

下表代表各个小因素在四个大因素中占据的比例。

旋转成份矩阵

	成份			
	1	2	3	4
吸引投资	-.826	.147	-.113	.014
周围产业	.649	.114	-.008	-.136
游客参与度	.546	.120	-.205	.328
农产品价格	.123	.737	.046	.310
特色农业	-.055	.714	-.042	-.459
农民收入	.188	-.181	.811	-.114
就职人员生活水平	-.261	.280	.702	.159
就业	-0.56	.035	.017	.851

提取方法：主要成份。

旋转法：具有 Kaiser 标准化的正交旋转法。

a. 旋转在9次送代后收敛。

注：标黄的数字为一列四个数字中最大的，代表该因素属于四大经济因子中占据比例最大的因子，由此分类。

第一个因子在吸引投资、周围产业、游客参与度上有较大的系数，可以抽象为文化创意产业对非农业产业影响因子；

第二个因子在农产品价格、特色产业上有较大的系数，可以抽象为文化创意产业对农业影响因子；

第三个因子在农民收入、就职人员生活水平上有较大的系数，可以抽象为文化创意产业对人员收入影响因子；

第四个因子在拉动就业上有较大系数。

由此可以将七个小因素概括为文化创意产业对非农业产业、农业、人员收入、就业四大方面的影响。借鉴以上因子分析结果，我们可以得到启示：研究农村文化创意产业在城乡一体化进程中对于提升经济水平的促进作用，可以以这四大方面为基础来重点考察。

（2）农村文化创意产业对文化素质水平的影响

同（1）的步骤得出

可将六个小因素概括为文化创意产业对农业文化意识和农业文化创新的影响两大方面，文化素质水平模型初步建立起来。借鉴以上因子分析结果，我们可以得到启示：研究农村文化创意产业在城乡一体化进程中对于提升文化素质水平的促进作用，可以以这两大方面为基础来重点考察。

（3）农村文化创意产业对农技水平的影响

同（1）的步骤得出

可将七小因素概括为农民意愿和态度、农业技术支持、农民素质提升三大方面。借鉴以上因子分析结果，我们可以得到启示：研究农村文化创意产业在城乡一体化进程中对于提升农技水平的促进作用，可以以这三大方面为基础来重点考察。

（三）问卷结果分析

I. 农村文化创意产业对经济水平的影响	
问题及选项	占比
1. 您在这里就职已经有多久了？	
A. 1 年以下	21.53%
B. 1—3 年	32.64%
C. 3—5 年	45.83%
2. 从事这份工作以后，您认为您和您的家庭生活水平有什么变化？	
A. 显著提高	8.51%
B. 稍有提高	53.19%
C. 没有改变	36.17%
D. 稍有降低	4.26%
E. 显著降低	0%
3. 您认为像“番茄联合国”这样的休闲农业，对于当地经济发展有什么影响？（可多选）	
A. 增加农民收入	46.8%
B. 形成地方特色产业	34%
C. 提高农产品价格	36%
D. 增加环境保护成本	34%
E. 增加农业技术投入	43.5%

利弊分析：

优势：该产业园现进入发展高速时期，工人大量涌入，极大程度地解决了当地村民的就业问题。工人收入刚刚入园基本不会得到大幅提高，但是颇具潜力。此外，该园区形成文化创意产业园的同时形成了地方特色产业，吸引了外界投资，增加了农产品文化、种类，提高了农产品价格的同时获得拉动非农业产业的经济增长点；而且提升了农技投入，促进了数字农业产业化发展进程。通过拉动就业、促进农业产业和非农产业发展、增加农民收入切实提高当地农村发展水平、缩小城乡收入、文化、技术差距，促进城乡统筹与创新融合。

弊端：但是该文化产业园主要依靠当地政府财政拨款以支持其发展，成功的不可复制性较大，并不适合于其他地方学习借鉴，再者投资的回收周期过大，稳定性并不高，风险较大；当地的文化消费主要依靠高收入群体购买门票或相关服务及产品，他的主要困难之处就是建立起知名的消费品牌与维护其不可替代性，否则在面临同类文化基地或其他旅游服务业的冲击时就显得很脆弱。

II 农村文化创意产业对文化素质水平的影响	
问题及选项	占比
1. 请问您了解“番茄联合国”吗？	
A. 非常了解	88.2%
B. 稍有了解	9.2%
C. 仅知道	2.5%
D. 没听说过	0.1%
2. 请问您参加农业文化创意产业举办的文化活动吗？	
A. 经常参加	70%
B. 较少参加	26%
C. 没参加过	4%
3. 请问您是否认为这些农业文化创意产业举办过的文化活动，如“北京金福艺农番茄文化节”有助于提高当地人民的农业文化素质？	
A. 显著提高	62%
B. 稍有提高	22%

续表

C. 没有改变	13%
D. 不知道	3%
4. 这些农村文化创意产业对您业余活动最大的影响是什么？(可多选)	
A. 充实农技知识	36.44%
B. 丰富文化生活	21.35%
C. 提高农业文化创新的意识	27.63%
D. 形成当地特色农业文化	40.64%

利弊分析：

优势：统计结果来看，文化创意产业能够提高当地人民的农业文化素质。原因有三点：①文化活动是农民增收的一个关键点，农民为能够更加多的生产适销对路的农产品，会主动去了解各种品种的番茄的文化历史和受欢迎程度；②文化活动丰富了农民的日常生活，拉近了城乡人口的生活距离，促使农民提升自身的文化素质，与城市人口更好交流。③番茄联合国拥有一定的地域知名度，其自身对于农民的约束作用较强，促使农民提升专业文化素质水平。

劣势：虽然番茄联合国现有的规模已经很庞大、管理制度也比较人性化，但是其仍然存在一些问题，如①员工年龄结构不均衡，缺少年轻的创新主导力量。导致番茄联合国缺少高端农业文化事业，其内部产业结构多元化格局已经形成却得不到进一步发展。②文化创意产业的践行力度不够，文化创意理念的植入对于番茄联合国来说是出发点也应该是落脚点。但以目前的形势来看，番茄联合国的主要产业仍然集中在采摘和观光部分，文化创意理念还未成为园区的主导力量，一年一度的文化节活动总是昙花一现，宣传力度远远不够。

III. 农村文化创意产业对农技水平的影响	
问题及选项	占比
1. 文化创意产业引入后，您对农业生产的认识有没有改变？	
A. 有显著改变	51%
B. 有改变	32%
C. 没有任何改变	15%
2. 在这里工作，您希望如何来提高自身的生产技能？（可多选）	
A. 公司举行相关的技能培训	39%
B. 从书本上学习相关知识	17%
C. 加强对该文化的认识程度	16%
D. 购买新的农业器具	28%
3. 如果现在有一种培训或农业生产工具能够显著增强您的生产技能，您是否愿意参与或购买？	
A. 是	
B. 否	
4. 如果是，您可以接受的价格范围是？	
A. 1000 以上	
B. 500—1000	
C. 300—500	
D. 300 以下	

通过对以上调查数据的分析，我们可以得出：文化创意产业的引入打破了农民对农业生产的传统认识，让农民了解到了新的农村文化，接触到了新的农业生产知识。同时，为了更好地发展创意文化产业和提升自身生产技能，农民愿意主动去学习，去投入，由此也反映出文化创意产业对农民产生了积极影响。

（四）农村文化创意产业现存问题总结

1. 员工年龄结构不均衡，缺乏创新主导力量

农村文化创意产业在依托农村发展的同时，也形成了员工大多来自农村务农人员，年龄结构偏大这一弊端。在调查中我们发现，产业园区的员工年龄大多在40岁以上，80后和90后等年轻力量所占比例较小。这使其创意的经营理念缺少后续更新，导致产业园区缺少高端农业文化事业，其内部产业结构多元化格局已经形成却得不到进一步发展。

2. 产业园区分布较分散，难成有效经济成果

文化创意产业园区分布较散，不仅指其地域分布跨度大，更主要的是相关文化产业难以聚合成产业部落，形成规模连锁效益。例如，昌平区的“作家村”和艺术展览园区并没有有效合作，使得“作家村”在文化推动方面作用有限；延庆县的“四季花海”花卉文化园区和当地的观光旅游业缺乏有机结合，制约了“四季花海”的进一步发展。

3. 主题文化宣传力度小，难树知名文化品牌

网络、电视等主流媒体对农村创意文化的关注度较低，使得人们对其了解不足。加之文化创意产业园区在发展的过程中多沿用传统方式，文化艺术展览、文化节等活动的举办频率较低，造成其主题文化宣传力度不够，缺乏吸引大众的文化品牌。

4. 日常收入来源渠道少，急需丰富盈利方式

目前，农村文化创意产业园区的日常收入主要依靠门票收入和政府补贴，尚未建立起成熟的资金运营模式。再者缺乏有效的投资渠道，现有投资的回收周期过长，稳定性不高，伴随的风险也相对较大。

（五）建　议

1. 建立专项资金支持，促进文化产业聚集

政府文化发展部门应制定相关政策，鼓励更多私营企业对农村文化进行合理的挖掘、开发和商业运行；设立专项资金，对文化创意产业进行财政扶持；重点加强市级规划引领作用，制定各文化产业集聚区发展的专项规划，加快推动北京市级、区级文化创意产业集聚区中具有相同功能定位、相同发展模式的集聚区进行资源整合；按照各集聚区差异化定位，制定出台针对本集聚区重点产业的优惠政策措施，吸引国内外重大项目和行业重点企业的落地；探索从全市层面建立各文化创意产业集聚区考核评价指标体系，引导各集聚区实现差异化定位、错位发展、特色发展。

2. 鼓励年轻人才加入，助力创意发展模式

文化创意产业让越来越多的农村大龄、高龄劳动力加入，在一定程度上缓解了农村就业问题。但发展文化创意产业，更多地使用了最新的科学技术手段和理念，必须充分利用当地科技资源并快速提高从业人员的素质。新技术、新科学和创意产业总是联系在一起的。所以在发展战略上，文化创意产业应充分利用当地的科技园区、大学城等技术和知识聚集的优势，积极引入更多的高学历、高技术人才，为创意文化配备具有创新意识的团队。

3. 满足多元文化需求，打造农村文化精品

坚持文化科技融合发展，创新打造多元化的文化消费产品与服务。利用现代科技引领文化产品服务创新，挖掘文化产品丰富内涵，提升文化产品魅力；将文化产品服务创新与其他文化设计元素、文化行业相结合，开发全产业链上更多的文化衍生产品与服务。同时加大主题文化的宣传，注重网络平台的建设，与电视媒体合作开展主题文化节等活动，为文化产业打响品牌效应。

4. 推动文化金融创新，构筑金融支撑体系

在实际业务操作中，由于文化创意产业本身的特性和现状所限，如投资回报期长、投资风险大、与版权保护力度密切相关等特点，传统金融服务产品和金融工具难以与其有效对接，文化创意产

业融资困难是目前文化创意产业实现跨越发展的一个重大瓶颈。打破这一瓶颈的途径有：充分发挥政府资金的导向和杠杆作用，鼓励政府引导资金吸引社会资本参与；支持文化产业上市利用资本市场来融资；鼓励金融和保险机构开发面向文化创意产业的金融创新产品，优先为文化创意企业提供信贷服务等。

教师点评：

城乡实现一体化发展的关键是农村，农村发展的关键是改变传统农业的模式，实现农业和农村的产业化发展。“保险精英团队”社会实践小组对北京市通州区台湖镇胡家垡村金福艺农企业下属的番茄联合国进行的调研，提供了一个农村创意园发展的一个典型例子。这个实践团队不仅进行了深入的采访、调查，而且用所学专业理论对“番茄联合国”创意园的优劣进行了翔实的分析，提出相关政策建议，达成了学以致用的目的。

以农业科技化和休闲农业促进农业现代化和城乡一体化

——以小汤山农业科技园为例

团队：飞　翔
成员：杨　然　高绘景

一、实践方案

（一）实践背景

1. 中央一号文件重视农业现代化

2014 年 1 月 19 日中共中央、国务院印发了《关于全面深化农村改革加快推进农业现代化的若干意见》。文件中首先说明了农业现代化在现阶段城市、农村发展过程中的重要作用。我国经济社会发展正处在转型期，农村改革发展面临的环境更加复杂。工业化、信息化、城镇化快速发展对同步推进农业现代化的要求更为紧迫。

2. 农业现代化与一体城乡化的关系

农业现代化是可以使得农业成为具有竞争力的，集科技工业、旅游服务业、流通业、金融业为一体的现代产业。城乡一体化指的是城乡在相互联系又独立发展的过程中，城乡劳动者发挥各自能动性，实现共同利益的基础上促进第一、二、三产业的协调发展，最终实现城乡居民共同富裕。基于以上分析，农业现代化与城乡一体化是一个并列关系，并不存在从属问题。农业现代化更强调产业间的协同发展，城乡一体化更强调城乡建设与城乡居民间资源的合理流动，二者彼此独立又相互促进。

3. 中央出台全国休闲农业发展第十二个五年规划（2011—2015 年）

发展休闲农业，对于转变农业发展方式，促进农民就业增收，推进新农村建设，统筹城乡发展，满足城乡居民日益增长的休闲消费需求具有重要的意义。它能够融合一、二、三产业，将农业从单一的食品保障功能向原料供给、就业增收、生态涵养、观光休闲等多功能拓展，带动农产品加工业、服务业、交通运输、人文创意等相关产业的发展。它能够延伸农业产业链条，有效拓展农民就业增收空间，并有效地引导生产要素流向农村。

（二）社会实践目的

由于农业现代化与城乡一体化相互带动的关系极为复杂，本次实践关注重点在于农业现代化对城乡一体化的带动作用。

本次实践主要通过调研小汤山科技园来研究农业现代化如何与科技工业、旅游服务业、流通业、金融业相融合，并发现我国农业现代化的问题，提出具体可行的解决方案。

（三）实践内容，过程设计

1. 实践内容

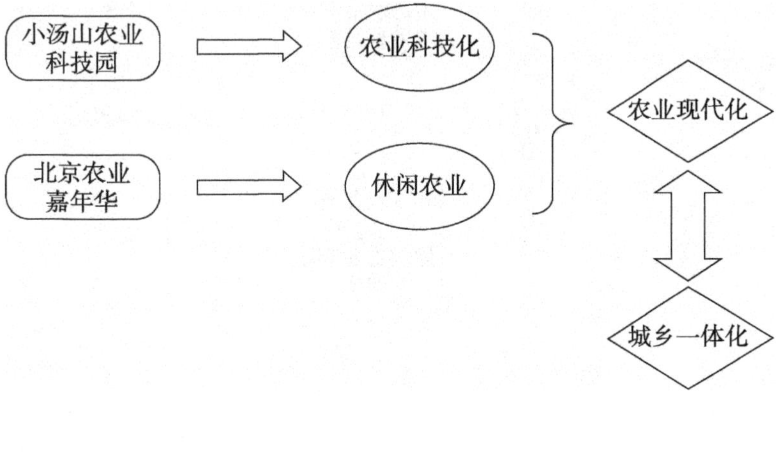

2. 过程设计

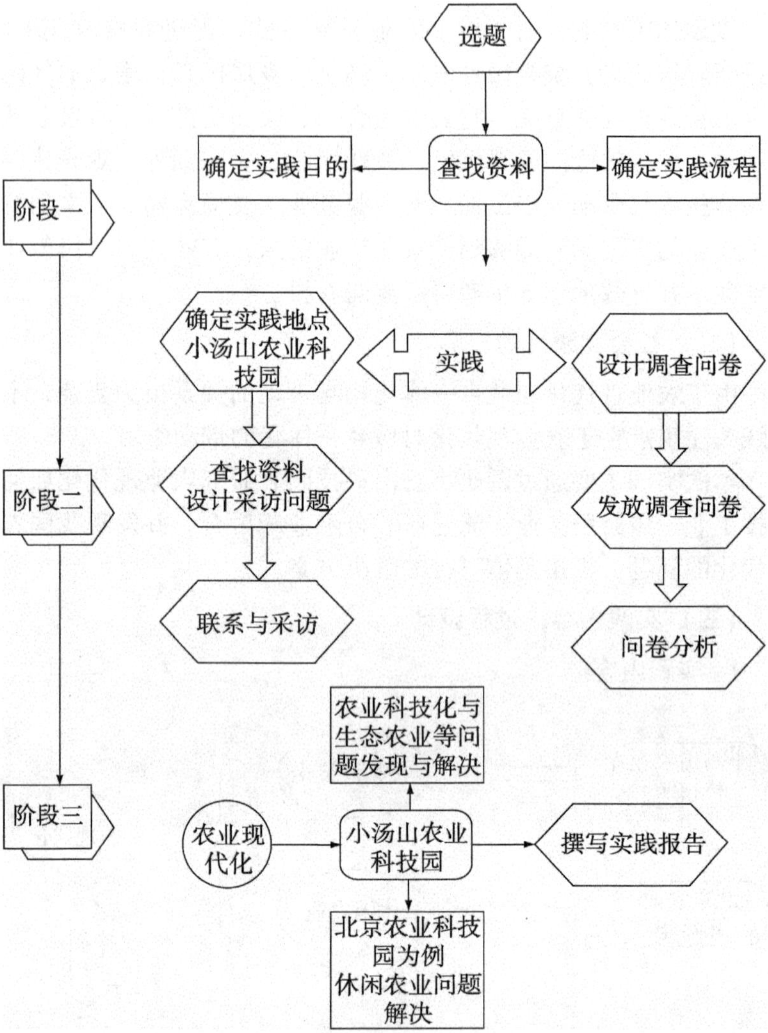
选题
确定实践目的
查找资料
确定实践流程
阶段一
确定实践地点
小汤山农业科
技园
实践
设计调查问卷
阶段二
查找资料
设计采访问题
发放调查问卷
联系与采访
问卷分析
农业科技化与
生态农业等问
题发现与解决
阶段三
农业现
代化
小汤山农业
科技园
撰写实践报告
北京农业科技
园为例
休闲农业问题
解决

二、实践过程

（一）纪实之采访

1. 采访人：现在生态旅游是个热点，小汤山的旅游观光是怎么发展的？

受访人：小汤山这里是国家爱国主义教育基地，科普教育基地，经常有一些学生团体，社会团体，像什么考察团，包括国外游客的都有，因为这里还是北京一个比较有规模的农业园区。

采访人：那咱们园区的收入中旅游收入占的份额多吗？

受访人：旅游部在整个园区内并不是主导的盈利部门，旅游园区主要是起一个科普作用，园区本身是爱国教育基地，目的是向社会提供福利，接待一些政府考察团。

2. 进入蝴蝶兰展厅

受访人：现在花不多，蝴蝶兰一般是在春节前后开放。这家企业就是专门培育蝴蝶兰的企业，企业之所以到这里来，是因为我们这里有规模足够大的培育场所。很多龙头企业在这里入驻，如三益集团，它是蝴蝶兰领域里的龙头企业，它们所有的蝴蝶兰都是出口，如美国、加拿大、日本、韩国等。它的成花走花卉市场，走订单制，进入批发市场。

3. 采访人：小汤山这里的农业现代化对周边的农民有什么影响？

受访人：首先，小汤山要占用这里农民的地，比如原来这里5亩地是你们家的，2000块钱一亩，每年算下来给你多少钱，每年还要根据具体的合同，原来跟当地农委会也有这样的协议。还有就是解决他们的就业问题，并且给他们培训，让他们学到企业的经营管理方法和技术。

采访人：现在这里的农民多么？

受访人：这主要是企业自己招，算下来，东区27家，这里三益集团的人是比较多的，最起码有100多口子人。剩下的企业加起来，也有几百人。

采访人：农民进入企业主要从事什么工作？

受访人：农民在企业里主要还是从事农产品的种植。农民在企业中会接受定期的培训，科研部门会给予技术支持。一方面提高了当地农户的收入和生活水平，另一方面也丰富了农民的种植经验，总体上提高了劳动力水平。

采访人：现在园区中的农业设施拓展不到园区外的农村么？

受访人：是的。你像那些水帘的设施、风扇的设施，还有微雾系统，打开之后可以360°旋转喷出雾一样的气体，这些设施都十分昂贵，所有这些设施又都是投资大见效小的。农民自己不能盖这么大的温室，首先没有地，农民不能自己在自己家的地上盖这么大的温室大棚，不能像种菜那样保证收入，所以只能靠园区还有政府出面，百姓自己不能投资四五百万盖一个大棚。

4. 受访人：这个园区最辉煌的时候已经过去了。这里是1998年建立的，最辉煌的时候还是很有规模的。这里已经换了三届领导，每届领导的经营思路都不一样。有些没有什么科技含量的企业现在也入驻到园区中。现在园区正在进行刷新，不能发展经营的企业必须要被淘汰，把一些优秀的企业引进来。有的企业自身经营困难，连租金都交不起了，属于不良企业。

采访人：的确，园区也需要可持续发展，需要新鲜的血液。那现在园区已经饱和了，现阶段农业现代化离开园区又不能发展，怎么解决？

受访人：现在土地不允许私家乱建，农业用地不允许私自盖大棚，这需要政府宏观的政策。现在政策与体系还有许多地方需要完善，所以园区的发展很困难，并没有多少人进行农业旅游参观，还需要养活众多企业与员工，需要重新的规划与调整。这里虽然是4A级景区，但这么多年来，能参观项目还是太少，新一届的领导正在规划调整，但真正改善还是需要资金，需要政府拨款。像农业嘉年华，很具规模，但还是赔钱，那么大的规模，需要员工、绿化、维护、水电费，门票收入根本不够整个嘉年华的运作开支。

受访人：企业需要发展的好，只有企业好了，我们才能发展好。三益集团以色列种苗，无菌培养，克隆技术，年盈利3000多万。西区的杏鲍菇，黑猪肉，森苗的培养都依靠科学技术。这里种的黄色的金叶榆，在北京马路上随处可见，为什么用它，因为北京的绿期，就指的是植物的绿色时期是比较短的，但这种花的绿期长，在这里试种后效果不错，然后马上马路绿化就全用的金叶榆。所以这里的农业旅游主要还是展示与宣传作用，旅游局每年拨点钱，并不够这里农业旅游业的发展，园区领导与政府不重视，小汤山的农业旅游还是不能健康发展。

采访人：谢谢您今天带我们参观园区，接受我们的采访，非常感谢！

（二）纪实之问卷

网络问卷地址 http：//1. sojump. com/jq/3496590. aspx；样本如下：

亲爱的同学您好，为了了解大学生对农业旅游的需求情况与现在农业旅游的发展与宣传问题，我们制作了这份调查问卷，真诚地邀请您抽出一些宝贵时间认真完成下面问题，感谢您的支持与合作！

一、基本信息

1. 您的年级是

A 大一　B 大二　C 大三　D 大四　E 研究生

2. 您的性别是

A 男　B 女

3. 请问您的每月开支是

A1000 元以下　　B1000—1500 元　　C1500—2000 元　　D2000 元以上

二、农业旅游调查部分

为了您进一步了解我们的调查内容，先提供农业旅游的概念。

农业旅游是以现代农业为基础，以现代农业生产过程、经营模式和农业生态景观为主要旅游产品，具备观光、体验、采摘、度假、科普等功能的新型旅游形式。

1. 请问您参加过几次农业旅游活动?

A. 0 次　　A. 1—2 次　　B. 3—5 次　　C. 5 次以上

2. 对您参加过的农业旅游活动评价如何?

很不满意　1　2　3　4　5　很满意

3. 请您对农业旅游中的下列因素对您出游的影响程度进行评定等级。

（1 无影响　2 影响小　3 有一定程度的影响　4 影响较大　5 影响非常大）

（1）气候是否舒适

1　2　3　4　5

（2）生态景观是否怡人

1　2　3　4　5

（3）服务设施是否完备

1　2　3　4　5

（4）道路交通是否直通旅游地点

1　2　3　4　5

（5）品牌效应（是否有人推荐）

1　2　3　4　5

（6）是否可带回相关农业产品（如采摘后带回）

1　2　3　4　5

（7）价格是否昂贵（包括路费、门票、讲解员、采摘的农产品）

1　　2　　3　　4　　5

（8）旅游地点距离出发地点的远近

1　　2　　3　　4　　5

4. 请问您是否听说过小汤山农业科技园？

A 是　　　B 否

5. 请问您是否去过在昌平举办的“北京农业嘉年华”（如果选“A”请回答 6. 7 题，如果选“B”请回答 8. 9. 10 题）

A 是　　　B 否

6. 您对“北京农业嘉年华”活动评价如何？

很不满意　1　　2　　3　　4　　5　很满意

7. 您最感兴趣的活动是？

A 采摘　B 农事体验区　C 创意绿化场景　D 现代农业机械

8. 您先前是否听说过“北京农业嘉年华”？

A 是　　　B 否

9. 如果现在告诉你“北京农业嘉年华”的展区分布如下图？

有农事体验园、农业艺术体验区、草莓科技博览区、休闲农业创意精品展，主题狂欢乐园等等。学生票价 25 元，团体票 10 人以上 40 元，您是否愿意前往?

非常不愿意 1 2 3 4 5 非常愿意

再次感谢您的支持与合作!

问卷分析：该报告包含样本数量 59 份，参与调查的学生中大二年级的人数最多，占全体的 30.51%，其次是大三学生占全体 22.03%，最少的是研究生占 10.17%。在全部样本中月开支 1000—1500 元的占 35.59%，低于 1000 元的占 23.73%，高于 2000 元以上的占 11.86%。67.8% 的人参加过 1—2 次的农业旅游活动，其中 52.54% 的人对参加过的旅游活动评价一般。

通过调查可以得知在选择过程中，气候的舒适程度、该农业区的生态景观、服务设施的完备程度、品牌效益等直接影响了样本对于农业旅游的选择。

在本次调查中占 59.32% 的人并未听说过小汤山农业科技园，也只有 27.12% 的人去过在昌平举办的“北京农业嘉年华”。在这 27.12% 的人群中对于该活动最感兴趣的是采摘项目，其次是创意绿化场景和农事体验区，对于现代农业机械感兴趣的人最少，但是对于整体评价一般的占多数。

三、实践总结

（一）小汤山农业科技园发展研究

北京小汤山现代农业科技示范园是北京市第一个农业项目规划与小城镇建设规划相统一，由首都规划委员会批准的农业项目。2001 年被国家科技部等六部委命名为北京昌平国家农业科技园区，为北京市唯一的国家级农业园区。在几年的建设中，小汤山农业园分别获得了“国家级农业科技园区”“国家引进国外智力成果推广示范基地”“国家林木种苗示范基地”“国家淡水渔业工程技术研究中心”等9个国家级称号和“北京市科普教育基地”“北京市爱国主义教育基地”2个省部级称号。带动周边农民致富8万余人，安置城镇就业4万余人，组织技术培训9万人次。

1. 小汤山农业运行模式

汤山采用“公司＋农户”的运营模式，降低农民前期投入金额，并通过利益纽带将公司和农民紧密结合起来，加快农民致富步伐。现已有先正达生物科技（中国）有限公司、北京奥瑞金种业股份有限公司、吉三多（北京）油脂科技有限公司、北京森淼种业有限公司、北京市正兴隆生物科技有限公司等42家农业企业入驻园区，形成了国有企业、股份企业、外资企业、民营企业投资主体多元化的格局。

2. 小汤山科技农业发展思路

园区管委会围绕功能定位，以科学发展观为指导，积极面对制约园区发展的科技、人才等问题，确定了“科技带园区、园区带企业、企业带基地、基地带农户”的科技农业发展思路，通过加快国内外知名企业的入驻，引进先进的管理理念和科学技术，提升科技支撑，快速提高园区承载能力。同时通过培育专用、优质新品种发展畜牧业、水产业和农产品加工业，提高农业整体质量和效益；通过提高资源利用率降低农业生产成本；通过科技提高乡镇企业技术水平和竞争力转移农村剩余劳动力。

3. 小汤山农业旅游

小汤山农业旅游景点有“兰花温室”，其兰花的种植面积扩增到35000平方米，拥有3000平方米的世界一流无菌组培室，实现了种苗向日本、韩国、美国等国出口。还有长达1000米的“葡萄长廊”，千奇百怪的“榕树盆景”等等。小汤山的农业旅游体现了农业现代化中农业与服务业与科技的充分结合，不仅给小汤山科技园带来收益，而且可以起到扩大宣传，公益科普的作用，有利于增强现代农业的文化内涵与教育功能及示范辐射作用，促进城乡居民的流动交流，给城市居民亲近自然享受自然的机会。

（二）小汤山农业园区现阶段发展问题

1. 融资经营问题

农业科技园区的基础设施建设和农业高新技术项目引进投资大、要求高，而且随着园区的进一步发展，需要不断的增设示范区，对资金的需求将进一步加大，单纯的招商引资已远远不能解决问题。但是由于资金筹集渠道不畅，财政投入有限，项目经费和扶持资金不多，因而许多园区专家大院都存在资金短缺问题。并且小汤山农业科技园运行机制定位不准，过分依赖行政手段，在融通资金、产业形成以及整体发展等方面长期依赖上级主管部门和各级政府的拨款，缺乏自身的造血功能。

2. 旅游问题

园区内休闲旅游部是小汤山农业科技示范园内最为贴近普通百姓生活的重要部门，也应是园区最具辐射效应的部门。但是据我们实践所了解到的旅游为园区带来的经济效益并不高，北京农业嘉年华甚至处于负收益状态。当下园区内的农业旅游主要还是展示与宣传作用，前来参观的大多是老人和小学生，门票制度本身不会带来很大经济效益，同时政府每年的项目支持也不够园区农业旅游业的发展经费。一方面资金来源是造成旅游部发展困境重要原因，没有资金来提供园区旅游业的基础建设、人员雇佣和宣传导致了小汤山农业旅游并不为人们所知。另一方面交通问题也是造成小汤山旅游不景气的原因，地处偏僻，从市区到景点需要换乘很多次公交并没有直达的交通工具。农业旅游对于当今快速生活节奏的中国是一块值得开发的领域，要解决小汤山农业旅游的困境需要进行大规模的调整和开发。

3. 土地问题

小汤山农业科技园土地流转渠道不畅，园区技术推广和项目的产业化、规模化经营，要求土地成片开发利用，而这与现行的土地承包责任制存在一些矛盾。园区引进的一些现代农业项目，如花卉种植、包装和贮藏项目等，除需要在农地上建设农业设施外，还要连成一体配套建设一些农艺和工艺衔接紧密的加工、包装，贮藏和管理办公等厂房和设施。但按现行土地管理法律法规规定，又不准在农地上建设这些所谓的"非农用地、设施和厂房"，这样给园区管理与企业项目开发带来许多不便。

4. 技术采用与推广问题

小汤山现代化温室的成套引进费为每亩40万元左右，是国产大棚的30多倍，其运行费用通常为每年每亩4万至5万元，其中燃料费约占60%，由于温室的运行费用太高，绝大部分引进的温室处于高额亏损中，这就造成了园区农业科技转化功能与现实脱节。因而农业科技园为了试验示范推广，过分重视建设高标准的高档温室，过分搞起组培和工厂化育苗，只看到了高产和数量优势，却忽视了付出的成本和最终的产品去向，即市场在哪里？建设的目的和目标是什么？

5. 入驻企业没有经过严格筛选

园区企业引进多，开发少，许多入驻企业仍然存在科研水平低的现象。虽然园区内基础性设施已经到位，能够为企业发展解决用地、基础设施维护等问题，主要盈利方式是通过入驻园区的企业缴纳租金，水电费和设备维护费用。但是多数企业在入园时并没有经过严格的筛选，有些并不具有科技含量的企业也会入驻园区其经济效益并不高，甚至缴纳不起基本的租金。同时园区本身不具有创新能力和财富创造能力，多数是依靠外部的力量，仅仅这些收益是不足以支撑园区的发展建设。

（三）加快小汤山农业科技园问题解决的建议

1. 促进法规制定，完善管理制度

建议小汤山农业科技园区加强与财政部、农业部、中国农业银行等相关部门的协调，促成制定以下几个法规：农业科技园建设的验收条例，农业科技园区招商引资规则，农业科技园的贷款规则，农业专家大院立项审批，中期监测，后期评价与管理的办法等，制定一套符合实际并且操作性比较强的政策。

2. 建设园区农业技术推广的新体系，提高农业科技成果转化效率

目前传统的农业技术推广体系存在效率低下和运行不畅等问题，致使农业科技成果转化效率低下。因此提出以下建议：第一，在园区内部加强科技服务体系建设，为园区内企业和农户提供有关农业生产资料，技术研发以及农产品销代等方面的技术服务。第二，建立市场经济条件下的农业技术推广，形成相互连接，资源共享的科技服务系统，形成国家、省、县级农业科技园区的技术推广网络，使农业科技园新的技术推广体系能够适应市场经济下现代农业发展的要求。第三，建立科技信息和市场与农民之间的连接链，引导农民进入市场。

3. 积极扶持园区的龙头企业

小汤山农业科技园部分龙头企业现在发展迅速，取得了相当不错的经济效益，提高园区的吸引力与辐射力。为吸引更多优质的有潜力的企业入驻园区，更新血液，带动园区与区内企业共同发展，应积极发挥龙头企业的作用，因此提出以下建议：第一，鼓励有条件的重点龙头企业通过兼并、收购、划转、合资等方式进行资本扩张和资产重组，对重点龙头企业利用外资项目进行园区建设，有关部门要积极帮助其向国家申报，并由各级政府及有关部门负责协助解决项目实施过程中的环境问题。第二，鼓励重点龙头企业加速技术改造，发展农产品精深加工业，发展高新技术产品。第三，积极支持具备进出口资格的园区重点龙头企业申办进出口经营权，并简化行政审批手续，鼓励中外合资农产品流通企业利用其销售网络，推动园区农产品进入国外的销售网点。第四，对园区的龙头企业，

各级主管部门要积极会同金融部门制定扶持办法，作为信贷重点，在资金安排上给予倾斜。

4. 进行投资体制创新，拓宽投融资渠道

建立以龙头企业和业主投资为主体，社会融资为补充和政府适当扶持的多元化投资新型机制，鼓励国有、集体、私营、外商一齐上，积极引导工商资本、民间资本和外商资本投资前来投资建设。

金融部门要继续支持园区农业产业化经营，银行和农村信用合作社可以确定一批实力强、资信好的龙头企业，核定一定的授信额度，把收回的农贷资金继续投向农业，并在新增贷款中安排一定比例资金支持园区农业产业化经营。积极利用证券市场，要优先支持符合条件的农业龙头企业发行股票上市，为企业融资，保护企业和农民的合法投资收益，使其成为农业产业化经营投入的主体。设立“国家农业科技园产业投资风险基金（创业投资基金）”，利用产业投资基金具有投资基础产业、规模经济和减轻财政负担的特点，筹措和引导社会资金投入到农业科技园区建设。大力开拓农业保险和担保业务，包括农业财产保险、农业责任保险、农村信用保险等业务，为国家农业科技园建设提供保障。利用中小企业贷款担保基金，对农业产业化经营组织的贷款担保。

（四）实践感悟

1. 杨然

此次实践小组虽然只有两个人，但人少力不小。在前期准备、中期实践、后期撰写实践报告上，我们两人都密切合作交流，在讨论中不断撞击出灵感的火花。我们参与实践从始至终的每一个细节，将成员少作为一种锻炼自己，并全面学习、全面提高的机会，努力完善实践的每一个细节，圆满完成我们的实践课题。

在实地考察中，我们发现园区并没有想象的一般欣欣向荣，在采访与沟通中，也逐渐了解到园区经营现状与之前媒体、论文描述的不同，也认识到园区在经历曾经的辉煌后，其实已陷入困境。在想象与现实、报道与事实、推理与真相的交织中，我们体悟到实践的意义，并尽自己所能为小汤山农业科技园提出了一些建议。

在此次实践中，我们不仅学到了实践的各种方法技巧与经验，更让我坚信，只要努力投入做好每一件应做的事，一定会从中获得意想不到的收获与价值。

2. 高绘景

此次实践前期我们对于小汤山农业科技示范园进行了很多网络和文字的调查，为小汤山实践之行做了一个很好的知识储备。在实践中通过实地的调研，去深度了解书本知识背后的事实情况，不再仅仅停留对于一个事物表面的浅层认识。实践后期，小组的讨论让我认识到当下中国政府管理的难度、中国农业现代发展的问题等。真正的学习不仅仅是书本知识，更是有效地把书本与实践结合。城乡一体化和农业现代化对于中国发展特色社会主义可持续道路有着重要的意义，农业自古以来是中国发展的根本，如何在工业化进程中保证农业发展的空间？城乡一体化会不会导致中国失去农业特

色？城乡一体化的道路究竟会朝向哪个方向发展？这次实践让我真正意识到管理一个13亿人口的大国，且要面面俱到的全面发展对于一个刚刚发展不到70年的国家是非常有难度的。在我们抱怨中国政府无效率时更应该客观地分析我国的国情，努力提高我们的能力，为国家的建设做出一份贡献。

参考文献：

[1] 刘战平．农业科技园区技术推广机制与模式研究［M］．经济科学出版社，2010年版．

[2] 白坤．现代化农业的展示窗口——北京小汤山现代农业科技示范园［J］．科技园区，2013（2）．

[3] 李伶元．为小汤山农业科技园区发展把脉［J］．中国农村科技，2008（5）．

教师点评：

本实践小组通过分析农业现代化与城乡一体化的关系，以较为新颖的农业科技园和休闲农业为切入点，选取小汤山农业科技园为实践地点，通过实地采访和调查问卷，比较全面地分析了小汤山农业科技园所存在的诸多问题，并提出了相应的具有一定可行性的解决方案，报告逻辑清晰、结构完整，内容翔实。

从社区医保角度调查北京市农村城镇化进程中居民医疗福利改善情况

——以回龙观北店嘉园小区为例

团队：潜　龙

成员：张　钰　刘雪飞

一、实践方案

（一）选题确定

2012 年两会上温家宝总理在政府工作报告中提出：政府要加快完善社会保障体系，加快健全全民医保体系，加强各项社会保障制度的衔接。在 2011 年全国两会上，杜婕代表提出，我国应当高度重视当前城乡居民医疗保障体制分割问题，积极探索建立城乡一体化医疗保险制度，实现可持续发展与促进社会公平正义［1］。中国社会科学院召开的 2012 年《社会蓝皮书》发布暨中国社会形势报告会上，中国社科院社会学研究所所长李培林指出：2011 年我国城镇化率首次超过 50%，各地城乡统筹和打破城乡二元结构将成为发展的新主题［2］。由此可见，医疗保险城乡一体化是社会发展的必然趋势。本次社会实践，我们选定从居民医保角度来研究北京市城镇化进程中居民的医疗福利水平，探索城乡医疗保险制度中的不合理之处。

（二）实践背景

1. 中国城乡一体化建设进程

2002 年召开的党的十六大是我国城乡关系发展的历史性转折。

十六大报告中提出："统筹城乡经济社会发展，建设现代化农业，发展农村经济，增加农民收入，是全面建设小康社会的重大任务。"十六届三中全会上提出的"五个统筹"更将改变城乡关系的重要性突显了出来。2007年的十七大强调："解决好农业、农村、农民问题，事关全面建设小康社会大局，必须始终作为全党工作的重中之重。"在举国瞩目的十八大上，"三农"问题更被确定为是全党工作重中之重，要解决这一重大问题就必须走城乡一体化之路。报告指出，要加大强农惠农富农政策力度，使广大农民切实得到利益。继续推进社会主义新农村建设工作，从农民收入、农村基本经营制度、征地制度等方面入手，切实改善农民生产生活水平，改革体制机制建设。而其中，医疗福利制度的完善是提升农民生活水平的重点工作之一。

2. 针对医疗服务的北京市城乡一体化建设

回顾北京城乡一体化进程，主要是以城市工业支援农村为起点，以乡镇企业发展为脉络，带动郊区社会的政治、经济、文化及城镇建设发展。2009年北京实施了"新四统一"基本医疗卫生制度，即全市统一规范"特殊病种"门诊补偿范围、统一试行乡镇卫生院"零起付"补偿政策、统一住院补偿"封顶线"18万元、统一推行"出院即报和随诊随报"。近郊以突出城市化进程，有利于城乡保险的衔接为重点；远郊及山区县以突出有固定收入人群和有条件的村为重点。城乡医疗卫生制度与社会保障制度一体化明显加快。

（三）实践目的及意义

1. 实践目的

长期以来，中国的医疗保障制度饱受公平性缺失的质疑。当前，中国的医疗保障制度改革进入了以全民医保为目标的新时代。三大主体制度的建立解决了基本医保制度在部分人群中缺失的不公平问题，但制度设计和运行中的新问题也逐渐地暴露出来。在既往的研究中，往往是就医疗保险来谈医疗保险，并没有将医疗保险制度作为医疗保障系统的一个子项目或者社会保障制度的一个重要子系统来看待，更没有将医疗保险制度的公平性与当前显失公平的医疗卫生服务体制联系在一起。因此，本实践将从医疗保险的角度探究城镇化进程中居民医疗福利的改善状况，通过对北京市回龙观北店嘉园小区的社区医疗保险的实地调研和农村“新农合”的资料搜集，探究北京市城乡二元医疗保险的结构变迁及居民们的福利水平和医疗公平状况。

2. 实践意义

（1）加深对北京市城镇化建设现状的了解以及掌握北京市城镇化建设进程的相关信息。

（2）调查普通居民对北京市城镇化建设的认知以及城镇化进程中相关居民的福利水平。

（3）通过实践中对北京市回龙观北店嘉园小区的实地调研，为完善北京市城镇化进程提出具有建设性的意见。

（4）在实践过程中，我们将走出校园，亲自采访北京市回龙观北店嘉园小区的居民及社区管理者。实现了锻炼自我，提升个人组织能力、与人交往能力。面对学术调研培养出严谨认真的研究态度，进行结果分析时学会全方面多角度思考总结，并熟练运用多样的调研方式，熟悉调研报告的内容组织及撰写，从而提升了综合素质。

（四）实践思路及方法

1. 数据获得

（1）网上查询北京市城镇化建设的基本信息及北京市医疗保险改革进程。

（2）通过走访、选择性采访北京市回龙观北店嘉园小区居民，获得人们对北京市城镇化建设中医疗福利改革的满意程度；通过专访回龙观北店嘉园小区的相关管理者，获得北京市城镇化建设在社区医保方面的详细情况及数据。

（4）通过调查问卷的大面积发放，调查大众对北京市城镇化建设的了解程度，及对北京市城镇化建设中医疗福利的满意程度。

2. 资料（数据）整合及分析

（1）将所得文字资料提取摘要并分类，创建资料夹并存档以被引用。

（2）将通过走访所得录像剪辑加工，整理分析采访记录。

（3）将调查问卷所得信息总结，用 excel 表格制作相应的图表从直观的形式挖掘出数据中隐含信息。全方面多角度分析数据。将其中的建议部分汇总整理。

3. 实践思路图

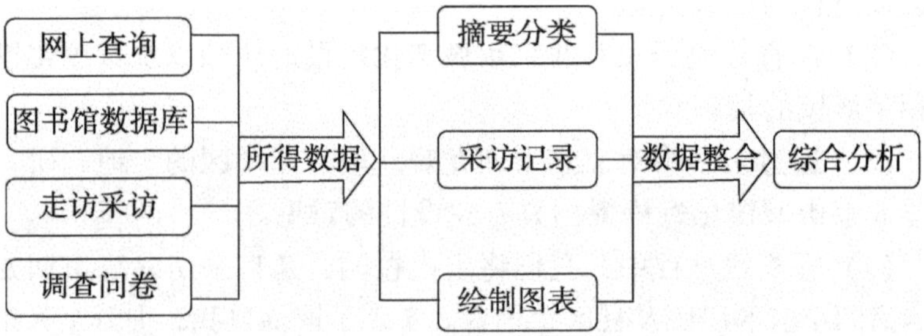

（五）实践流程安排

4.15–4.17	· 确定研究主题
4.18	· 与相关部门联系，安排采访事宜
4.20–4.25	· 查阅资料
4.27	· 初步设计采访稿
5.7	· 设计调查问卷
5.17	· 分发填写调查问卷、实地采访（地点：北京市回龙观北店嘉园小区）
5.18	· 调查问卷数据分类整合、整理采访稿
5.19	· 调查问卷结果分析
5.20	· 调理实践报告

二、实践过程

（一）了解医疗保险制度

1. 我国城镇基本医疗保险制度的演进过程

（1）计划经济时期

计划经济时期我国基本医疗保障制度的主体是劳保医疗制度，但该制度还不是完全意义上的社会保险制度，因为缴费机制的不健全，企业职工承担较少的缴费业务，并且是一种覆盖家庭成员的强制性雇主责任制度，而公费医疗制度则完全是一种政府责任，是典型的强制性雇主责任制度，不能称其为基本医疗保险制度。

（2）经济转型时期

转型时期计划经济体制逐步的削弱，从根本上瓦解了传统城镇医疗保险模式（单位保障）赖以存在的经济基础，医疗保险的制度变迁具有必然性。但改革开放初期的制度创新受多种因素的影响，医疗保险制度并未走上正确的轨道，直到90年代初期，两大创新制度的出现——其一，参保企业缴纳的保险费由社会统筹机构统一管理；其二，个人账户基金和企业调剂基金主要由企业自行管理，大病统筹基金由社会统筹机构统一管理——无疑创造了这一时期医疗保险制度的最大亮点，统账结合模式把握了保险的实质，也为未来的改革指引了方向。

（3）市场经济时期

市场经济时期医疗卫生改革的一个重大的特征就是政府主导责任的不断回归。这一时期的医疗改革由于“非典事件”的发生可分为两个阶段，一是1994年至2003年以来的统账结合模式的制度建立和调整阶段，二是2004年至今的医疗卫生体制改革新探索。

2. 我国农村基本医疗保险制度的演进过程

（1）计划经济时期

计划经济时期曾建立五保户的基层医疗卫生制度，培养“半农半医”的初级农村卫生人员，到70年代初形成依托“人民公社”的基层初级医疗卫生网络。合作医疗制度也在这一时期得到发展。

（2）经济转型时期

改革开放后，随着农村家庭联产承包责任制的推行，我国传统农村合作医疗的筹资主体出现缺失，该制度几近瓦解的边缘。二次合作医疗改革进展非常缓慢，常常陷于“春办秋黄”的境地。从根本上说，传统合作医疗赖以存在的经济基础和组织机构的解体是导致这一模式难以为继的原因。这一时期，我国农村公共卫生和基本医疗服务水平严重下降，农民个人和家庭成为完全的医疗付费者，城乡之间在医疗卫生公平性、可及性方面差距悬殊。

（3）市场经济时期

市场经济时期的改革重点在于新农合政策的提出。新型合作医疗制度是由政府组织、引导、支持，农民自愿参加，个人、集体和政府多方筹资，以大病统筹为主的农民医疗互助共济制度。新型农村合作医疗制度于2002年下半年在全国各地试点实施，其发展十分迅速。截至2003年9月，西部12个省（自治区、直辖市）和中部9个省的试点县（市）参加新型合作医疗的农民为4351个，占其总人口的74%。

（二）问卷调查

1. 问卷的设计与发放

首先，确定调查的目的和内容。本次调查问卷的目的是探究城镇化中的居民对新社区医保的使用情况。从社区医保的办理方式、社区医保的使用频率、社区医保本身局限性等几个方面设计问题。其次，在网上搜集了相关的新闻和政策，在各种评论中找到了一些城镇化后居民医保在转变过程中出现的问题。再次，确定了以街头发放问卷为主的调查形式。由于是街头调查，因此设计的问题所针对的范围不应仅仅局限于某一年龄区段或者某一阶层人士，问题应该更为大众化。我们以此为原则确定了问题的具体内容，设计出来一些让访问者可以开放作答并且容易作答的题目，因此本次问卷将问题压缩在了一张纸的正面部分且都是单选多选题目，让做答人在回答问题时不至于产生厌烦心理。除此之外，几次筛选用词，不用敏感性字眼，剔除隐私性话题。最后，安排问题顺序，将一些简单的客观易答问题放在前面，比如个人年龄段、所处职业等，将一些设计主观认知问题放在后面，比如对当今的社区医保制度的改进建议等。

本次调查活动，问卷实印 30 份，实发并收回 27 份。

2. 问卷整理与分析

2001 年，随着回龙观的城镇化改革正式启动，原北店村大队胡长明等村领导开始为北店村的城镇化东奔西跑，实现城镇化首先就要改造村里的土坯房，村领导们四处奔走购买材料，寻觅负责的施工团队进行施工，日日夜夜与施工团队吃住一起，在两年的努力后，一座崭新的北店嘉园小区拔地而起。2003 年，回龙观原北店村的居民开始回迁，居民们看着村领导呕心沥血参与下盖好的房子，十分感动，这也坚定了他们对自己家园的爱护之情。我们在调研中发现许多居民对于这十年的变化十分满意，北店村的城镇化不仅提高了居民的居住水平，而且带来了许多文化娱乐气氛；不仅让居民的农村户口转为了城市户口，而且得到了更多的生活保障。以下是问卷调查的部分内容和分析：

（1）年龄：

本次调查问卷主要以对社区保险需求较大的中年及以上的居民。从年龄上来看，处于 18 到 30 岁的人群主要使用职工医保，虽然他们的父母会接触到社区医保，但是出于自身对这类保险的需求欲望不高，而且大多数都还是未有子女的年轻人，他们对这类保险的了解并不深。而 18 岁以下的孩子们虽然是社区医保的帮助对象，但是由于其参保过程由父母代理完成，所以他们对于社区医保的了解也并不高。

（2）所在单位姓质：

本次调查对象覆盖了在北店嘉园小区曾经或者现在是机关事业单位、国有企业、私营、自由职业、学生的人群。

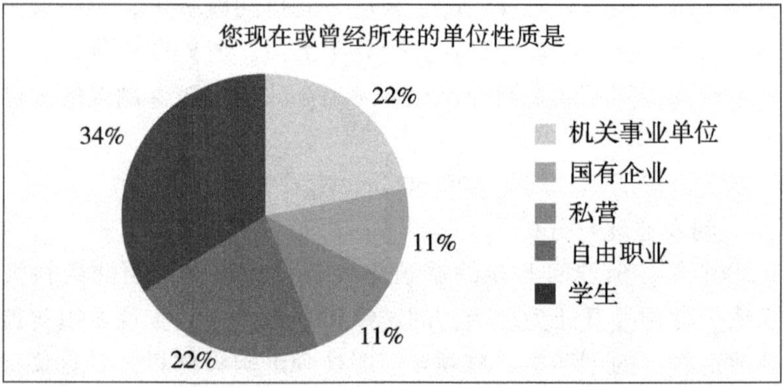

（3）人们认为的应当归属于社区医保报销范围的部分：

根据规定交通事故、意外伤害、医疗事故等并不纳入社保报销范围，但是有 15% 的人们认为应该报销。而我们与 15% 的人们想

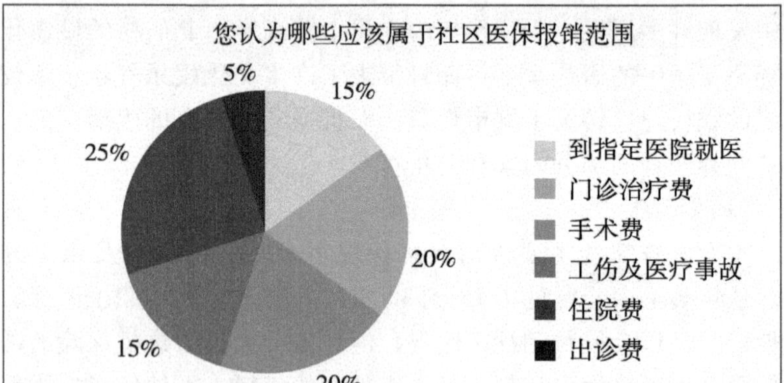

法一致，认为医疗事故发生之前的就医费用与事故发生后得到的赔偿资金并不可以相互替代，因为从本质上来看二者发生的时间条件都不相同。

（4）对社区医保的使用体验：

大多数人十分青睐社区医保卡。在采访中，很多古稀老人在谈到社区医保时十分激动。他们说用医保卡看病十分便捷实惠，很多老人还将自己的社区医保卡拿出来给我们看，他们说，在2003年农村户口改为城市户口之后，在看病的问题上有了医保卡的辅助十分方便。但是仍有部分人认为，在北京使用社区医保十分不方便，因为排队的人很多，而且每次报销时要拿着发票、身份证、工作证等等，如果有一个忘记带了就要回去取来再办，不是很便捷。社区医保在手续上的麻烦也体现了一定的中国特色，手续烦琐有利有弊，利在于核准信息，在人民素质不够高的现状下对有限的社保资金进行合理的开支，而弊在于人们会产生不满情绪，会使这项利民政策取得的效果稍打折扣。

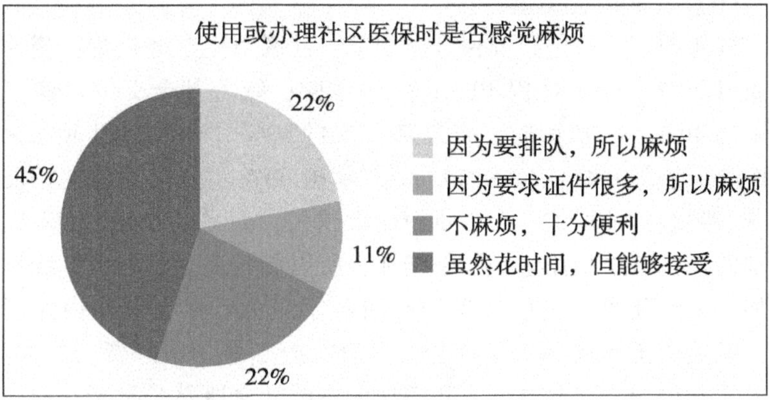

（5）社区医保制约因素：

很多人们认为限制社保发展的因素中高素质人才的缺乏和救助体系不完善是主要因素，救助体系不完善可以表现在许多方面，比如医院缴费和社区医保报销存在一定程度的脱节，社区医保的区域特色，比如一个社区的居民就医费用只能在本社区指定的医院使用时才能报销等等，并且一旦指定医院就会带来不同社区居民享受不同层次医疗服务的问题，这就让社保在表面的公平下隐藏了一些不公平的特征。

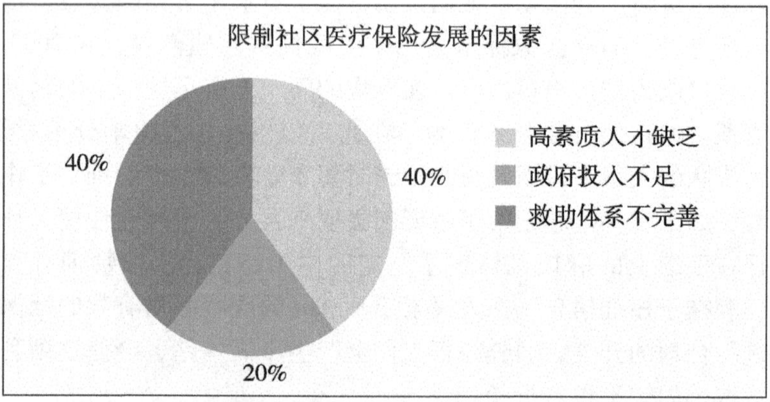

（6）社保出资比重：

按照现行的规定，社保分摊如下：社区卫生服务机构：统筹基金支付70%，个人承担30%；一级医院：统筹基金支付60%，个人承担40%；二级医院：统筹基金支付50%，个人承担50%；三级医院：统筹基金支付40%，个人承担60%。分摊的基本特征是随着医院级别的增加，个人负担比重越大，而另一方面，随着医院级别的增加，总费用也是不断增加，所以结论是，随着医院级别的增加，人们要承担的医疗费用绝对数字越大。而在调查中人们认为，既然中国是社会主义社会，政府就应当承担医疗费用的大头，但是实际情况却不是这样。我们认为中国社会既然是处于共产主义第一阶段的过渡期，那么她就一定会存在着一定的阶级差别，归根到底是社会生产力不发达，而随着社会生产力的逐步发展，政府为人们承担的医疗费用也会不断增加。

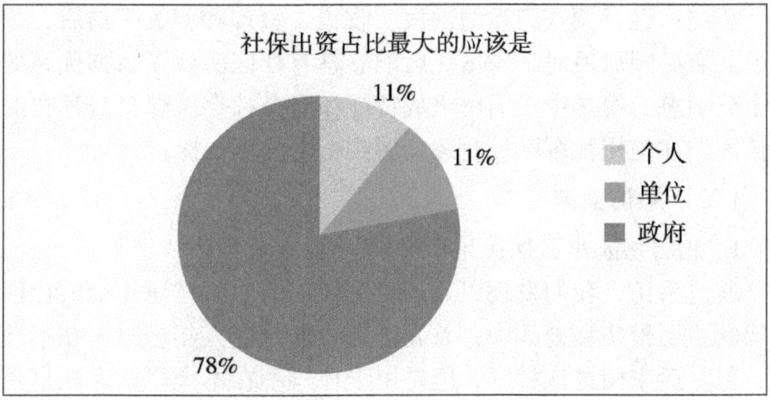

（7）社区医保改进方向：

在谈及社保改进之处时，很多人反映了异地报销结算不便的情况，在调查时有位年近花甲的老人说年轻时随家人到河北工作，几十年后回到家乡，却因为无法在北京落户而不能享有在北京使用社区医疗保险的权利，每次报销时都要回到原工作地，对于老年人十分不便。还有人说在就医后无法立即得到医疗保险的报销，要等上一段时间资金才能够到账。我们认为这两个问题都是医保体系不完善造成的，正是由于无法实现全社会统一的社区医保，所以才无法实现医院与社保部门系统连接从而导致这些问题。

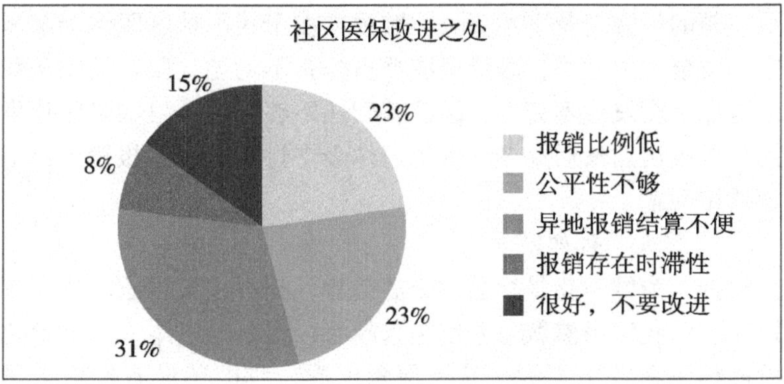

总结：经过调查问卷的发放、收集、整理和相关采访后，我们认为北店嘉园居民对于城镇化后能够享有社区医保一系列优惠的政策十分满意，但是由于居民组成特征和当今社会医保自身存在的问题让人们在使用社区医保时还会感到一定的不便捷。

（三）采访交流

1. 北店嘉园小区居民采访

通过采访，我们发现以北店村为代表的农村城镇化后的社区医保问题主要聚集在老人中，首先是有一部分老人年轻时不在本地居住，但是后来搬进该社区，但是由于户口不在本地因此无法享受便利的当地社区医保政策。其次是外地居民得不到社区医保的问题。我们知道，随着城镇化程度加深，社区的基础设施不断完善，新城镇一定会吸引很多外地的居民，以北店嘉园小区为例，根据内部可靠数据估计，小区内本地居民与外地居民的比例已达到一比一，那么外地居民得不到医保的情况可能会因此引发很多对于社会不公平的不满情绪。再次是社区医保报销比例按照医院分级过于明显，高等的医院报销比例远远小于小医院，而高等医院所有费用却远远超过小医院，这会导致很多患有重病却又没那么多钱的人，要么在小医院任由不完善的医疗设备拖延最佳救助时间，要么即使倾家荡产甚至负债累累地去高级医院请专家问诊，然而可能还是不能支付得起更高额的住院费及手术费。问题根本在于我国社区医保资金来源狭窄，资金规模过小，医疗资源严重分布不均匀，归根结底是我国社区医保制度发展不完善，经济基础还不够夯实。再次是医疗事故费用不予报销。最后是老年人的退休金支付不起现有报销比例下的医疗费用问题。

2. 人民大学孙教授采访

教授认为城镇化是社会的必然趋势，资本主义国家基本实现了城镇化。而我国虽然城乡差别越来越小，但是与资本主义城镇化所处阶段相比还差距很大，从医保角度看，我国还没有实现全民医保，退休养老金、全民补贴，保险、医疗等现在我国的农村只是一少部分地区岁数大的老年人能够享有，还未全部普及开来。但是改革开放以来，我国城乡化进程已经取得很大的进步，过去城乡体现在特殊待遇上如独享公费医疗、退休金等的差别今天已经基本消失了。阻碍城镇化的原因主要是资源问题，我国的城镇化进程不可过急，而应当与我国生产力相适应。

3. ICU主任王医生电话访谈

通过与医生的交流，我们发现群众中调查得知的问题不是个别现象而是普遍情况，比如异地社保结算、报销比例等等。此外，我们还发现医院对于患者使用医保报销不甚情愿，这主要是因为政府补贴不足，再加上社保用药的费用和种类都有限制，导致医院营运成本增加，可得利润缩减。最后，医生希望未来社区医保的报销比例可以予以适当提高，尤其是政府补贴部分，她还希望对于使用医保报销的病种费用的限制可以放松一点。

三、实践感悟与实践思考

（一）个人观点

从2002年召开的党的十六大后，我国城乡关系建设首次正式受到人们的关注。在这十二年间，以北京市为例，从公共基础设施，农村居民户籍建设到教育、医疗等公共服务建设，城乡一体化建设可谓是突飞猛进，但是在我们向着城乡一体化的总目标前进时，总会有些微的遗漏忽略。所谓的城乡一体化，并不仅仅是让“农民进城”，不仅仅是将农村从硬件设施方面打造成城市。在我们看来，应该是要做到以人为本，以提高广大农村居民的福利为宗旨，在经济、教育、医疗服务、公共设施等各方面争取提高农村居民的生活水平，尽量模糊农村与城市之间的界限，加快农村城镇化的脚步，尤其是让农村居民在身份上得到肯定可以享受和城镇居民相同的福利待遇。

而对于城乡一体化建设的进度，我们认为不能过快，应按照客观的发展规律一步一步稳扎稳打进行。尤其是对于建设中相关细节部分的完善。不能说实现了农村城镇化就可放置不理置之不顾，许多方面的建设在初期仅仅具有雏形，羽翼尚不丰满，仍需要后续的关注及相关政策的跟进。增加城乡之间的衔接点，使农村城镇化过渡在政策上得到保障，人民的福利水平在总体上得到综合提高，不偏不倚，实现真正意义上的公平。

（二）问题发现

通过此次实践活动，我们发现以下问题：

1. “新京籍”老人无法享受当地社区医保政策

北店村为代表的农村改造为城市后的社区医保问题大多聚集于年龄大的老人，首先是有一部分老人（媒体称其为“新京籍”老人）年轻时不在本地居住，但是后来搬进该社区，但是由于户口不在本地因此无法享受便利的当地社区医保政策。随着城市化程度加深，社区的基础设施不断完善，它吸引了很多外地的居民，还是以北店嘉园为例，根据内部可靠数据估计，本地居民与外地居民的比例已达到一比一，其中必然有大量的外地居民享受不到社区医保，会因此引发很多社会不公平的不满情绪，这一问题迟早要得到解决。

2. 社区医保按照医院分级确定报销比例不合理

社区医保报销比例按照医院分级过于明显，高等的医院报销比例远不比小医院大，而高等医院所有费用却远远超过小医院，这会导致身患重病需要大医院救助的患者因无力支付高昂的手术费而延误最佳救助时机。这主要由于我国社区医保资金来源很窄，资金规模太小，医疗资源严重分布不均匀，归根结底是我国社区医保发展不完善，经济基础还不够夯实。

3. 医疗事故费用不予报销

官方认为医疗事故不予社区医保报销。部分群众认为，医院赔偿的费用与社区医保报销的原发病医疗费用之间无交叉，社区医保不应该因为医院支付了其他的赔偿而追回其之前对原发病医疗费用的报销。

4. 老年人的退休金支付不起现有报销比例下的医疗费用

2 月 27 日全国老龄办发布《十城市万名老年人居家养老状况调查》显示北京老年人月平均退休金为 2983 元，在不到 3000 元的退休金中，能够用于储蓄的钱在刨除了高额生活成本（家庭病床费、上门护理费、托老所的费用等）外，能够用于储蓄的部分并不多，而万一老年人有突发疾病，仅凭微薄的储蓄和退休金实在难以支撑老年人的医疗费用。

5. 社区医保的用药有限制

在采访和新闻搜集后我们发现社区医保用药分为甲乙丙三类，甲类药品是指由国家统一制定的、临床治疗必需，使用广泛，疗效好，同类药物中价格低的药物，使用这类药物所发生的费用纳入基本医疗保险基金给付范围，按基本医疗保险办法的规定支付费用，可以 100% 报销。乙类药品是可供临床治疗选择使用、疗效好、同类药品中比甲类药品价格较高的药品，按 70—80% 报销。丙类药品指的多为保健药品、新出的药品。不报销。药品分级报销，其实是由于社区医保资金来源不够引起的，我们认为随着经济发展，医保制度的完善，未来的社区医保是可以实现全部报销体制的。

参考文献：

[1] 黄冠华. 北京城乡一体化发展进程的思考与分析 [J]. 北京农业职业学院学报，2013 (5).

[2] 汪容容. 北京市城乡一体化发展的现状和问题研究 [J]. 中国农学通报，2013 (2).

[3] 常文虎. 北京市新型农村合作医疗基本情况调查 [J].

中华医院管理杂志，2007（11）.

[4] 陈晓军、李芳凡. 从“新农合”到“农村医保”加“合作医疗”[J]. 农业经济，2012（10）.

[5] 刘海兰. 论城乡一体化医疗保险制度建设的困难与建议[J]. 中国卫生事业管理，2013（1）.

教师点评：

该社会实践选题视角独特，实施方案设计合理，调查方法使用得当，数据收集、整理、分析精确，结论可靠。

北京城乡一体化进程中的农村土地流转问题研究

团队：行　者
成员：王郁心

一、实践方案

（一）选题目的

中共十八届三中全会中明确将健全城乡发展一体化体制机制提上议程，提出要健全体制机制，形成以工促农、以城带乡、工农互惠、城乡一体的新型工农城乡关系，让广大农民平等地参与现代化进程，共同分享现代化成果。并提出加快构建新型农业经营体系，稳定农村土地承包关系并保持长久不变，在坚持和完善最严格的耕地保护制度的前提下，赋予农民对承包地占有、使用、收益、流转及承包经营权抵押、担保的功能。

《2014年中央一号文件》中指出要“深化农村土地制度改革，在落实农村土地集体所有权的基础上，稳定农户承包权、放活土地经营权，引导和规范农村集体经营性建设用地入市”。由此可见，在城乡一体化进程中，完善的土地流转机制扮演着举足轻重的角色。

作为首都的北京，随着城乡一体化进程的加快，农村土地内部的流转需求及农村土地向城市流转的规模越来越大，实践的发展需要对农村土地流转加以规范，创造出新的流转模式，以适应经济发展对集体土地的要求。

本文在坚持毛泽东思想实事求是、群众路线、独立自主的核心精髓和中国特色社会主义理论体系的前提下，将毛泽东思想与热点问题相结合，探讨北京市在城乡一体化建设中的土地流转问题，指出其发展瓶颈所在，并积极探讨解决问题的思路。

（二）选题意义

三农问题关乎党和国家事业发展全局，而城乡一体化是我国经济社会发展到一定阶段的产物，是我国实现现代化的必经阶段。十八届三中全会的召开，进一步强调健全城乡发展一体化体制机制，标志着中国农村改革发展进入新的阶段。

北京市作为国际化大都市和首都，具备较多发展优势，在推进城乡一体化发展过程中取得显著成绩，但同时也面对不少困难和挑战。因此在我国加大力度建设社会主义新农村和和谐社会的历史背景下，对北京市城乡一体化发展进程进行研究，是将毛泽东思想与具体实际相结合的体现和本质要求，充分利用实事求是这一毛泽东思想的根本观点和根本方法，具体问题具体分析，寻找土地流转的规律性所在。从实际出发，以马克思列宁主义为指导，系统地研究北京市土地流转的历史和现状，深入地分析北京市土地流转存在的具体问题，并根据其实际情况和特殊形式，制定适合北京特点和时代要求的发展路线，才能够进一步推动北京市城乡一体化发展，维护社会平等，更坚定地坚持群众路线，为广大民众带来更多效益。

（三）研究的主要内容和方法

1. 研究内容

本文在研究过程中，始终坚持运用毛泽东思想实事求是，群众路线，独立自主的核心精髓和“以人为本”的科学发展观，从实际出发，将理论与实践相结合进行北京市城乡一体化和土地流传问题的剖析研究。首先，本文对城乡一体化、土地流转以及马克思主义产权论的内涵进行明晰的界定和简要的阐述；理清三者相互间的作用关系后，分别对北京市城乡一体化和土地利用的发展历史及现状以及北京市农村土地流转的发展进程及目前发展水平进行了体系化的梳理和分析，剖析出现的诸多问题；之后结合调研地点北京市昌平区郑各庄的土地流转经验进行案例分析；最后对北京市土地流转的成效和发展瓶颈进行分析总结，并对推进和完善北京市农村土地流转提出可行性建议。具体流程如下图。

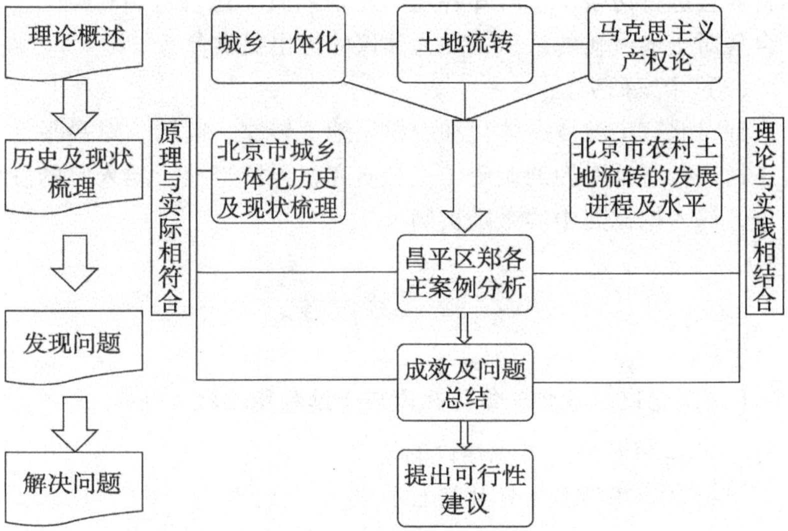

图1　北京市城乡一体化进程中的农村土地流转问题研究框架

2. 研究方法

（1）文献资料研究

通过收集资料，了解毛泽东思想及中国特色社会主义理论体系的核心价值和内涵，为研究提供理论支撑；学习马克思主义产权论基本思想以及学者对于马克思主义产权理论的相关研究；了解当前关于城乡一体化、农村土地流转等相关政策以及学者对于这一热点问题的研究，对该问题有一宏观把控；了解北京市城乡一体化及农村土地流转的历史发展历程及现状，具体分析研究问题。

（2）实地调研与访谈

通过到曾获得全国文明村、全国小康明星村、北京市先进村委会等多项荣誉称号的北京市昌平区郑各庄进行实地调研，具体了解当地农民在经历一系列改革与发展后目前的生活水平和状态；通过到村委会进行访谈，了解郑各庄“土地入股”运行机制和经验，加深自身对土地流转的认识，并为建议的提出提供参考。

（3）个案研究法

针对北京市城乡一体化和农村土地流转这一问题，对昌平区郑各庄村进行有针对性的调研访谈和研究，弄清当地土地入股的发展里程，深入挖掘其中的激励机制。

二、实践过程

（一）北京市城乡一体化建设与土地利用现状

1. 北京市城乡一体化建设的发展

（1）北京市城乡一体化进程梳理

北京的城乡一体化进程，主要是以城市工业支援农村为起点，以乡镇企业发展为脉络，带动郊区社会的政治、经济、文化及城镇建设的发展。其进程大致经历了以下几个阶段：

表格 1　北京市城乡一体化发展历程

	时间段	具体进程
第一阶段	1958—1978 年	以社队企业为载体的城市工业支援农村的计划经济体制阶段

续表

	时间段	具体进程
第二阶段	1978—1994 年	在此期间，北京市重新明确了城市性质，城市工业向郊区转移扩散的力度增强，乡镇企业得到了迅速发展，由此走出了“白兰道路”，与此同时，从 1986 年起北京城乡一体化进程进入全面发展阶段，从那时一直到 90 年代中期，北京城市需求不断增长，远郊区从发展城郊型农业，发展旅游业，开发房地产业等逐渐加强与城市的经济联系，城市化水平与实力都在增加。
第三阶段	1995—2003 年	此时北京城镇化步伐加快，城市经济发展迅猛，政府财政与支农政策发展转移，北京郊区城市化水平逐年上升，但随之而来的农民失地问题、剩余劳动力转移问题等凸现出来。
第四阶段	2004 年至今	北京进入全面推进城乡一体化阶段，此时，北京的产业、教育、福利等政策全面转向农村，力度不断加大，在这一过程中，北京郊区农业重新定位，新中国成立后一直存在的二元制结构面临着逐步瓦解的趋势，北京城乡一体化模式正在成为现实。

（2）北京市城乡一体化现状

表格 2　北京市城乡居民收入表　（单位：元）

年份	城镇居民人均收入	增长率（%）	农村居民人均纯收入	增长率（%）
2002	12464	15.5	5880	12.3
2003	13882	11.2	6496	11.5
2004	15638	11.5	7172	9.2
2005	17650	10.4	7850	9.9
2006	19978	12.2	8620	8.7
2007	21989	11.5	9559	9.1
2008	24725	7.0	10747	6.5

续表

年份	城镇居民人均收入	增长率（%）	农村居民人均纯收入	增长率（%）
2009	26738	9.7	11986	13.4
2010	29073	6.0	13262	8.0
2011	32903	7.2	14736	7.6
2012	36469	7.5	16476	8.7
2013	>40000	7.1	>18000	7.7

数据来源：2002—2014 年北京市政府工作报告

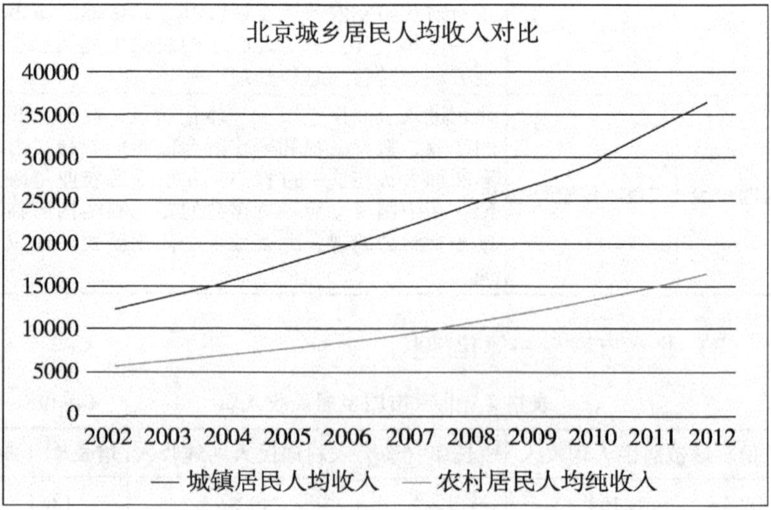

图 2　北京市城乡居民人均收入

从表 2、图 2、图 3 中可以看出，2002—2013 年的 12 年间，北京市农民人均年收入逐年提高，从 2002 年的 5880 元到 2012 年的 16476 元，增加近 3 倍。除个别年份外，年增长率一直保持在 8%左右，尤其是自 2009 年以来，农村居民年收入增长率一直高于城镇。其原因部分正是因为随着城乡一体化的不断加快，农民手中可

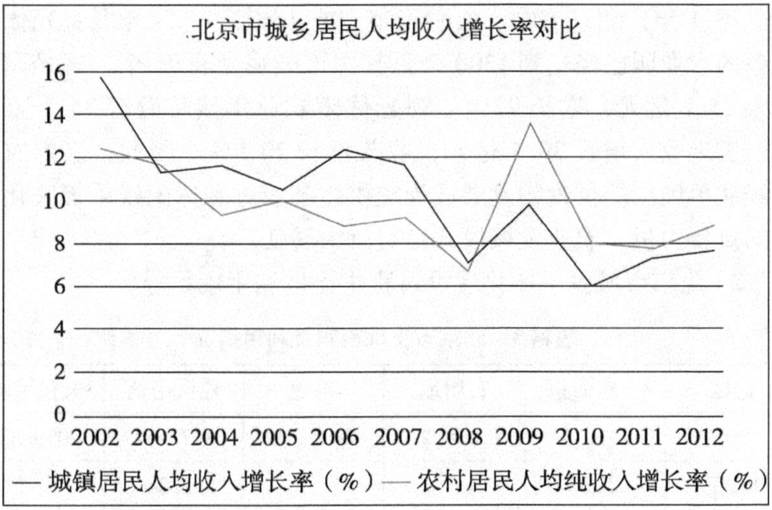

图3　北京市城乡居民人均收入增长率对比

耕种的土地减少，劳动力实现向城市转移，农民工资性收入逐年增加，其中在2009年，工资性收入占农民人均纯收入比例首次突破60%。另外，北京农村集体经济产权制度改革也在迅速推进之中，截至2011年底，87.3%的集体经济组织已经完成产权制度改革，全市已有812个乡村的52万农民“变身”农村集体资产股东，为农民带来了可观收益。

在农业发展模式上，2006年，《北京市“十一五”时期功能区域发展规划》对各个区县未来五年的发展进行管理定位分工，确立了北京首都功能核心区、城市功能拓展区、城市发展新区和生态涵养发展区四大各具特色的城市功能区。同时，北京城郊各区县在原有农业产业基础上也逐步调整其原有的产业结构，在设施农业、特色农业以及促进农产品向优质化、精品化、高端化方向上不断提升。如昌平区大力发展的百合花产业年产值达到6千万元，草莓产业发展年产量超过1000万公斤，年产值达2.5亿元。另外，北京市近郊区近年来乡村旅游产业发展规模也逐步扩大，速度逐步提升。2011年，北京市农业旅游示范点有15家，郊区开展观光休闲服务的农业园已经达到1300个，其中市级观光园95个，观光园总收入21.7亿元，增长22%；观光休闲农业年接待游客3511万人次，实现收入增长30.4亿元，收入增长20.9%。因此，京郊农业已经从单纯的提供食物发展成为提供生态服务和休闲娱乐等文化服务的重要力量，农业发展模式已有巨大转变。

2. 北京市城乡一体化建设过程中土地利用现状分析

表格3 北京市土地面积及利用情况 单位：平方公里

地区	土地面积	农用地	耕地	建设用地	未利用地
全市	16410.54	11038.21	2325.75	3272.64	2099.68
东城区	25.34			25.34	
西城区	31.62			31.62	
原崇文区	16.52			16.52	
原宣武区	18.91			18.91	
朝阳区	455.08	143.74	49.54	302.27	9.07
丰台区	305.80	85.57	36.33	196.62	23.61
石景山区	84.32	31.90	2.15	49.32	3.10
海淀区	430.73	203.35	29.40	220.60	6.78
门头沟区	1450.70	1091.31	12.58	93.84	265.55
房山区	1989.54	1161.13	279.76	344.46	483.94
通州区	906.28	579.18	358.09	288.95	38.15
顺义区	1019.89	620.54	320.08	309.79	89.56
昌平区	1343.54	928.70	121.43	356.90	57.94
大兴区	1036.32	677.44	382.46	299.01	59.86
怀柔区	2122.62	1571.48	95.20	128.21	422.93

续表

地区	土地面积	农用地	耕地	建设用地	未利用地
平谷区	950.13	714.42	118.71	123.10	112.61
密云县	2229.45	1542.2	223.66	325.23	361.44
延庆县	1993.75	1686.65	292.36	141.96	165.14

表格4　北京市耕地面积（2007年）　　（单位：公顷）

项目	面积
年初耕地总资源	233400.9
年内增加	3663.4
新开荒地	1076.3
园地改为耕地	1435.0
年内减少	4489.5
国家基建占地	1578.7
其他基建占地	
退耕还林还草占地	11.3
耕地改为园地	334.6
年末耕地总资源	232574.8
常用耕地面积	230840.2
水田	7331.4
水浇地	159371.3
临时性耕地	1734.5
25度以上陡坡耕地	1734.5

由表3、表4可以看出，2007年全市的总建设用地为3272.64平方公里，占总土地面积的20%，且房山区、顺义区等地区所占比

例较大，他们目前虽然以农业为主，但是随着土地流转的实施，这些地区逐步从农村向城市转变，土地变为建设和工业用地。另外，老城区如东城区、西城区、原崇文区、原宣武区等建设基本饱和，已经没有农村和耕地，而在房山区、昌平区、大兴区等区县拥有较多的农村和耕地。

（二）北京市农村土地流转现状分析

1. 北京市农村土地流转的历史

了解北京市土地流转，首先要追溯农村土地承包的根源。北京市农村土地承包经营制度改革大体上经历了以下三个阶段：

表格5 北京市农村土地承包历史

阶段	时间	特点
第一阶段	1978—1983 年	该阶段属于探索试验阶段，先后采取了小段包工、定额管理、联产互组、包产到户等农业生产责任制形式，逐步废除了生产环节的“大炮轰”和分配环节的平均主义。
第二阶段	1984—1996 年	该阶段以家庭承包经营为基础，统分结合的双层经营体制初步建立。
第三阶段	1997 年至今	该阶段为稳定完善家庭承包经营体制、全面确立农户土地承包经营权的阶段。

在第一阶段，截止到 1983 年底，全市 1 万多个生产队中，97% 建立了生产责任制，其中，专业承包、联产计酬的占 73%，小段包工、定额计酬的占 27%。按照承包单位划分，到组的占 75%，到劳的占 23%，到户的占 1.6%。分配方式开始为“四定一奖”（即定地块、定人员、定产量、定开支、定报酬、超产奖励），继而又发展为包干分配，即农民所说的“交足国家的，留够集体的，剩下的都是自己的”。

在第二阶段中，1984年，实行家庭承包的生产队达到86.7%，家庭承包经营体制初步确立，但是并没有从根本上赋予农户土地承包经营权的法律地位，致使家庭联产承包经营的推行在一些地方出现反复。

在第三阶段初，北京市按照中央和市委市政府的要求，开始落实“土地延包三十年”的政策。截至2006年3月底，郊区13个区县应将土地承包经营权确定给农户的农用地总面积为497万亩，已经确权到户的有295.9万亩，占总数的59.5%。但是，全市土地承包经营权没有确定到户的有201.1万亩，占总数的40.5%。且随着农村税费改革和粮食直补政策的出台，土地经营收益大幅度提高，农民群众对落实土地经营承包权的要求极为迫切，由此引发的社会矛盾较为突出。针对这些问题，为了满足农民群众的普遍要求，根据《中华人民共和国农村土地承包法》的规定和市委市政府《关于积极推进农户土地承包经营权确权和流转的意见》，从2004年6月起，北京市全面开展土地确权工作。

2. 北京市农村土地流转的现状

《意见》的出台推动了北京市郊区农村土地确权和土地流转工作的开展，到2010年底，全市签订家庭承包类合同118.2万份，土地确权总面积466万亩；土地流转总面积217.7万亩，占确权面积的46.7%。

目前北京市确权及流转的三种基本方式分别为：实行确权确地的，农户在承包土地后按依法、自愿、有偿的原则进行流转；实行确权确利的，农户把土地直接流转给机体，流转收益按确利份额分配给农户；实行确权入股的，农户把土地直接流转给集体，按股份每年参与分红。这些形式较好地适应了农村实际，在满足农村承包土地意愿的同时推动了土地的流转。在全市已流转的217.7万亩土地中，确利流转164.5万亩，占流转面积的75.5%；确股流转33.7万亩，占15.5%；确地后流转19.5万亩，占9%。

2009年，北京市政府将“研究制定促进农户土地承包经营权流转支持政策，搭建农地流转信息平台”列入北京市政府折子工程。2009年开通了“北京市农地流转信息网（www. bjndlz. gov. cn)”，网站共分为转出信息、需求信息、流转动态、政策法规、区县流转网站、流转规程和常见问题等六大板块。同时，北京市加强了土地承包合同管理和证书发放工作。各区县对“大面积、低租金、长期限”的大户承包和对外租赁合同进行了清理。

（三）北京市昌平区“郑各庄现象”分析

1. “郑各庄现象”介绍

郑各庄村村域面积4332亩，共有1450口人，其中农业人口1150人。规划建设用地284.06公顷，其中居住用地67.17公顷，工业用地27.96公顷，教育科研用地35.89公顷，其他公共设施用地18.96公顷，市政公共设施用地2.09公顷，道路交通设施用地64.60公顷，绿地54.03公顷，水域9.52公顷。2008年，郑各庄村用于村民各项福利支出达到586万元，人均福利增至5150元。

图4 郑各庄村外景

图 5　郑各庄村宏福苑小区。2008 年宏福苑正式挂牌，村里首期 144 户村民住进了宽敞亮堂、生活设施完善的楼房。

图 6　郑各庄村小区一角

图 7　村民在广场上活动——抖空竹

图 8　在于当地居民的聊天中，体会到了村民对现在生活的满足

目前该村村民逐步形成了“工资收入＋土地股权收入＋社会保障收入”多元化的稳定的收入结构。短短几年间，全村98%的村民由昔日的平房住入整洁的楼房，人均居住面积达到80平方米以上，旧村改造基本完成。到2008年底，全村共有7000多个就业岗位，本村有700个劳动力全部就地转化为产业工人，并为社会提供了6000个岗位。盖村村民在股权收益方面，于1999年建立了“确权、确利、保收益”的土地流转制度，农民每年从土地租金中得到2000元以上的收益。1999年该村实行企业产权制度改革，农民摇身成为投资人，享有企业股份分红。

在土地流转过程中，郑各庄村以保护农民的根本利益为前提，不搞土地转让，全部采取土地租赁形式。村委会与企业建立土地租用关系，不论是自办企业还是引进企业，用地一律实行有偿使用。在收费标准上，不再用粮食产量的价值去简单换算，而是通过对企业效益进行评估来确定。村集体每年向企业每亩收取5000—10000元的土地租金。为了不让村民承担经营风险，企业的盈亏不影响农民的收益，采取独特的分配方式，具体为先按全村耕地面积和本村现有的农业人口计算出人均耕地面积，将其算作每人拥有的耕地“股份”，在每年收益进行分配前，根据人口的变化情况进行调整。对每户而言，增人（按政策规定的新生、迁入）必增股，减人（指死亡、迁出）必减股。股份分红形式为将土地经营利润的60%作为集体股红利，用于来年的生产发展基金；40%作为个人股红利，再从集体股和个人股的红利中分别提取10%作为以丰补歉的储备基金，专款专用；剩余90%的个人股分红利作为当年的股金分红，每年1月上旬向全村村民以现金的形式兑现。1999—2003年，参照土地的种植收益情况进行股份分配，平均每人每年分红50元左右。

除此之外，村级通过集体经济的强大力量和影响——通过村委会对宏富集团公司有土地和股权参与，实现了村民在企业产权的股份化中获益，保证了宏富集团公司的经营活动与村庄发展利益的一致性，确保了其经营利润对改善村民福利的供给机制。

2. 案例分析

“郑各庄现象”的成功实现，是土地流转为农民增收增益的典型代表，是城乡一体化中的智慧典范。通过对郑各庄的成功案例进行分析，主要得出以下启示：

第一，郑各庄村始终坚持以农民根本利益为本，不急功近利搞开发，不随意改变土地所有制性质，而是一切按照严格的规范流程，不仅保证了接受土地方的质量，确保农民能够从中稳定获益，还增加了农民对土地流转新模式的信心，推动了土地流转更长远的发展。

第二，建立完善的签约、登记、备案制度和土地流转规范流程，通过严格的审批和正规的程序，让双方都有法可依，有理可据，杜绝了私自的口头协议等随意形式导致农民利益的损失和土地流转管理的混乱，在合法有序的状态下推动土地流转制度稳步发展。

第三，创新土地流转模式，将土地租赁和农民入股相结合，并人性化的根据人口的变化情况对股份份额进行调整，先保证农民的基本收入后，通过激励企业更好地经营，不仅带动当地经济发展，还为当地农民带来更大的经济效益，通过储备基金的存备，专款专用，为企业和投资者提供了风险担保。

三、实践感悟与思考

（一）北京市土地流转的成效与问题

1. 北京市土地流转成效

一系列改革推动之后，北京市在促进土地规模经营、推进农业产业结构调整和创新土地经营方式等方面取得了重要进展。

（1）土地适度规模经营得以推广

截止到2012年，北京市单体经营规模在30亩以上的土地面积达142.7万亩，占全市确权土地总面积的30.6%。土地规模经营大大促进了生产效率的提高，2008年从事种植业的劳动力创造的产值已经达到人均3.2万元，比2004年提高了51.6%。

（2）土地经营方式大大创新

土地的流转促进了土地合作社的发展，农民将土地经营权委托给合作社，由合作社实行统一规划、统一经营、统一管理，农户按入社土地面积获取分红收益，有效地克服了农户家庭小生产和社会化大市场之间的矛盾，促进了高效农业规模化发展，延伸了农业产业链，促进了农业生产内部的分工，为农民提供更多的就业岗位和收入机会，使得农民在生产过程得益的同时也在加工过程、流通过程中得到增值收益。

（3）农民就业渠道拓宽

自2004年全市确权确地以来，流转出土地的农户累计2万多，这些农户除一部分在农业企业就业外，绝大多数劳动力专向了二、三产业。一方面提高了农业劳动生产率，另一方面也促进了农民工资性增收。据统计，乡村从业人员中，非农产业从业人员收入比重已由2004年的66.2%提高到2010年的81.3%；农民人均工资性收入从2004年的4358.3元提高到2010年的8007元，增长了83.7%。

2. 北京市土地流转问题

北京市农村土地流转总体上是稳定有序并取得长足进展的，但是通过到昌平区郑各庄的调研访谈发现，目前关于农村土地流转及管理等方面的纠纷仍占北京市各区县、乡镇土地纠纷中较大比重。从综合纠纷受理、来信来访等情况来看，北京市农村土地流转及管理中主要在以下几个方面的问题：

（1）土地流转规范尚不完善

调研得知，有些地区在招商引资过程中，疏于对接转方资信程度和经营能力的调查，导致土地无法开展正常的生产经营活动，甚至出现经营亏损，损害农民的土地流转收益。

由于土地流转规范的不完善，有些地方乡镇政府和村级组织不尊重农民意愿，直接充当土地流转主体，随意变更农民的承包合同，强迫承包农户集中流转，或者未经过民主程序，便将土地出租给本集体经济组织以外的单位和个人。还有承租方在租赁土地后擅自改变土地农用地的性质。一系列问题的出现，挫败了农民土地流转的积极性，损害了农民的利益。

（2）土地流转价格机制不健全，降低土地流转收益

采访得知，目前地方难以建立科学的流转价格增长机制，大多采取固定价格进行长期流转。如昌平区某村土地流转收益每年仅增长3元，微弱的调整使流转价格增长机制形同虚设。且一些历史遗留的大面积、低租金、长期限的大户承包和对外租赁合同的存在，使得中途解除合同的代价巨大，村集体经济组织需支付巨额违约金，因此他们只能维持现状，导致土地流转收益较低。

（3）农民“恋地情节”较为严重，规避风险的意识过强

据北京市委农村工作委员会2008年对3000户农民的问卷调查，在农民不愿流转土地的原因中，认为“除种地外没有别的工作”的受访者占问卷调查人数总数的48.8%；认为“虽然经常在外做工，但工作不稳定，想留个退路”的占30%。同时国家一系列惠农补贴政策的出台增加了务农收益，也降低了农民流转土地的意愿。

（二）推进和完善北京市农村土地流转的建议

1. 规范农村土地流转经营权管理机制和规范

充分发挥各级农村经营管理部门的组织协调作用，完善地籍管理制度，具体包括：对农村土地进行全面清查，确定土地的数量、

质量、位置、利用状况等，并根据土地的地理位置、肥力、产值收益等情况对土地进行分等评级和估价。在此基础上，整理和妥善保管各种地籍档案资料，完善产权登记流程，建立土地承包经营权流转纠纷调解机制。保证重新梳理后使得土地流转流程在清晰、有序的状态下运行。

2. 提高农民土地流转意识，进一步扩大土地流转规模

通过培育农村土地承包经营权流转服务中心，设立相关信息网站、评估机构、法律咨询机构、信息传导机构等，为土地流转参与者提供信息指导以及法律援助和支持，传播准确而全面的信息，转变农民的“恋地”意识。建立和完善良好的农村就业、医疗保险等保障体系，降低农民对土地的依赖性。

3. 积极创新探索适合当地发展的新模式

在进一步明确土地权属，确权到户，不超出承包合同相关规定下，鼓励农民依法进行土地承包经营权流转，支持农民采取转包、转让、出租、互换、入股以及其他符合法律法规规定的多种方式进行土地流转；鼓励工商企业积极投资，鼓励金融机构在符合信贷政策的前提下，为参与农村土地承包经营权的企业、农民及相关组织提供积极地信贷至此，带动城乡一体化进程。

参考文献：

[1] 彭五堂．马克思主义产权理论研究［M］．上海财经大学出版社．2008 年版．

[2] 黄冠华．北京城乡一体化发展进程的思考与分析［J］．北京农业职业学院学报，2013（5）．

[3] 胡登州，任玉玲，陈娟．北京市农村土地流转现状及规范管理研究［J］．北京农业职业学院学报，2012（1）．

[4] 贾哲．农村集体经济组织产权制度改革与我国城镇化建设关系初探［J］．现代商业 2013（1）．

[5] 李继业，刘超，周春雷．农村土地承包经营权的历史梳理

[J]. 中国公证2012（11）.

[6] 成素英，张秀兰，山东省城乡一体化进程中的土地流转问题与对策，中国农业科学 [J]. 2011（4）.

教师点评：

该社会实践关注了北京市在城乡一体化建设中的土地流转问题，指出其发展瓶颈所在，并积极探讨解决问题的思路；通过报告能够看出学生社会实践准备充分、扎实，进行了计划明确的深入实践；在行文方面，逻辑清晰，运用有力的数据对自己的调查结果和结论进行了阐述证明。

北京市城乡接合部改造前后青壮年非学生村民闲暇文化生活状况调查研究

——以重点村回龙观村为例

团队：Cgm 个人队
成员：陈国媚

一、实践方案

城乡接合部旧村改造是北京城乡一体化建设过程中的一个重要阶段，而旧村改造过程中，青壮年村民的闲暇文化生活建设也是城乡一体化建设中的一个重要方面。本文通过实地调研等途径了解北京城乡接合部重点改造村——回龙观村在改造前后青壮年非学生村民的闲暇文化生活状况，据此分析村子改造后青壮年非学生村民闲暇文化生活存在的问题以及原因并提出建议。

（一）实践背景

重点村城市化建设是北京市委市政府落实中央提出的城乡发展一体化战略，从北京现实出发做出的重大战略部署，目的在于实现经济发展转型、社会建设同步、体制深刻变革，彻底转变发展方式。北京城乡接合部的重点村，总面积约 85.3 平方公里，户籍人口 21.4 万，流动人口超过 100 万，曾被认为是“人口资源环境矛盾最突出，社会秩序最紊乱，利益诉求最复杂，城乡反差最明显”的地区。2010 年 2 月，北京市正式启动 50 个重点村的建设改造。重点村改造是以“政府主导、农民主体、政策创新”为思路，以

“调、拆、建、转、管”为任务，主要包含旧村拆除、建回迁小区、农村集体产权制度改革、转居和转移就业等。经过4年多的建设改造，截至2013年底，已有31个村竣工并陆续回迁。重点村村民回迁后在学习、生活和工作等方面都发生了很大的变化。本次社会实践调查正是在这样的背景下进行的。

（二）实践目的

经过这4年多的实践探索，城乡接合部城乡一体化实践是否实现了“安居、乐业、一体化”的预期改革目标？村民在居住上楼的同时思想是否也跟着“上楼”？旧村改造给青壮年非学生村民生活带来了怎样的影响？目前关于这方面的实地调查研究很少，本次实践期望能从一个小的侧面来回答这些问题。由于青壮年非学生村民的闲暇文化生活是反映他们精神生活和思想生活的一个重要方面，通过探讨他们在村子改造前后闲暇文化生活状况的变化，可以从一个侧面认识重点村改造对他们生活的影响。本次社会实践调查正是以“通过对青壮年非学生村民在村子改造前后闲暇文化生活状况的调查对比，分析存在的问题，并提出解决问题的相关建议”为目的进行的。城乡结合民众的闲暇文化生活质量的提高，对促进城乡接合部地区的经济、文化、政治等方面协调发展具有重要现实意义。

（三）实践内容

1. 调查对象、时间及地点

本次社会实践选取北京市50个重点村之一——回龙观村青壮年非学生村民作为调查对象，于2014年5月11日到回龙观新村小区对该村青壮年非学生村民的闲暇文化生活状况展开了为期一天的调查。

2. 实践方法

（1）QQ在线访谈

本次实践在前期准备过程中，除了阅读大量相关文献之外，还加入了回龙观村业主交流群，通过 QQ 采访个别回龙观村的村民，事先了解了回龙观村改造前后青壮年非学生村民的生活状况，包括住房状况、补贴状况和闲暇文化生活状况等，为制作具有实践意义的调查问卷打下了坚实基础。

（2）实地问卷调查法

本次社会实践还采用实地问卷调查法，通过深入到回龙观新村小区，向回龙观村青壮年非学生村民发放了50 份调查问卷。在村民填写调查问卷的同时，我还与他们交流，并做好录音记录。也正是因为我在村民填写问卷时与他们友好交流，绝大多数村民都认真填写了调查问卷，因此问卷有效回收率较高，达到96%。

（四）相关概念的界定

1. 城乡接合部

“城乡接合部”指兼具城市和乡村的土地利用性质的城市与乡村地区的过渡地带，又称城市边缘地区。与“城中村”不同，城乡接合部并没有被明显地说为是城市还是农村。

2. 回龙观村青壮年非学生村民

本文所指的“回龙观村青壮年非学生村民”指的是居住于回龙观村的土著青壮年非学生村民，年龄阶段为 19 至 49 岁。现在这些村民中绝大多数已经通过“村转居”变成居民，但在本文中仍将这些能分配到回迁房的青壮年非学生村民称为“回龙观村青壮年非学生村民”。

3. 闲暇文化生活

闲暇时间指除完成工作时间、满足生理需要所花费的时间以及承担家庭、社会义务的时间之外所剩余的可以自由支配的时间。本文中“闲暇文化生活”指的是在闲暇时间里进行的文化生活。

4. 村子改造前与村子改造后

在本报告中，“村子改造前”与“村子改造后”是以 2010 年底至 2013 年 3 月回龙观旧村改造为界限划分的。“村子改造前”选取“2008年—2010年”这一时期，“村子改造后”选取“2013年3月回迁后至今”这一时期。

二、实践过程

本次实践首先通过查找资料以及QQ聊天方式了解回龙观村的相关背景，然后再设计问卷进行实地调查。具体成果如下：

（一）北京城乡接合部重点改造村——回龙观村的相关背景

北京市回龙观村地处城乡接合部，户籍人口近4000人，是回龙观第一大村。近年来，随着回龙观地区扩建，有4万多外来流动人口在该村居住生活，回龙观村也由过去的农村变成了现在的城乡接合部。复杂的人口构成导致当地资源减少，社会秩序混乱，群众的居住环境越来越差。2009年，回龙观旧村改造被纳入市政府1000亿土地储备项目。2010年旧村改造规划公示，回龙观旧村改造回迁安置楼房计划于12月15日之前，全部楼房完成封顶。回龙观旧村改造小区，共建回迁安置楼17栋，其中最高28层，最低21层，实际盖房3282套，房子面积由70平方米到120平方米不等，用于回龙观村青壮年非学生村民回迁，人均回迁面积在70平方米以上。大多数家庭可以自住一套房，出租二套房，青壮年非学生村民还可以继续享受“瓦片经济”带来的实惠。①

回龙观村村民从2013年3月底就开始陆续回迁，全村761户2451人转为城市居民。据调查了解，村子改造使得几乎每个家庭都得到了上百万的补偿款，而多的达五六百万。调查中还发现，回龙观村在改造过程中，村民们在回迁房的分配、住房质量、拆迁费补贴等方面存在着较大的争议和不满。此外，改造使得本地青壮年

① “瓦片经济”指城市和农村的城乡结合区域，老百姓通过出租房屋，维持生计的一种经济方式。现在泛指以村本地人为主体的物业租赁活动。

非学生村民的生活，尤其是闲暇文化生活也发生了巨大的变化。

（二）回龙观村改造前后青壮年非学生村民闲暇文化生活状况对比分析

1. 村子改造前后青壮年非学生村民闲暇时间对比

村子改造后，青壮年非学生村民的闲暇时间发生了很大的变化。调查中发现（图 1），不论是在村子改造前还是村子改造后，回龙观村大部分青壮年非学生村民的闲暇时间在 4 小时以上，比例分别是 70. 83% 和 89. 59%。但是村子改造后，闲暇时间在 4 小时以下的青壮年非学生村民的人数明显减少，与村子改造前的 29. 16%（即 14 人）相比，现在只有 10. 41%（即 5 人）。闲暇时间在 4 小时以上的青壮年非学生村民由村子改造前的 34 人增多到现在的 43 人。由此可见，村子改造后，回龙观村的青壮年非学生村民的闲暇时间总体上明显增多了。

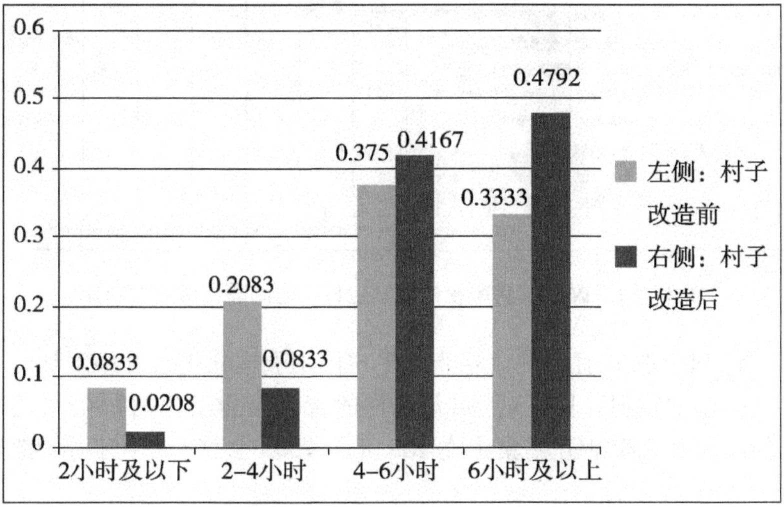

图 1　村子改造前后青壮年非学生村民闲暇时间对比

2. 村子改造前后青壮年非学生村民闲暇文化生活方式对比

闲暇时间是个人用来享受、娱乐、发展个性的时间。村子改造使得被调查的大部分青壮年非学生村民的闲暇时间增多，也给他们的闲暇文化生活方式带来了影响。从图 2 可知，不论在村子改造前还是村子改造后，遛弯、逛街购物、看电视、睡觉在回龙观村青壮年非学生村民的闲暇生活方式中都占有很大的比例。但与村子改造前相比，青壮年非学生村民的闲暇文化生活方式丰富了，平均每个人的闲暇生活方式较村子改造前增多了 0.375 项。① 此外，闲暇时间用于上网、逛贴吧（回龙观村吧）、聊 QQ 的人数明显增多。然而，村子改造后，闲暇时间用于邻里串门、村民闲暇和学习充电自己的人数显著减少。

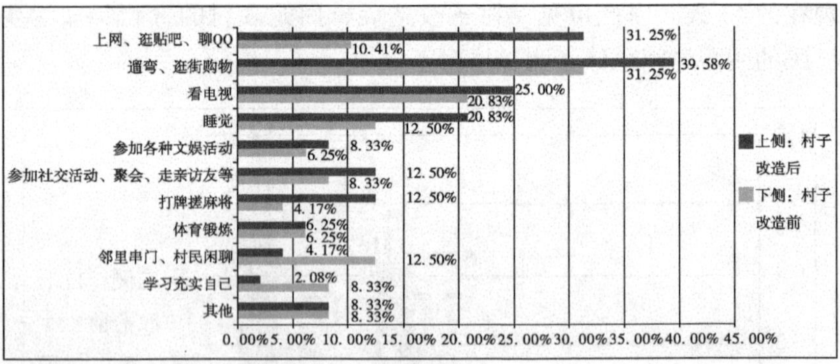

图 2　村子改造前后青壮年非学生村民的闲暇生活方式对比

3. 村子改造前后青壮年非学生村民闲暇文化生活开销对比

调查中发现（图 3），回龙观村的青壮年非学生村民的平均每月的闲暇文化生活开销集中在 100 元与 700 元之间，并且村子改造

① 48 份有效问卷中，选择的村子改造前的闲暇文化生活方式总共 64 次，村子改造后的闲暇生活方式总共 82 次。(82—64) ÷ 48 = 0.375。

之后，被调查的村民的闲暇文化生活开销总体有所上升，部分由300元以下转移到300—700元。每月闲暇文化生活开销在100元以下的青壮年非学生村民的人数降低了不少。闲暇文化开销增多的主要是19—30岁的青壮年非学生村民，并且从与他们的交流中得知，增多的开销主要用于逛街购物和上网花费。

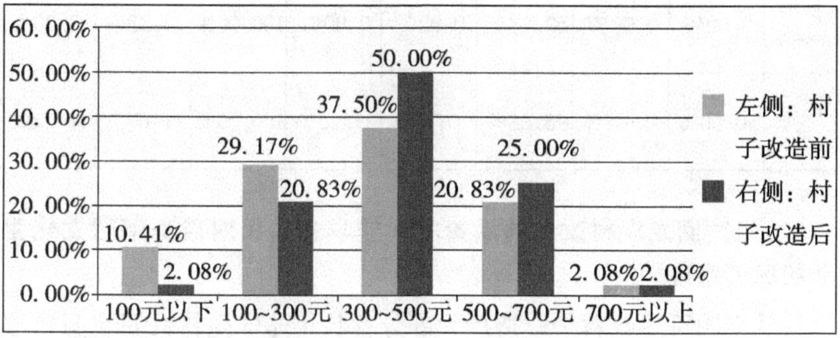

图3　村子改造前后青壮年非学生村民闲暇文化生活开销对比

（三）回龙观村改造后青壮年非学生村民闲暇文化供需状况

表1是回龙观村为村民提供的文化服务与青壮年非学生村民的需求比较。供给行的百分数是被调查村民中认为村子有提供相应服务或设施的人数比例，需求行的百分数是被调查村民中认为村子应该提供相应服务或设施的人数比例。据调查了解，回龙观村目前的确还没有图书室、报刊亭、网吧、电影院等，体育设施仅有乒乓球室，文化设施尚未比村子改造前有改善，而且村民们对这些设施的需求较为强烈。回迁后，回龙观村为村民的就业转型村民提供了不少技能培训和招工信息，但是一半多被调查的青壮年非学生村民对这些服务的需求并没有预期中的强烈。在与村民们的交流中我还发现，很多村民回迁后就业意愿不是很强。

表 1　回龙观村为村民提供的文化服务与需求比较

类型	图书室	报刊亭	体育设施	网吧、电子娱乐场所	电影院	广场、表演场所、文娱活动	技能培训	招工信息
供给（%）	0.00%	0.00%	52.08%	0.00%	0.00%	100.00%	83.33%	83.33%
需求（%）	50.00%	41.67%	95.83%	20.83%	31.25%	100.00%	41.67%	47.92%

（四）回龙观村改造前后青壮年非学生村民对自身闲暇文化生活状况满意度

从下图可知，村子改造后大部分青壮年非学生村民对自身闲暇文化生活状况满意程度上升。但仍然有不少村民认为自己的闲暇文化生活一般。此外，仍有部分村民对自己闲暇文化生活感到不满意。但是随着村子的改造，不满意的比例由 16.67% 降低到 4.17%。

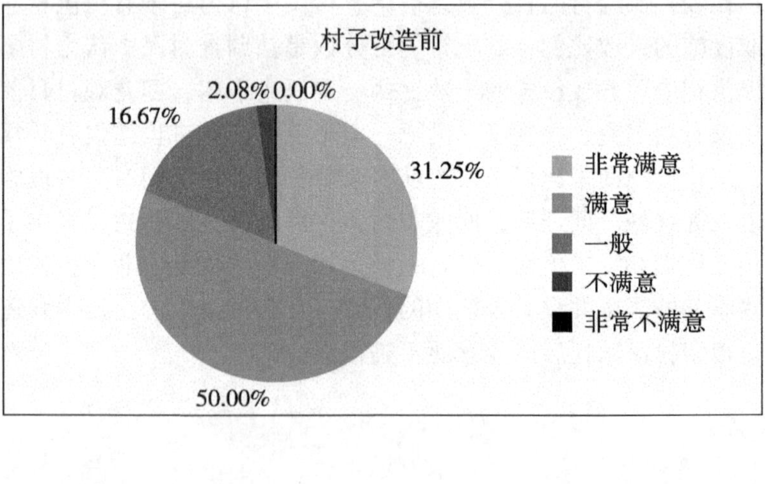

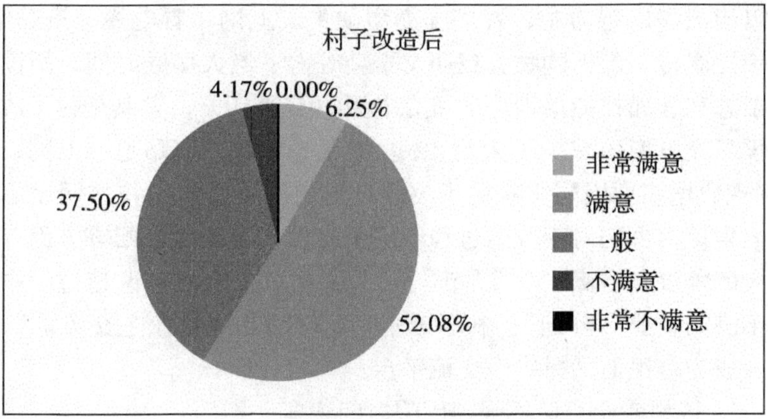

图 4　回龙观村改造前后青壮年非学生村民对自身闲暇文化生活状况满意度对比

三、实践感悟与思考

（一）回龙观村改造后青壮年非学生村民闲暇文化生活状况存在问题及原因探讨

1. 串门聊天减少，村民之间存在猜疑现象

从图 2 种可以看出，村子改造后，村民之间串门聊天现象有所减少。在与被调查村民聊天时发现，有些村民之间的感情关系较村子改造前冷淡，原因除了村子改造后大家的住房格局发生变化，导致原有邻居分散，还有一个原因便是村民们说的“村子改造过程中‘分赃不清’，部分村民与村领导之间关系不清”。不少村民认为安置房分配、补贴费发放等等都不够公开透明。这导致部分村民之间关系不甚友好，从而导致串门聊天现象的减少。

2. 闲暇文化生活质量较低

从图 2 种可以看出，回龙观村青壮年非学生村民的闲暇文化生活以消遣娱乐型为主，发展提高型缺失。上网、看电视、逛贴吧、打牌搓麻将、逛街购物、找朋友聚会等占了绝大多数时间，阅读报纸杂志和参加技能培训等学习充电型的不到10%，尤其是村子改造后学习充电型的减少了大约8%。据调查了解，逛贴吧、上网、聊QQ现象增多原因同样有村子改造过程中基层政府工作透明度不高的因素。村民们对于改造过程中房子质量、回迁房分配等方面存在较大的争议和不满，“回龙观村吧”是村民们在村子改造过程中发泄不满的重要“阵地”。村子改造后，“回龙观村业主交流群”建立，成为村民们的另一个交流平台。

3. 转型就业意愿不强，闲暇时间增多

据调查了解，村子改造后，部分青壮年非学生村民都很少工作，失业人数在被调查者中占20.83%，而且这当中大部分为“自愿失业”。当被问及原因时，他们的回答几乎一致，出租房收入已经够生活了，拆迁补贴费不少，何必那么累地工作呢？部分村民说想从事高端一些的工作，但是由于技能不匹配，而暂时无法就业。这些都导致了村民的闲暇时间增多，但是大部分村民并没有利用这些时间来充电学习。

此外，大部分村民的确比村子改造前富裕，除了每个家庭上百万的拆迁补贴费，出租房收入比改造前增加了很多，原来房子70平方米只能要1000元左右的租金，而现在新的70平方米房子每月租金能达到3000元以上。再加上补贴费用，青壮年非学生村民的就业意愿大大降低。但是也有部分村民认为自己“一拆回到解放前”，其中主要原因在于政府执行补贴发放等的不公平现象。

4. 闲暇文化设施与服务供给与需求不对称

从表1可知，回龙观村为村民提供的文化服务与设施与村子里青壮年非学生青年的需求并不匹配。总体来看，回龙观村闲暇文化设施与服务供给存在较大的缺口。

（二）改善回龙观村青壮年非学生村民闲暇文化生活状况的几点建议

1. 应加大基层政府工作的透明度

从整体来看，村子改造后青壮年非学生村民串门聊天减少、不少闲暇时间耗费在贴吧上抱怨，主要原因是由于回龙观村大队领导在安置房分配、补贴费发放上的工作透明度不够高。不少村民认为村领导在村子改造过程中贪污腐败现象严重、村领导没有照顾好村民们的利益。不少村民对“抓阄分房、公平补贴”存在怀疑。在回迁过程中，村子里发生过多次集体到村委会闹的事件。因此，要减少这些现象村委会的相关工作应该做到“公开、公平与透明”，这样才有利于减少村民不满的情绪，才有利于村民们放心地享受闲暇文化生活。

2. 加强基础闲暇文化设施建设和相关服务的提供

由于目前回龙观村只有一个中心广场、乒乓球室和展览室，很多青壮年非学生村民们闲暇时间要进行文化娱乐活动几乎都是到附近的北店家园小区，那里文化设施较为完善，但是这还是给村民的闲暇文化生活带来了不便。政府应加强基础文化设施的建设以及相关服务的提供，以满足村民们的生活需求。

3. 青壮年非学生村民应加强自身文化修养

回龙观村大部分青壮年非学生村民闲暇文化生活质量有待提高，应该更多地用于学习充实自己、体育锻炼等，以提升自身的文化修养，认识“坐吃山空”和再就业的重要性。把尽量多的闲暇时间用来主动参与健康的文化生活，并且提升自己的就业竞争力，在工作的同时过上高质量的生活。在这方面，回龙观村基层领导应做好相关的宣传与执行工作。可以通过讲座、宣传栏等形式来引导村民们思想观念的进步。

（三）总　结

北京城乡接合部重点村的青壮年非学生村民是个特殊的群体，

村子改造给他们闲暇文化生活状况带来了影响。总体来看，村民们的闲暇时间和闲暇文化开销增多了，闲暇生活方式丰富了。但是文化设施和服务不完善，而且改造也给回龙观村青壮年非学生村民带来了一些不好的影响。为此我认为应加大基层政府工作的透明度，加强基础闲暇文化设施建设等建议。

由于调查时间和个人能力有限，本次实践发放的调查问卷数量不是很多，导致所得结果的代表性有所降低，所得结论有可能不可靠。不过，在这次实践当中，我对回龙观村改造前后青壮年非学生村民闲暇文化生活状况有了较为深入的了解，这也促进了我对北京城乡一体化建设的进一步认识。对于毛泽东思想和中国特色社会主义理论体系在中国的实践也有了更加深入的认识。

参考文献：

[1] 董珂，孙心亮，缪杨兵等．“被动整治”到“主动提升”——北京城乡结合部发展策［C］．规划创新：2010 中国城市规划年会论文集，2010.

[2 李蓉，侯德丽．城乡接合部文化产业发展的路径选择[J]．兰州大学学报，2010（2）．

附录：回龙观村改造前后青壮年非学生村民闲暇文化生活状况调查问卷

尊敬的各位居民朋友：

您好，为了解回龙观村改造前后村民闲暇文化生活状况，进一步认识和探讨北京城乡一体化建设过程中重点村的改造给民众生活带来的影响，我们现在正在进行一个关于回龙观村村民的闲暇文化生活状况的调查，衷心感谢您的支持和协助！

说明：“村子改造前”指“2008 年—2010 年”；“村子改造后”

指“2013年3月回迁后至今”。

1. 您____回龙观村本地村民。

A. 是　　B. 否

选A——请继续填写问卷；选B——结束问卷

2. 您的学历

A. 初中及以下　B. 高中　C. 大学及以上

3. 您的年龄

A. 16岁以下　B. 17—30岁　C. 31—50岁　D. 50岁以上

4. 您目前从事的职业：

A. 学生　B. 党政机关　C. 农民　D. 商人

E. 专业人士（如会计师、律师、建筑师、医护人员、记者、工程师等）　F. 无业/待业　G. 退休　H. 其他

5. 村子改造前，您每天的闲暇时间____？村子改造后？____

A. 2小时及以下　B. 2—4小时　C. 4—6小时　D. 6小时以上

说明：闲暇时间是指全部生活时间减去必需的生存时间（吃饭、休息等）和必要的工作时间（上班、家务等）之后的可自由支配的时间。

6. 村子改造前，您在闲暇时间主要做________（可多选）；村子改造后呢？

A. 遛弯、逛街购物　B. 学习充实自己（如参加辅导班或培训班、阅读报纸杂志书籍等）　C. 邻里串门、村民闲聊　D. 看电视　E. 上网、逛贴吧、聊QQ　F. 参加社交活动、聚会、走亲访友等　G. 参加各种文娱活动　H. 睡觉休息　I. 打牌搓麻将　J. 体育锻炼　K. 其他

7. 村子改造前，您每月平均用于闲暇文化生活的花费是多少______？村子改造后？______

A. 100元以下　B. 100—200元　C. 200—300元

D. 300—400 元　　E. 400 元以上

8. 您的闲暇生活地点一般在哪里？

A. 自己家　　B. 学校、单位等　　C. 广场、公园等

D. 社区活动中心　　E. 其他

9. 您村子改造前的文化娱乐设施有＿＿＿＿＿＿；改造后有＿＿＿＿＿＿（可多选）

A. 图书馆、书店　　B. 健身房　　C. 网吧　　D. KTV

E. 公园、花园、广场等　　I. 其他

10. 村子改造前都有哪些文化活动＿＿＿＿＿＿？村子改造后呢？＿＿＿＿＿＿

A. 节庆活动　B. 民俗活动（如集会）　C. 文艺演出

D. 体育活动　E. 艺术展览

F. 群众性文体活动（如广场晨练、跳交谊舞、广场舞等）

G. 劳动技能比赛　H. 书画比赛　I. 其他

11. 您希望村子加强建设或提供下列＿＿＿＿＿？（可多选）

A. 图书室　B. 报刊亭　C. 体育设施

D. 网吧、电子娱乐场所　E. 电影院

F. 广场、表演场所、文娱活动　G. 技能培训

H. 招工信息　I. 商场

12. 您对于村子改造前自己闲暇文化生活＿＿＿？对于村子改造前自己闲暇文化生活＿＿？

A. 非常满意　B. 满意　C. 一般　D. 不满意　E. 非常不满意

13. 村子改造后，对于您家庭得到的拆迁费等补贴，您满意吗？（　　）

A. 非常满意　B. 满意　C. 一般　D. 不满意　E. 非常不满意

14. 村子改造前，您的家庭收入来源有＿＿＿＿＿（可多选）；改造后您的家庭收入来源有＿＿＿＿＿

A. 工作收入　　B. 种田收入、畜牧收入

C. 房租收入　　D. 补贴收入

E. 理财收入（炒股、投资房子等）

F. 其他收入________（请写一下吧）

15. 村子改造后，您的家庭收入增多（或变少）的原因是____________

非常感谢您能在百忙之中抽出宝贵的时间配合我们的调查，祝愿您的生活越来越美好！

教师点评：

该社会实践选择调查“回龙观村改造前后青壮年非学生村民闲暇文化生活状况”，非常新颖、独特，富有创造性；调查准备充分，调查过程周到、扎实，其中还有一大亮点在于不仅运用了传统的问卷调查法，还通过 QQ 等社交工具来实现信息的搜集。此外，报告图文并茂，逻辑清晰，较好地展示了调查成果。

北京市昌平区基础公共卫生服务状况调研

——基于城乡一体化建设的视角

团队：心系民生

成员：陈　阳　李公达　刘甫钧　李斯昊　任镜桥　崔　煜
　　　翟　晋　杨　惟　柯黄松

一、实践方案

（一）实践背景

1. 二元格局亟待打破，城乡一体应运而生

改革开放30年以来，我国经济社会取得了举世公认的伟大成就，为我国现代化建设提供了坚实的基础。但是长期以来由于历史、体制、观念等多方面的原因，我国形成了典型的城乡二元社会格局，造成我国城乡之间差距过大、发展不协调等问题。因此，打破城乡分割、促进城乡协调发展、实现城乡一体化是我们现阶段特别是全面建设小康社会的迫切要求，也是我国建设社会主义新农村的重要前提。

2. 前进中的城乡一体化

我国的城乡一体化理论的提出和发展大致经历了三个时期：一是改革开放后到80年代中后期，是城乡一体化的提出与探索阶段；二是80年代末期到90年代初期，开始对城乡边缘区进行研究；三是90年代中期至今，是城乡一体化理论框架和理论体系开始建立，研究内容日臻完善时期。

我国城镇化率在1998年首次超过30%，到2011年已经超过50%，13年里平均每年提高约1.5个百分点，预计到2020年达到60%，到2030年达到70%，我国实现城镇化的时间估计约30年，考虑到我国拥有世界上最大的城镇化规模，我国城市化的速度已经处于世界领先的水平。

3. 关注公共卫生政策　一体化建设进行时

促进基本公共卫生服务逐步均等化，是我国《医药卫生体制改革近期重点实施方案》明确提出的2009—2011年五项重点改革之一，其目标就是保障城乡居民获得最基本、最有效的公共卫生服务，缩小城乡居民基本公共卫生服务的差距，使广大城乡居民不得病、少得病。

新医改实施以来，我国各级政府全面落实向城乡居民提供基本公共卫生服务的基本职责，基本公共卫生服务的政府投入标准逐年提高，国家规定的人均基本公共卫生服务经费标准2009年为15元，2011年增加到25元。除个别省份外，绝大部分地区已达到或超过这个标准。

同时，公共卫生服务体系也进一步健全。2010－2011年，中央投入88.3亿元，支持了544所精神卫生防治专业机构建设。2011年，中央投入56.2亿元支持2150个县级卫生监督机构和能力建设；投入42.9亿元支持县级妇幼保健院能力建设；投入8亿元支持结核病、职业病、麻风病及市级急救能力建设；投入16.4亿元支持农村急救体系建设。

现阶段我国基本公共卫生服务均等化的实施，主要是保障城乡居民获得最基本、最有效的基本公共卫生服务，缩小城乡居民基本公共卫生服务提供与获得的差距，使城乡居民都能享受到公平可及的基本公共卫生服务。

而我们本次进行的实践，就是以北京的昌平区为样本，随机选取基础公共卫生服务中心进行走访，实地对昌平区的基础公共卫生服务水平进行调研。

（二）实践目的及意义

1. 感受城乡一体化进程走进民众调查现状

借本次实践的契机，我们走入社区，来到百姓身边，实地调查基础公共卫生服务状况，并借此感受城乡一体化在人民生活中所带来的影响。

2. 提升社会实践能力探究基础卫生服务实情

我们采取问卷和访谈结合的方式，对基础公共卫生服务在实施中存在的问题进行关注，对于国家新出台的为百姓着想的政策进行大力度深入的宣传，并纠正在群众心中普遍存在的误解，解答他们在基础公共卫生服务方面的疑惑。

3. 留心可能的问题　学以致用献计献策

当现实情况与政策原始的设想冲突的时候，我们可以通过对于矛盾的了解，发掘潜藏在其中的问题，并针对问题，通过我们对于社会实际情况的了解和对数据的分析，为基本公共卫生服务实施中存在的问题提供合理可行的解决方案。

（三）实践方案

本次实践的实施流程如下图：

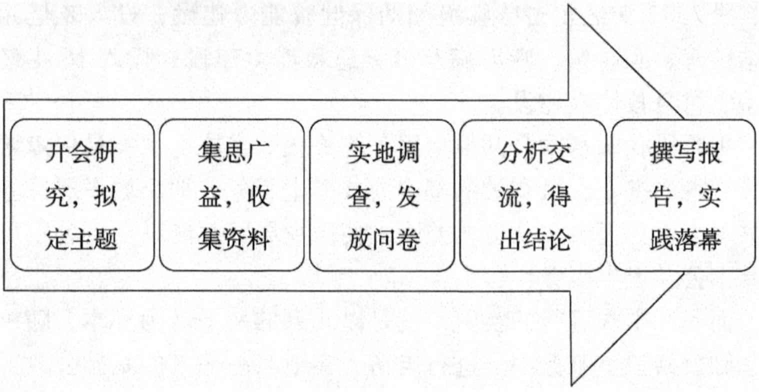

二、实践过程

（一）开会拟定主题

经过最初的讨论，我们决定把焦点集中在贴近民生的基础公共卫生服务状况上，而因为学校地处北京市昌平区，属于城市近郊，故基于城乡一体化建设的大框架来研究这个问题，具有便利的条件。于是，主题便确立为“基于城乡一体化建设的北京市昌平区基础公共卫生服务状况分析”，最后调整为“北京市昌平区基础公共卫生服务状况调研——基于城乡一体化建设的视角”。

（二）收集有关资料，设计问卷

首先由于一些成员对于城乡一体化以及基础公共卫生等概念较为模糊，我们上网查阅了大量有关的解释和分析。随后我们根据网上已有资料，对昌平区一些乡镇的经济发展状况、人员状况、地理位置有了大致的了解，进而随机选出昌平区南邵社区医疗服务中心等几处地点作为实践地点。最后，根据资料我们设计了一些能反映真实公共卫生服务状况的问题，设计出了问卷。

（三）发放问卷和访谈调查

为了对基础公共卫生服务有充分的认识，我们随机走访了昌平区的几处卫生服务机构，并以卫生机构为中心向四周辐射，随机选取看病的患者和居民发放问卷。

在发放问卷的过程中，我们赶上了初夏的几次高温，虽说没有盛夏的闷热，但烈日高阳的灼烧的确为我们的工作增添了难度。我们一行人，为了得到更加可靠的数据结果，为了保证问卷的质量和数量，在阳光下，一题一题指点路人填写。过程中也会因为一遍一遍重复着同样的话变得焦躁不耐烦，也会因为顾不上喝水和天气的炎热变得口干舌燥。但是，我们依然坚持直至发完最后一份问卷。

除了问卷的发放，我们还以南邵基础公共卫生服务中心、南邵姜屯公共卫生服务站等几处公共卫生服务中心为样本对医务人员进行了采访。在采访中，我们对于许多问题有了更加深入的了解。

（四）统计分析得出实践的成果

校外的实践结束后，我们回到学校，根据手中的问卷以及采访得到的信息资料，在第一时间展开研究分析。

1. 居民健康档案

在本次社会实践中，对于健康档案部分的调查，我们有效回收的问卷共有 314 份。

在调查对象中，男性占 38.22%，女性占 58.28%，因未填写造成的缺失 11 例。从统计结果来看，仍有相当一部分居民没有听说过健康档案。在调查过程中我们也发现，许多居民不能很好地区分医疗保健卡和社会保障卡，这反映了民众对于和自己关系很大的医疗服务缺乏清楚的了解，重视程度也不够。

在听说过健康档案的人群中，拥有健康档案的人数为 128 人，占69.95%。据我们了解，一般来说，接触过健康档案的居民都会选择建立健康档案，尽管多数人对健康档案在改善居民健康状况的作用并没有太大感受。

对于接受过健康档案相关服务的居民，我们进一步调查了他们对相关服务的满意程度。在给出评价的居民（125人）中，56.00%的居民对健康档案的服务感到满意，36.80%民众认为一般，5.60%的民众认为不满意。尽管在随机进行的访问中我们发现，绝大多数居民只是被动地接受公共医疗卫生服务，而并不清楚这些服务的来龙去脉，也不觉得这些档案发挥了多大程度上的作用，但由于基础医疗卫生工作者的服务态度等多方面的因素，大多数人还是对这项服务相当满意的。

2. 健康教育

69.6%的受访者没参加过健康教育活动，这一比例相对较大。在问卷和访谈过程中，我们了解到，大多数上班族由于工作繁忙，没有时间参加健康教育。

在参加健康教育的人群中，大部分人认为健康教育活动频率一般，这部分人群占到受访者的45.6%。认为健康教育进行很少的人群占到了26.7%。认为频率很高的和不了解的人群分别占到了20.0%和8.9%。根据这些数据，健康教育活动进行的频率相对合适，但是还需要加大健康教育的宣传力度，让更多人了解健康教育的重要性，从而提高健康教育参与的人数。

在评价健康教育活动方面，仅有3.5%的人对健康教育活动不满意，而对此感到满意和一般的分别占受访人数的44.7%和51.8%。

3. 儿童孕产妇健康管理

（1）儿童部分

总的来说，大部分基础公共卫生服务中心（站）对于儿童的服务是较为令人满意的。70%以上的0～6岁儿童选择到基础公共卫生服务中心（站）接种疫苗，这体现了服务中心（站）较大医院相比的便利性优势。

45%的家庭表示没有产后新生儿的访视。孕产妇的产后访视工作有时是与新生儿访视同时进行的，这两方面的工作都有待加强。

（2）孕妇部分

受访者中有171位（或其家人）孕育过孩子，因此她们对基础公共卫生服务中心（站）给孕妇提供的服务较为了解。

根据统计结果，大约61.1%的受访者清楚基础公共卫生服务中心（站）建立了《孕产妇保健手册》，而约17.4%的人不清楚是否建立。接收到孕产妇产后寻访频率达到每两个月一次标准的仅有42人，占总人数的25.6%。这项服务是基础公共卫生服务中心（站）的医务人员前往孕产妇家中进行的，主动方不是孕产妇，因此应该不存在孕产妇主观不愿接受访视的问题。这表明，基础公共卫生服务中心（站）在这方面的工作缺乏实际行动。

4. 老年人健康管理

这一部分调查针对65岁以上的老人。在受访者中，有110位参与者家中有或者自己是65岁以上老人。

我们看到，对于65岁以上老人是否接受过社区服务中心的身体情况调查这一问题，仅58.18%的人表示接受过，这表明对于65岁以上老人所应进行的身体情况调查落实的还不够到位。体检频率方面，仅36.5%的人能够获得每年一次体检的标准。

此外，老年人对于社区服务中心满意的满意率为47.06%，有38.23%的老年人认为社区服务中心的服务一般。

5. 糖尿病患者管理

实践中，针对糖尿病部分，在有效样本中，患有糖尿病的占调查样本的15.76%。国际糖尿病联盟在2011年7月发布了中国糖尿病发病率数据，为6.7%。我们在北京随机调查所得到的数据之所以会比中国整体数据高出一倍多，原因大致是：我们调查的人群以中老年居多，青壮年由于工作原因，很难出现在我们的调查中。而糖尿病属于慢性疾病，在中老年人群中发病率远高于青年人群。

在这些人中，接受过基础公共卫生服务中心免费空腹血糖检测的人约占48.28%。部分糖尿病患者家中会备有血糖检测仪，这样自己可以随时在家里检测血糖，就不用到专门基础公共卫生服务中心去了。

在对血糖检测工作满意度情况的调查中，满意率仅为37.93%，说明在社区卫生工作中，对糖尿病一类慢性病仍应该投入更多的精力。

6. 高血压患者管理

高血压部分的问卷回收254份，作废4张问卷。有效问卷为250份。80%的受访者在35岁以上。在我国的十项基本公共卫生服务中，高血压患者健康管理服务是针对35岁及35岁以上原发性高血压患者。因此，高血压检查服务也只是针对35岁及35岁以上的人群。在35岁以上的人中，有187位进行了有无高血压问题的作答。其中，45.5%的人有高血压。

在85名有高血压的人中，76.9%的人没有到公共卫生服务中心进行每年四次的高血压随访工作。这一比例超出我们之前设想的数字。在我们进行问卷调查中，大多数的人并不知道每年的高血压随访工作。这一问题出现的一个原因可能是当地基础公共卫生服务中心没有做好宣传工作，导致一些人并不清楚高血压随访工作的重要性和这一工作对自身健康产生的良好影响。另一原因可能是基础公共卫生服务中心（或站）没有足够的医务人员。

7. 重性精神病患者管理

从统计结果上看，人们对社区卫生医疗服务机构关于精神病的服务不够了解。在调查过程中，群众反映基础公共卫生服务机构对于精神病患者的治疗现状尚不满足需求，也无法提供有力的技术支持。

60%的民众表示虽然基础公共卫生服务机构可以提供这类服务治疗，可据了解都无法落实到国家标准的服务水准。为什么会出现这样的状况，原因就在于技术和经济支撑不够坚固。看小病的时候图方便省路程，会选择去社区医院，可是有了大病时，大家都不敢相信社区卫生站的治疗效果。

8. 传染病及突发公共卫生事件报告和处理

群众对基础公共卫生服务站传染病治疗方面认识程度有限。在我们的调查对象里，有47%的群众不了解基础公共卫生服务站关于传染病方面的治疗。

31%的民众反映基础公共卫生服务中心和基础公共卫生服务站并没有涉及该类需求，而7%的民众反映社区卫生医疗服务站有这方面的预防和治疗，可接受到有效治疗的则少之又少。这都说明社区卫生医疗服务机构对于传染病的预防治疗没有形成一定的体系。

三、实践感悟与思考

（一）问题发现

在本次实践中，我们通过问卷调查与访谈相结合的研究方法，在将问卷数据分析并获得相应总结后，将问题汇总，发现在基础公共卫生方面的问题如下：

1. 总体卫生资源不足，城乡资源配置不合理

我国总体卫生资源水平和发达国家相差甚远，在基数上我国的基本公共卫生服务仍有长足的进步空间。其次，我国公共卫生医疗水平资源配置不合理，农村、偏远、贫困地区问题更加突出。据相关数据显示，我国的卫生资源城市占80%以上，农村仅占20%以下，可见存在较大差距。

2. 基本公共卫生医疗服务系统结构不完善

我们的整个实践以北京昌平的公共卫生服务为着眼点，工作人

员的学历基本满足本科以上，却少有研究生，罕见博士生。可以想象，在偏远地区，该行业的学历整体水平必然比这低得多，高素质人才在现实的压迫下都不太愿意进入这个高付出低回报的行业。公共卫生从机构到功能都极其薄弱，队伍整体素质有待提高。尤其是在结合城乡一体化建设这一重大改革背景之下，为农村引进更多素质高的医务工作人员是极其重要的。

3. 居民健康档案的实用性在城乡之间差异较大

居民健康档案是基本公共卫生服务机构为在该地区的常住人口办理的电子化健康档案，主要是对居民的健康情况进行管理，方便其就医。在昌平区的医院，类似于健康档案一类的健康电子卡应用都很广泛，居民第二次去就医时，医生是可以方便查到病人的所有情况的。但是在乡镇的社区卫生服务中心，这方面工作还有待进一步提高。

4. 慢性病患病率仍持续快速升高，公共卫生服务和居民健康知识知晓率较低

根据卫生部公布的第4次国家卫生服务调查结果，在过去的十几年间，平均每年新增近1000万例慢性病病例；北京市25岁以上居民高血压患病率超过25%，15岁及以上居民糖尿病患病率超过7.7%；居民精神卫生状况堪忧。在当代，抑郁障碍、自杀及精神疾病、精神病患者肇事肇祸屡见不鲜，这已成为我国重要的公共卫生问题和社会问题，而我国精神卫生防治人员严重匮乏，技术极不完善，防治机构和功能都极其薄弱，重症患者住院治疗后，缺乏社区康复训练，诸多因素导致无法延续和巩固治疗效果。

（二）思考与建议

小组成员对以上发现的问题进行了积极的思考，并在小组讨论后试着给出了如下用来加强基础公共卫生服务的政策性建议：

1. 完善城乡公共卫生服务体系的建设

进一步完善公共卫生服务体系，实行公共卫生服务城乡一体

化。定期开展公共卫生宣传教育工作，让居民们能够系统地了解公共卫生知识，积极主动参与公共卫生服务体系建设。健全公共卫生事件应急机制。修订完善各项卫生应急预案，健全应急处置机制、工作规范和技术方案。组织应急培训和演练，配置必要的医疗急救、应急处置所需的器材、车辆和通讯等设备设施，提高突发公共卫生事件应急处置和医疗救治的能力。以提高医疗质量为核心，强化医院管理。成立医疗质量管理督查组，定期不定期检查各医疗机构医疗质量。切实抓好“医疗质量评价”工作，建立医疗质量与医疗安全监控体系，定期发布医院医疗质量信息。健全并完善公共卫生服务项目，应尽快建立居民基本卫生安全保障体系，形成一个完整的公共卫生服务体系。

2. 与时俱进，完善社区卫生服务的配套政策和保障措施

加快落实中央、省、市的现行政策，调整医疗和卫生收支结构，结余的部分用来扶持社区卫生服务发展。进一步完善社区公共卫生服务的补偿政策，采取措施增加社区卫生服务机构建设的专项经费，有关部门要制定相关收费标准，按合理成本实行点额预付，适当降低报销起付标准来提高报销比例，真正使老百姓得到实惠。医保服务要更加的健全完善，对于一些常见病、诊断明确的慢性病引导到社区，努力缩小大医院和基层卫生服务机构在医疗方面的差距，赢得城乡公众的信任，以此来保障基本公共卫生服务事业的城乡共同可持续性发展。

3. 改革公共卫生服务保障体系，进一步提高城乡医疗卫生队伍素质

由编办组织、卫生行政部门协调，修订公共卫生服务机构中人员编制和结构标准，并建立适应发展的调整机制；制定优惠政策，拨付专项经费，大力引进急需的学科带头人和公共卫生专业技术骨干，包括农村公共卫生实用型人才；提高公共卫生人员培养的实效性和针对性；变革公共卫生服务队伍的薪酬制度，建立薪酬增长机

制、公共卫生服务岗位津贴制度等有效的激励与约束机制。

加快公共卫生医务人才队伍建设，进一步深化人事分配制度改革，建立和完善绩效考评体系，充分调动广大公共卫生人员的工作积极性；培养和引进公共卫生服务人才，不断提高科技创新能力和服务水平。从而加快推进统筹城乡卫生事业改革发展，努力在西部率先建立起覆盖城乡居民的公共卫生服务体系，切实保障全市城乡居民均衡享有安全、便捷、高效的公共卫生服务。为提高卫生人才队伍素质，稳定卫生人才队伍，应主要做好以下几个方面：

（1）加强人才培养，定向为农村培养用得上、留得住的适用人才。在农村工作的医务人员，应当全面接受全科医学学历教育或知识转型教育，全面提升其医疗服务技术水平。

（2）制定优惠政策特别是经济政策，以达到吸引人才、留住人才的目的。努力改善农村医务人员的工资待遇和福利水平，落实好省政府关于乡镇卫生院人员社会养老、基本医疗保险的政策，解决好他们的后顾之忧，安定人心，稳定队伍。研究制定农村卫技人员在专业技术职务晋升方面的优惠政策，鼓励和支持医务人员扎根农村、服务农民。

4. 建立健全城乡社区基本公共卫生服务网络，普及基本公共卫生服务，适时扩大服务范围

建立有效的村卫生室和社区卫生站医生增补机制和人力资源培训机制，加快“乡镇区域医疗中心”建设进程，以保障人人享有基本水平的基本公共卫生服务。在此基础上实施非传染性慢性病综合管理、农民健康管理、精神病患者管理、农村居民白内障患者免费复明工程、降低流动儿童计划免疫漏种率等项目，切实提高城乡居民所能享有的基本公共卫生服务水平。

5. 加大财政投入，调整投入结构

宏观上应明确国家、社会、个人的支出比例，切实起到对基本公共卫生服务的宏观调控作用。从 2010 年到下一个“五年计划”

结束，政府可将卫生支出长期占财政支出的3—4%，逐年快速提高至7—8%，公共卫生、农村卫生等基本公共卫生的分配比例应提升至55%，以确保各项基本公共卫生服务项目运行经费，促进公共卫生服务工作的可持续发展。总之，国家和政府应该平衡城乡公共卫生服务经费的分配。

（三）实践感悟

1. 任静桥：《毛泽东思想概论和中国特色社会主义理论体系》课程实践的过程就是在不断地面对问题，又不断地解决问题的过程。我们一起开会讨论实践问题，商讨实践地点，为设计问卷出谋划策；在这个过程中，我感受到不同组员各自的特点，不过他们都有一个共性，那就是负责认真，积极向上，给我带来团队归属感。我很珍惜和我们小组同学一起工作的日子。

另外，这次实践活动让我不仅从内心深处意识到基本公共卫生医疗服务的重要性，还从外化方面让我明白了基本卫生服务中心在城乡化建设的过程缺乏人才的严峻现状。只有众多才子愿意去奉献自己投身于社会公共卫生医疗服务体系，才能使我国该方面的问题得到有效的改善。

2. 柯黄松：本次实践给我提供了一个去了解我所生活的环境的契机。借着这次机会，我们小组九人对我们生活的昌平区的卫生状况做了一个全面而深入的了解。通过走访卫生院我们了解到原来在偌大的北京原来还有那么的一些地方，这些地方的基础设施很落后，公共卫生设备很匮乏。不禁想到，一个小小的北京，不同地方的差距就这么大，那么就全国而言，差距该是多少呢？所以希望我们的政府加大基础设施建设的力度。特别是像卫生服务这些关乎生命的领域。

3. 李公达：有些事情不去了解，可能永远都不会知道。有些地方不去走走，可能永远都想象不了。社会很大，而我们日常生活接触的范围太小，能看到的更小。走出自己的小圈子，看看象牙塔外的东西，这才是我们大学生该做的。

参考文献：

1. 蔡源益，吴华章. 基本公共卫生服务均等化对补偿机制的影响研究［J］. 中国卫生经济，2012，31（7）：47—49. DOI：10.3969/j. issn. 1003—0743. 2012. 07. 015.

2. 龚超. 天津市基本公共卫生服务均等化实证研究［D］. 天津医科大学，2013.

3. 韩洁，罗沙. 今年起城乡居民将免费享受基本公共卫生服务——解读中央财政下拨基本公共卫生服务补助资金 104 亿元［J］. 北京农业，2009，（23）.

4. 陈丽洁. 天津市卫生改革与发展的政策分析［D］. 天津医科大学，2012.

5. 王红辉. 当代中国城乡一体化研究［D］. 山东师范大学，2008.

6. 王峦. 基于均等化视角的上海市社区公共卫生服务投入研究［D］. 复旦大学，2012.

教师点评：

建设中国特色社会主义现代化，实现城乡一体化是我们面临的重要战略任务。在《毛泽东思想概论和中国特色社会主义理论体系》课程的社会实践环节中，陈阳小组根据我国未来城镇化的发展战略，以城乡公共卫生服务状况为视角，进行了社会调查实践。他们认真研讨确定了实践主题，围绕主题选取了城镇化中公共卫生服务的视角，结合所学专业，拟定了实践方案；按照方案他们有针对性开展了实地调查，包括问卷、走访、资料数据收集等，之后做出了统计和分析。通过对昌平区城乡公共卫生服务状况的实际调研，他们真切地了解了城乡存在的显著差距，从而进一步理解了未来城乡一体化的艰巨性，增强了作为未来建设者的责任意识。同时在社会实践过程中，他们运用所学的专业知识，用统计的方法和数据对城乡差距进行了实际对比，也很好地促进了课堂理论和社会实际的有效结合。

城乡一体化背景下“村改居”社区多元治理过程中党组织角色的探究

——以三个典型的小区为例

团队：Seven - Up

成员：吴　园　韩宗珊　卢明碧　葛野嫣然　陈灏文　马米琪

邹家雯　张　惺　徐天悦

一、实践方案

（一）实践背景

改革开放以后，随着经济的发展，我国进入了由传统的农村社会向现代城市社会快速转型的城市化进程，国家“十一五”计划把“城乡结构调整，促进城乡一体化”作为我国经济结构战略调整的重要内容之一。在实现城乡经济互动政策的推动下，各地区开始了具有地区特色的城乡一体化改革，并且在改革过程中慢慢摸索出一条“三改一化”的改革方式。“三改一化”即：农改非、村改居、村集体经济组织股份制改革。其中，“村改居”是统筹城乡发展，推进城乡一体化的切入点。

随着城市化进程的不断加快，城市规模不断扩大，许多农村的土地大部分被征用改为城市建设用地，在地理上被纳入了城市的空间范围，成为具有中国特色的“城中村”。另一方面，随着产业结构的调整，城市边缘的农村渐渐由传统的农业向第二、三产业转变，村民的生产、生活方式等方面也已实现了高度的城市化。虽然这些地区农村居民也变成了城市居民，但由于在城乡一体化过程中缺乏对农村自治组织结构的变革，使得这部分“村”仍然是“村建制”，实行村的管理方式，但原有的管理方式已经不能适应经济的发展，为了适应城市化发展，必须把原来的农村当作新的城市纳入到城市管理之中，由此便引出了“村改居”这一改革方式。“村改居”就是根据《中华人民共和国城市居民委员会组织法》将原先处在城市的边缘、现在已经纳入城区管理范围的村民委员会以及县（市）机关所在地、乡镇所在地的村民委员会改成居民委员会，实行城市社区的管理方式，在政治领域实现农村向城市的转型。

当前，我国的“村改居”主要有如下三种形式：一是将整个村直接转变成为社区；二是将若干个村合并为一个社区；三是村居合并，以村的整体或部分为主体与周边的居民小组合并，或者以居委会为主体合并旁边的村民小组。从表面看，这是居民自治管理在名称和管理区域上的转换，实质上则是城市社区管理体制的转换。我国“村改居”工作大体上是从20世纪90年代开始进行的，由于开展的时间较晚，发展仍未成熟。“村改居”是一个十分复杂的社会问题，社区组织治理面临着管理体制变动、机构职能改变、人员身份适应等一系列问题。

（二）目的和意义

1. 了解北京城乡一体化进程中“村改居”社区现状

我们的研究以北京为重点，“村改居”的成功与否侧面反映了现在北京城乡一体化的成功与否。目前对于北京“村改居”问题的实地研究还很少，此次实践不仅能帮助我们真正了解北京的城乡一体化进程，并且能够深入了解“村改居”社区的真实情况，发现现在北京“村改居”存在的问题，以及在此过程中党支部所扮演的角色。

2. 针对党支部在“村改居”社区建设和管理过程中的职能缺失现象，提出建议

通过查阅资料我们发现党支部在“村改居”实现后新的居民自

治组织中并没有发挥应有的作用。党支部作为居民自治的主要管理组织之一，应该起到“上传下达”的作用，对上反映民情，对下传达党组织的重要指示，应该全心全意为人民服务。但现实是党支部在这一过程中只履行了“下达”的职能，在反映民意方面出现了职能缺失的现象。所以我们希望通过这次研究能够对党支部在“村改居”社区建设中明确自己的职能提出建设性的建议。

（三）实施方案

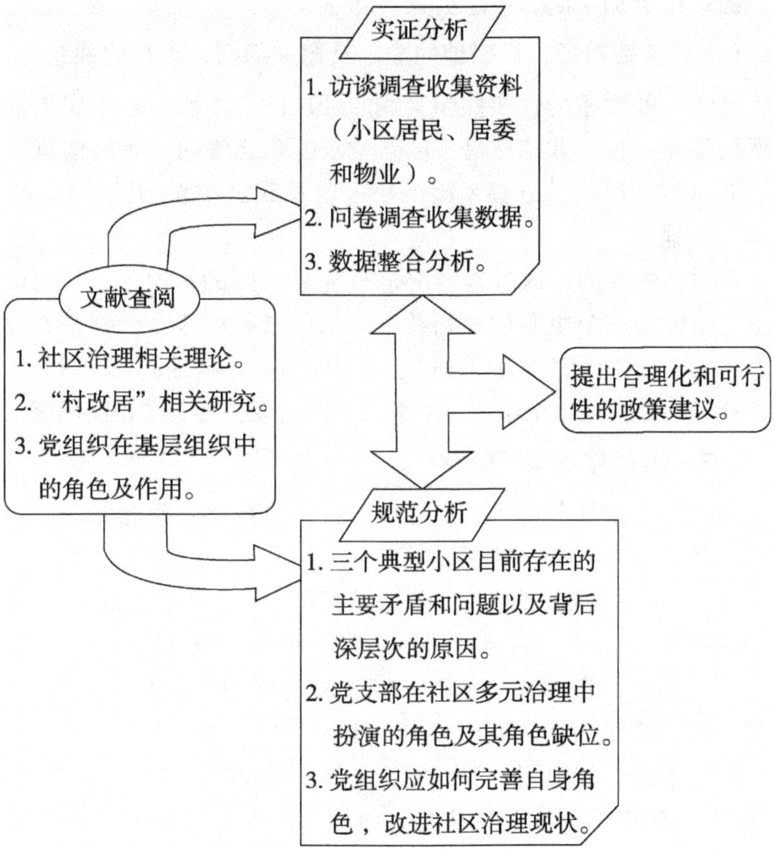

二、实践过程

（一）资料收集、整理阶段

结合城乡一体化的宏观环境，聚焦首都城乡发展之路。首先通过网络及图书馆资料，我们明确了“村改居”的具体概念，多角度了解“村改居”的发展现状、党组织在其中的职能和相关政策，使我们的理论更加丰满，主题更具实际意义。

（二）实践对象、调研地的选定及相关部门、人员的联系

基于实践对象的代表性和实践的可行性，本次实践拟实地走访的调研地是：位于北京市昌平区新城东区东北侧的“兴昌佳苑”小区、北京市沙河镇“五福家园”小区以及武汉市汉阳区“江欣苑”小区三个地点。

在对所选取的小区基本情况进行充分了解的情况下，我们拟定和三个小区的三个主要代表利益主体部门进行联系，分别是物业公司、村委会和党支部，我们通过电话说明情况，与他们约定时间，将学校开具的介绍信出示给这三个部门，然后取得相关单位的回函。

（三）实地考察调研阶段

此社会实践环节包含三个小环节：实地观察、问卷调查、访谈调查。我们分为三个小组通过对三个小区进行分组的实地走访。

第一小组：葛野嫣然、卢明碧，打印 55 份问卷于 2014 年 4 月 14 日上午 9 点，持回函到“兴昌佳苑”小区，当日返回。

第二小组：张惺、马米琪，打印 40 份问卷于 2014 年 4 月 14 日上午 9 点，持回函到“五福家园”小区，当日返回。

第三小组：韩宗珊、邹家雯、吴园、陈灏文，打印 55 份问卷，持回函于 2014 年 5 月 1 日从北京出发，乘坐火车到武汉市汉阳区“江欣苑”小区，2014 年 5 月 3 日返回。

（四）汇总结果

对采访纪实进行整理，剔除无效问卷，运用 SPSS 软件统计分析数据，确保结果的准确性。

第一部分：兴昌佳苑小区

社区概况：由南邵镇南邵村、纪窑村、景文屯村近千户村民构成的“村改居”社区，是昌平区规格最高的回迁小区。小区内景文屯党支部、景文屯村委会的办公大楼设在小区临门显眼的地方，但众多部门形同虚设，工作人员不在岗，职能发挥不显著。小区垃圾处理、绿化建设、车位设配置、拆迁分配、周边配套机构服务、房屋建设及质量管理都存在一定的问题和矛盾。

问卷统计（节选）

选项	小计	比例
A. 男	30	60%
B. 女	20	40%
本题有效填写人次	50	

选项	小计	比例
A. 18 岁及以下	0	0%
B. 19 至 34 岁	16	32%
C. 35 岁至 50 岁	18	36%
D. 51 岁至 66 岁	14	28%
E. 67 岁及以上	2	4%
本题有效填写人次	50	

您在社区生活中了解当地政府制定的法规、政策的渠道有哪些？　　［多选题］

选项	小计	比例
A. 居委会张贴栏	12	24%
B. 社区广播	0	0%
C. 社区网络	6	12%
D. 居委会小组组长传达	4	8%
E. 街谈巷议	6	12%
F. 党组织宣传	2	4%
G. 其他	28	56%
本题有效填写人次	50	

您是否知道您所在的社区存在党组织？

选项	小计	比例
A. 是	22	44%
B. 否	28	56%
本题有效填写人次	50	

您对您所在社区的党组织工作情况的评分为

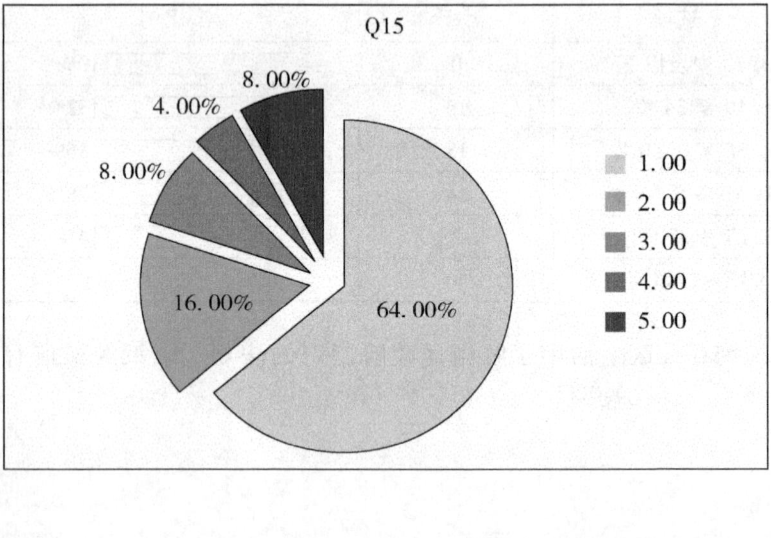

您对您所在社区的居委会工作情况的评分为

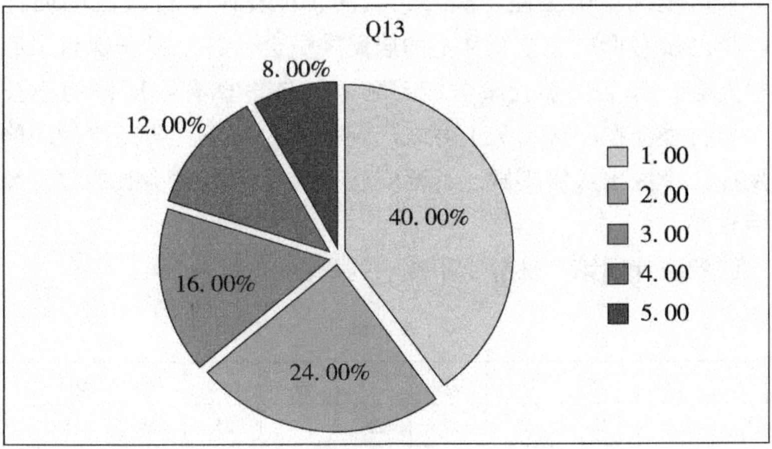

描述统计量

	N	极小值	极大值	均值	标准差	偏度		峰度	
	统计量	统计量	统计量	统计量	统计量	统计量	标准误	统计量	标准误
Q7	50	1.00	5.00	2.4000	1.21218	.745	.337	-.311	.662
Q8	50	1.00	5.00	2.6800	1.26878	.139	.337	-1.020	.662
Q9	50	1.00	5.00	1.8400	1.26749	1.441	.337	.992	.662
Q10	50	1.00	5.00	2.2000	1.30931	.750	.337	-.537	.662
Q11	50	1.00	5.00	1.8000	1.10657	1.356	.337	1.186	.662
Q12	50	1.00	5.00	2.7600	1.34862	.250	.337	-1.235	.662
Q13	50	1.00	5.00	2.2400	1.31801	.762	.337	-.596	.662
Q14	50	1.00	5.00	1.7600	1.28667	1.548	.337	1.156	.662
Q15	50	1.00	5.00	1.7600	1.25454	1.639	.337	1.569	.662
有效的N(列表状态)	50								

第二部分：五福家园

社区概况：由王庄、满井、大洼、小寨四个村构成的回迁小区。小区没有形成完全意义上的居民委员会，各个村子保留了原有的村委会，各个村委会事务相互独立，各自享有一层楼的办公空间。但村委会在小区事务上并未起到很好的作用，解民忧的职能未能发挥。小区出入管理缺乏，治安状况堪忧，小摊小贩聚集，绿化环境较差。

问卷统计同第一部分，不逐一列举：

统计量

		Q7	Q8	Q9	Q10	Q11	Q12	Q13	Q14	Q15	
N	有效	25	25	25	25	25	25	25	25	25	25
	缺失	0	0	0	0	0	0	0	0	0	0
均值		2. 6800	2. 3200	2. 2400	2. 0400	2. 0400	2. 1200	2. 0800	2. 1200	2. 0000	
中值		3. 0000	2. 0000	2. 0000	2. 0000	2. 0000	2. 0000	2. 0000	2. 0000	2. 0000	
众数		3. 00	2. 00	2. 00	2. 00	2. 00	2. 00	2. 00	2. 00	2. 00	
标准差		. 62716	. 80208	. 72342	. 84063	. 78951	. 78102	. 75939	. 72572	. 81650	
方差		. 393	. 643	. 523	. 707	. 623	. 610	. 577	. 527	. 667	
偏度		. 345	1. 436	. 312	. 378	. 479	. 350	. 483	. 522	. 499	
偏度的标准误		. 464	. 464	. 464	. 464	. 464	. 464	. 464	. 464	. 464	
峰度		-. 527	4. 256	. 312	-. 409	. 170	. 032	. 444	. 789	-. 043	
峰度的标准误		. 902	. 902	. 902	. 902	. 902	. 902	. 902	. 902	. 902	
极小值		2. 00	1. 00	1. 00	1. 00	1. 00	1. 00	1. 00	1. 00	1. 00	
极大值		4. 00	5. 00	4. 00	4. 00	4. 00	4. 00	4. 00	4. 00	4. 00	

第三部分：江欣苑小区

社区概况：该小区是目前武汉市最大的农民回迁小区，是一个发展成熟、管理完善的现代化居民区。社区党组织获得省级颁发的优秀基层组织示范单位、十佳社区等多项荣誉。我们将"江欣苑"小区基层党组织独创的一些成功经验总结如下：(1) 领导模式：民主"三三制"，实现社区党组织宽度思维下的资源整合能力，大力推进"社区自治"。"三三制"是指在领导层面，做到"三位一体"：社区党支部书记、集团公司董事长、社会事务管理协会负责人合为一体；在参与层面，做到"三联共建"：党支部与社会组织联建、党员干部与社区居民联动、企业团队与社会事务协会联创；在"社区自治"方面，将党支部、物业管理和业主委员会结合起来。(2) 社区服务：建立党员群众服务中心，推行"一站式"服务。(3) 党建方式：以强化领导班子建设为基础，深入抓好党员和干部队伍建设。

问卷统计同第一部分，不逐一列举：

统计量

	Q7	Q8	Q9	Q10	Q11	Q12	Q13	Q14	Q15	
N	有效	25	25	24	25	24	25	25	25	23
	缺失	0	0	1	0	1	0	0	0	2
均值	4.3600	4.0000	3.7083	3.9600	4.0000	4.1200	3.8800	4.2000	4.0000	
中值	4.0000	4.0000	4.0000	4.0000	4.0000	4.0000	4.0000	4.0000	4.0000	
众数	4.00	4.00	4.00	4.00	4.00	4.00	4.00	4.00	4.00	
标准差	.56862	.57735	.80645	.78951	.78019	.60000	.60000	.64550	.60302	
方差	.323	.333	.650	.623	.609	.360	.360	.417	.364	
偏度	-.135	.000	-.481	-.479	.000	-.032	.032	-.202	-1.362	
偏度的标准误	.464	.464	.472	.464	.472	.464	.464	.464	.481	
峰度	-.684	.439	.168	.170	-1.301	.022	.022	-.480	5.579	
峰度的标准误	.902	.902	.918	.902	.918	.902	.902	.902	.935	
极小值	3.00	3.00	2.00	2.00	3.00	3.00	3.00	3.00	2.00	
极大值	5.00	5.00	5.00	5.00	5.00	5.00	5.00	5.00	5.00	

（五）内容分析及政策建议

综合分析调查问卷的数据和访谈资料，对比武汉市“江欣苑”小区“村改居”社区治理的优秀现状和成功经验，可以总结出“兴昌佳苑”小区以及“五福家园”小区在“村改居”和社区治理过程中存在的问题及原因，并进行政策建议。

1. 社区存在的问题

（1）社区服务问题

1）水电、管道、垃圾等问题

据了解，“村改居”社区基本存在水电不通、道路狭窄、垃圾乱堆、车辆乱停放、管道质量、住房质量等建设问题。甚至有居民表示“回迁房”在建成后未进行质量验收，最明显的问题就是防水层不合格导致卫生间经常漏水。

2）教育、医疗等配套设施服务不到位

小区内卫生服务站规模小，小区周边私人诊所和卫生服务站药品不齐全，设施不完备。居民看病需要前往区医院或市医院，如有突发疾病，很难及时得到救助。在这一问题上，居民表示物业不负责相应机构的建设，村委会和党支部也形同虚设。

3）就业指导、政策宣传服务不到位

小区居民反映小区党支部和居委会没有提供过就业信息和就业指导，失去土地以后很大一部分中老年人赋闲在家，日常生活范围较局限。

（2）社区治理问题

1）各村原党支部和村委会机构未实现合并和升级

小区由几个村的村民回迁形成，但小区内并未实现几村党支部和村委会的机构重组合并，管理分散，居民在办理相关事宜时还需要跑回原党支部和居委会所在地。同时，小区并没有成立相应的居委会，仍由原各村村委会沿袭旧制进行管理。

2）党支部和村委会管理不力、业主委员会形同虚设

从兴昌佳苑和五福园小区居民所填问卷可以看出，不少居民不知道党支部的存在，绝大多数居民不知道业主委员会的存在。日常生活中，村委会只发挥了基本的消息传达作用，并没有试图组织一些文化宣传和政策参与活动，发挥基层自治功能。业主委员会更是形同虚设，没能发挥维护和保障居民权益的功能。

3）居民社区事务参与度不高、社区自治能力不强

在当前的基层社会治理格局中，以政府为中心的行政化管理依然占据着核心地位，长期的行政化管理倾向弱化了居民的自我治理意识。长期的“被管理”也造成社区居民自我组织、自我管理、自我服务的意识缺乏，无法有效地将居民组织起来发挥应有的功能和作用。

2. 产生问题的原因

（1）小区建设过程中监管不力

“村改居”政策执行过程中产生了住房、社区规划建设、治理等多重问题。作为行政系统外部监督的重要主体，社区党组织并没对社区规划、工程质量等事项进行有效监管，导致问题集中爆发，社区居民对政府的惠民工程怨言不断。在多重问题爆发后，党支部也没有监督、督促村委会及时向上级反应情况，争取早日解决问题。党支部在这一过程中有职能缺位之嫌。

（2）居民利益申诉和求助机制缺乏

“简政放权”倡导将权力下放，鼓励多元主体共同治理小区，倾听更多人的声音。但在实际实践中，当居民自身利益受到侵犯时，各个主体往往相互推诿，效率低下，缺乏统一领导。党支部作为民众意见集中表达的渠道，作为政治、思想、组织领导的主体，在这一过程中有缺位之嫌。

（3）居民文化水平不高、政策宣传不到位

在调查中，初中以下学历的受访者占到了一半以上，有一些还

是文盲。所以，他们大多不会去阅读布告栏里的最新政策，也不会查阅政府的网站了解向政府反馈问题的程序。根据这个现实情况，小区党支部并没有发挥宣传的职能，组织政策宣讲活动，倾听民意，为居民答疑解惑。

（4）社区内缺乏各主体利益的协调者和领导者

整个社区像一盘散沙，几乎每位居民谈及社区的治理都是满腹牢骚，但却没有一个居民行动起来争取改变现状。应该代表居民利益的业主委员会是一个空设机构，村委会只履行管理职能，而很少触及服务职能，党支部与村委会联合办公，并没有发挥党支部的特殊职能。

3. 合理化建议

"村改居"社区是以党组织和基层政府主导建设，党组织在社区治理中起领导核心的重要作用。党组织在社区多元治理结构中扮演着以下四种角色：（1）政治领导功能。主要体现在党组织对社区重大事项有决策权、引导自治组织开展资自治活动、以软控制协调社区内各类组织。（2）利益协调功能。社区党组织通过充分调动政治经济文化多项职能，使社区成员的利益诉求得到合理的表达。（3）服务凝聚功能。党组织为党员群众提供有效的服务是增强党组织凝聚力、战斗力和影响力的重要途径。（4）文化导向功能。不同阶层、不同文化背景的居民住在一起，社区的异质性要求党组织加强思想政治教育和道德建设，创造和谐社区文化氛围。具体来说，可以从以下几个方面着手：

（1）加强党支部机构建设和人员队伍建设，成立一支高素质的社区党组织

"村改居"社区应该尽早实现三村党支部的合并和重组，这样才能解决各自为营的领导状况，节省人力物力，提高领导效力。同时应该选拔和培养一批高素质的基层党员干部，打造一支强有力的党支部队伍，有效地发挥党支部的职权作用解决群众的利益难题，

为错综复杂的“村改居”社区治理状况开创新局面。

（2）搭建与驻区单位资源整合的平台，加强与非政府组织的沟通交流，构建与其他社区治理主体的良性互动关系

面对“村改居”社区中村委会、物业公司、业主委员会、医疗救助站等诸多正式或非正式、政府或非政府的组织，党支部需要更多地依靠民主协商与合作共赢的手段和准则。通过搭建与驻区单位资源整合的平台，加强与非政府组织的沟通交流，充分吸收不同利益阶层的看法，了解社区在不同方面的运行情况，合理支配和运用驻区单位的信息资源、人力资源，优化资源的使用和流通效率，提高工作效率，减少因资源隔断和分散而导致的决策失误和推诿扯皮。

（3）领导、协调和监督其他社区治理主体的工作和利益，有效避免治理盲区和冲突

党支部应该有效领导“村改居”社区的建设规划和发展方向，起到统筹全局的作用；着力规范不同治理主体的职能和职责，积极协调村委会、物业、业主委员会及其他第三方组织的利益冲突，维持社区的和谐稳定；同时大力监督村委会履行日常工作，行使职能，承担责任，例如：增加为社区居民提供就业指导和就业信息的渠道、定期举办社区文娱活动丰富居民日常生活。

（4）充分发挥党员的先锋模范和示范带头作用，带动社区居民积极参与公共事务和社区自治

有效动员社区居民参与社区建设和管理，调动社区自治组织发展作用、培养居民的社区归属感、认同感和现代社区意识是社区党组织的主要职能之一。“村改居”社区党支部更加需要引导村委会通过多种形式的活动开展动员社区居民参与到公共事务的建言和决策过程中。在居民自治的过程中，实现居民利益的维护和保障，也进而推动城乡一体化进程的发展。

（六）后期宣传

我们在微博、贴吧、微信和人人上进行了宣传，呼吁大家关注“村改居”社区治理问题和居民维权问题，号召基层党组织进一步发挥其协调、监督和领导作用。网络宣传截图如下：

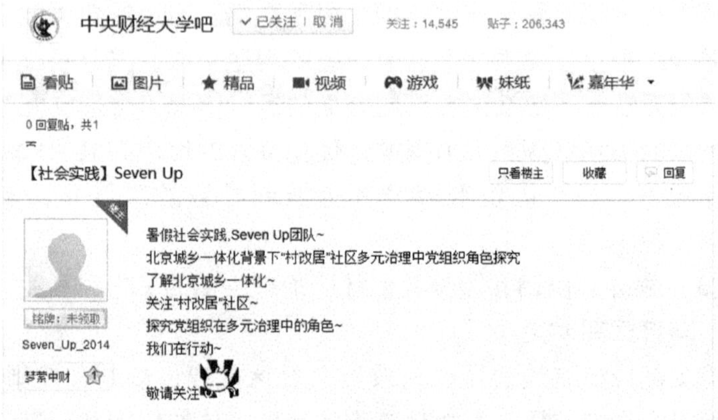

三、实践感悟与思考

（一）实践感言

在这次暑假社会实践进入尾声之际，想起整个实践实施过程中的每一处细节……辛勤耕耘后收获的喜悦驱走了实践中的疲惫。

从组队、课题锁定、查阅资料、团队研讨到实践报告的撰写、展示流程的设置等等，每一段时光都凝结了点点滴滴的美好回忆，每一段轨迹都勾勒出我们团队成员融合的热情、责任和创意。团队中的每一位成员都具有高度的参与意识和责任意识，大家各显所长、各尽所能、齐心协力、默契配合、全力以赴，共同完成了这一课程任务。

是这次社会实践，为我们搭建了提升能力、实施创意的平台，让我们有机会深入“村改居”的居民小区，了解社区治理现状以及相关治理主体尤其是党组织的作为以及不作为的现状，剖析问题症结，探究“对症下药”的建议措施，以此提升我们的领导能力、团队协作能力、分析问题、解决问题的能力，并将暑期社会实践的主题与我们所学的相关专业知识结合起来，做到学以致用。同时，让我们收获友谊，收获成长，为将来更好地走向社会奠定了基础。感谢老师的鼓励与指导，让我们在实践中走得更远。

——韩宗珊

每次参加完社会实践，总感觉自己更加成长了一些。面对社会，面对学校，面对自己，自己不知不觉中又背负了更多的责任。

社会是一所更能锻炼人的综合性大学，只有正确地引导我们深入社会，了解社会，服务于社会，投身到社会实践中去，才能使我们发现自身的不足，为今后走出校门，踏进社会创造良好的条件。才能使我们学有所用，在实践中成才，在服务中成长，并有效地为社会服务，体现大学生的自身价值。

作为大学生，我们要了解社会，深入基层，深刻地学习党和国家的方针政策，学习“三个代表”，实践“三个代表”，为促进我国国民经济的发展和中华民族的伟大复兴做出应有的贡献。进大学以来的每个假期实践，包括寒假与暑假实践，是学校给了我们学习实践的机会，是学校给了我们极大的支持和信任，我们作为国家的后继力量，只有懂得全面地发展自己，把理论与实际相结合，才能更好地投入祖国的建设中去，才能对得起养育我们、教育我们、影响我们的祖国。

——吴园

经过充分的前期准备，我们去昌平区景文屯村的兴昌佳苑社区进行实地调研。进入那个社区，给我的第一印象就是脏与乱。而且该社区还没有建设好，绿化方面做得很不到位，没有专门的垃圾场，小动物的大便也随地可见等等。在该社区中，住的大都是中老年人，由于没有健身设备也没有较大的空地，他们只能在路上聊聊天。在分发问卷的过程中，我了解到该社区存在的主要问题有：首先，水电问题。大部分居民表示自来水未检验，不达标。现在用的是临时电表，经常出现停电现象，影响电梯的使用。其次，该社区道路狭窄，没有停车场，车辆胡乱停放。然后，该社区的教育、医疗等服务设备缺失，服务不到位，影响居民生活。最后，党支部和居委会隶属关系碍滞，管理不到位，党支部和业主委员会名存实亡等。这个社区的治理与建设方面还是存在很大的问题。

新中国成立以来，尤其是改革开放以后，我国的经济、社会等都有巨大发展，人民生活整体水平也大大提高。但是由于各种各样的原因，我们始终没有摆脱贫困，在建设与发展方面还是存在很多问题，这需要我们不断改善，为了建设更好的中国而努力。这次实践活动不仅让我们进一步了解了农村社区的生活水平，感受到改革开放对农村的巨大影响。也锻炼了我们的实践能力，加强了与社会生活的交流，真正地融入社会感受生活的意义，为我们以后进入社会提供了一次历练。

——卢明碧

（二）实践的思考——优势与不足

1. 优势

本次实践从小角度切入，研究思路明晰。根据城乡一体化建设这一主题，我们团队先是将课题方向细化到研究农村或城中村或城乡接合部在城市化过程中面临的难题，接着再进一步发现近年来大量涌现“村改居”社区是城乡一体化建设的产物，其改造过程存在诸多矛盾，为日后治理留下隐患，再加上该类社区构成主体在文化水平、受教育程度、年龄结构、生活习惯上的特殊性使得治理过程异于普通城市社区，党组织和基层政府对该类社区的建设与发展起着至关重要的作用。这就使得我们能从一个小角度切入主题，剖析问题。

2. 不足

实践过程中，虽然大家都很努力，但仍然会出现一些疏漏。如时间分配不够合理：在实践过程当中，由于实践的持续时间相对较长，有时会把部分实践内容往后推，造成了有的情况下事情积压，增加了处理难度，为了高质量完成弄得身心疲惫；沟通能力有待提高：在与被访者沟通交流和发放问卷两个重要阶段，沟通能力显得十分重要。在发放问卷的过程中，需要耐心、细致地为受访对象进行相关答疑和解释，而且对实践目的需要说明清楚，由于交流沟通上存在的部分不足，在发放过程中遭到了部分同学的拒绝，对实践的开展造成了较大困难。

教师评语：

随着我国城市化进程的加快，很多过去的郊区农村逐步变成了城市，村庄变成了社区，过去在农村中起到非常重要作用的村党组织也就变成了社区党组织。那么，在新的社区中，他们还能不能发挥过去的作用，能不能把党员和居民凝聚起来，在社区发展中发挥更大的作用？Seven－Up 实践团队抓住了这一重要问题，进行了认真的调查分析，并提出了有一定价值的建议，我认为这是一个比较优秀的社会实践报告，因此予以推荐。

城乡一体化视角下乡村旅游发展研究
——以北京市昌平区南口镇龙潭村为例

团队：金工之鹰
成员：杨腾飞　劳静颖　刘子奇　胡慧敏　朱润楠　俞黎东
莫灿钦　杨凌翔　肖　晓　薛　隆　杨　成

一、实践方案

（一）实践背景

推进城乡一体化，需要一个合适的切入点。乡村旅游作为农村地区一种新兴的旅游形式，能够促进农村经济的快速发展，带动社会公共服务投入，提高农村的整体发展水平，乡村旅游还能加强城市和农村之间的交流，加强城乡之间人员、物资、文化等的交流，促进城市和农村的社会文化的进步，是农村发展与旅游活动的有机结合，是推动我国城乡一体化发展的重要力量，其发展加速了城乡一体化的进程，推动力城乡经济的融合。随着我国城乡二元结构的逐步消除，城乡一体化的不断推进，又为乡村旅游的发展开拓了广阔的空间。

龙潭村处于昌平西关，交通便利，风景优美，村中村民主要以发展生态旅游业为生，服务态度好，村民热情高，在北京众多农家院推荐网站上都有较高好评，综合考虑到我们小组的实践主题、时间安排和车程长短，我们选择以龙潭村为例进行实践。

龙潭村位于北京市昌平区南口镇西北方向，距南口镇 7 公里。而以龙潭村为中心的天龙潭自然风景区，有响潭水库、龙潭水库、龙潭山庄、龙潭公园及3000亩原始森林环绕四周，且北距居庸关4千米，东距昌平镇10千米。龙潭村地处军都山脉与燕山山脉交汇处，以低山地形为主，平地面积相对较小。由于自然环境、交通等条件的限制仍然以农业为主，但是龙潭村旅游资源非常丰富。龙潭村有一眼山泉，已自然流淌数百年，日出水量达1500吨，四季恒温11～12摄氏度。泉水在山下汇聚成潭，称天龙潭。被石坝拦截的潭水，形成天然鱼池，依山垂钓，其乐融融。村南万亩山场，经过十年绿化，一片郁郁葱葱。村中数百亩苹果园、桃园、杏树园、香气怡人，招蜂引蝶，更具野趣乡情。村庄旅游服务将垂钓、野炊、踏青、登山集于一体，实是乡村旅游的好去处。也正是其旅游产业的发展使得其基础设施、公共服务等以前难以解决的问题一步步得到改善。但是相比北京市城里还是有很大一段差距，因此如何彻底改善生产、生活环境，成为龙潭村所有村民最渴望、最强烈的利益诉求，也成为昌平区政府实现城乡一体化发展、加快建设和谐社会的核心内容。

（二）目的和意义

实现城乡一体化格局是建设“人文北京、科技北京、绿色北京”和构建繁荣、文明、和谐、宜居的首善之区的重要保证，是城乡一体化工作的最终目标。虽然北京市城乡一体化工作取得显著进展，但是由于长期遗留下来的历史、制度等方面问题，加之受工业化、城镇化、市场化以及经济全球化的影响，北京市农村经济社会发展还面临着许多突出问题和挑战，这无疑加大了实现城乡一体化新格局的难度。城乡之间能否得到真正的统筹发展，主要是看农村的发展，由于乡村旅游在实现社会经济效益方面具有比较大的作用，因此成为我国当前城乡统筹发展的必要手段和重要途径。从我国乡村旅游的理论和实践研究上看，我国城乡统筹与乡村旅游的结合还处于初步阶段，理论不够成熟，实践也不够丰富，为实践以及进一步的探讨立下障碍。本文将城乡一体化与乡村旅游结合起来，主要对乡村旅游的开发意义、开发价值、基本发展理念、开发模式与发展建议等方面进行探讨，并以北京市昌平区龙潭村作为案例研究对象，分析其开发乡村旅游情况。通过对龙潭村的案例研究，以期成为对北京市乡村旅游开发建设和发展提供借鉴。

（三）研究方法

1. 文献研究法

本文在乡村旅游及城乡统筹的研究过程中，阅读了较为丰富的国内外文献材料。通过分析城乡统筹及乡村旅游已有的材料，了解相关领域的研究情况。

2. 归纳分析法

本文对国内外乡村旅游及城乡统筹的研究成果进行综合整理和归纳总结，吸收了国内外学者的优秀研究成果，进而有了本文的理论基础。

3. 实地调研法

本小组对本文实证研究的地区——北京昌平龙潭村进行了多次的实地调研，搜集了第一手资料，并进行了整理分析。最终完成了本文的研究内容。

4. 实证研究法

本文以北京市昌平区龙潭村为实证研究案例，借由相关规划与研究成果之文献资料与实际调查，通过对该案例进行分析和研究，探讨城乡统筹背景下，乡村旅游的开发及发展，希望对城乡统筹下的乡村旅游的建设与开发起到启示和借鉴作用。

（四）研究思路

本文以城乡统筹为背景，提出城乡统筹视角下的乡村旅游开发研究。立足城乡统筹及乡村旅游的相关概念和理论，对比分析国内外乡村旅游的研究现状以及国内城乡统筹的发展现状，研究城乡统筹与乡村旅游的关系。本文以上述内容为基础，以龙潭村乡村旅游开发作案例研究分析。

流程如下：拟题→文献查阅以及了解相关成果→实地调查→结果分析

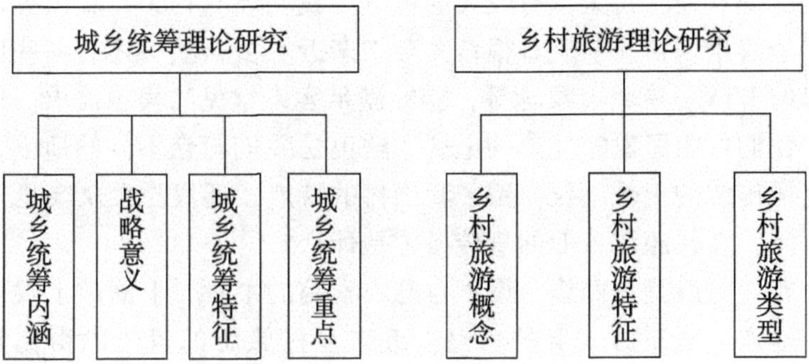

二、实践过程

（一）采访龙潭村顺英农家乐老板

问：您的农家院经营了多久？

答：经营了十多年，是我们自己经营的。从 90 年代公路修建好就开始营业，是我们村最早的农家院。

问：您的农家院现在经营状况如何？

答：在节假日的时候能有七八千。比出去打工要好，收入更高。经常有一些常客来，有工作单位组织的，也有一个家庭过来的，连吃带住，回头客带来很多的收入。而且我们农家院是我们本家人做的，也是自己的主意。但是村里也有很多农家院是城里人投资，租用村里人的房屋做的，房屋的主人一般也会在那个农家院里打工，既收租金也收工资，但显然是没有投资人赚得多。

问：你们主要的营业模式是什么？

答：主要是吃、玩、住三个方面。我们推出很多经典的农家菜品，如烤全羊，虹鳟鱼等，虽然这是很多农家院都有的菜品，但是还是广受欢迎，每天都有较大的销量。我们还有钓鱼、爬山等亲近自然的娱乐项目，节假日很多人会来亲近一下自然，还有一些比较经典的KTV、麻将、桌球等，能够满足客人常见的娱乐需求。住的话，我们保留了农家经典的土炕，这也是我们与众不同的地方，村子里最传统的土炕不仅保留了我们村的特点，还很受大众欢迎。

问：乡村旅游一般的宣传措施是什么？

答：一般是靠网络。设立自己农家院的主页，上面放上娱乐项目、地点、联系方式等的信息。近来乡村旅游的宣传做得比较好了，开始有统一的网站，需要这方面信息的游客可以直接在这些导航型的网站上面寻找信息，方便了很多。还有请电视台过来拍宣传片的。但是主要还是靠口碑，声誉还是很重要，一传十十传百来的人自然就多了。还有网上的客户群，一拨一拨的客户往这里带。

问：政府对乡村旅游有没有什么帮助措施？比如修路、组织人员培训等？

答：有的。政府为了通过乡村旅游促进我们村的发展，修了路，还有组织了卫生整治，每周都会来查一次。也有组织人员培训的，政府会定期组织乡村旅游从业人员的培训活动，还是有所收获的，学到很多知识。政府还修建了一些基础设施，比如景区的公共卫生间等，方便了游客的同时其实也促进了乡村旅游的发展。我们这山上都有聘护林员的，就为了保护生态保护环境，来保证我们农家乐能吸引更多的人。

问：生态旅游对于村子的就业有什么影响？

答：村里年轻点的都出门了，去市里、去外地打工上班了，小孩也都在外面上学，就剩下些老人妇女，我们也正好趁这个赚钱养家了。也有很多把房屋租出去用于搞农家院的人，租金一年也能拿不少钱。像我家这样的一个农家院能解决大概十六七个人的就业吧。

问：您从业这十几年里主要的变化有什么？

答：游客以前主要是单位活动，坐大巴车来的，大波大波的。现在都是开私家车了，家里出来度假的多，主要都是回头客。山上风景空气比城里好，一到周末假期都特别多人来。以前做这些都是自发的，看到别人赚钱就跟着做的，都是散的，现在村里主打这个牌子。村子自己就一体化了，村干部也都帮我们出主意。最早的时候都是靠他们口口相传来打牌子，现在我都是在网上直接做推广。

问：您觉得乡村旅游还有什么创新点吗？或者说需要改进的地方？

答：营业模式太单一了吧，大家都差不多。我需要改进的，我觉得一个是住宿条件，虽说城里人来是体验生活，看看农村什么样，但是搁现在你要真弄个土炕还带老鼠的肯定没人住，想向着标准间的规模做吧，菜色也需要创新，我们现在都是鸡鱼啦野菜什么的，健康野生但各家都是大同小异，没有创新客人就厌烦了以后就不会再来了。而且我们都不专业，没什么管理知识，都只能靠自己经验，我觉得想更进一步还是要有系统地学习。

问：您觉得目前发展乡村旅游有什么制约的地方吗？

答：这几年政府管得比较多了，经常有拆房子修东西的，一不合规划就要拆。上面领导一句话下来，所有打算都不能实现了，政策还是最重要的制约因素，我们根本不敢做大的规划，做太大的规划可能做到一半就要放弃。政府规划的时候考虑我们这些农家院经营者太少了，其实农家院是乡村旅游很重要的部分，不能随便说拆就拆，还是应该听听民意。政府给的扶持太少了，很多村子现在政府会出钱买一些新的桌椅等，减轻农家院经营者的负担，我们村就没有；政府也很少给资金上的扶持，很多农家院没法做大，一直都是小微企业。我们想扩大经营规模吧，但是没有资金，村里人对于经营还是有一套的，能够吸引顾客前来，就是没有钱，山上有块地方盖得特好，但是太贵了我们都付不起租费，现在就只能闲置着没人管，要是有人能给我投资让我去经营指定能比现在好。政府要是能给我们投资那也很好。村子规模小大投资都不愿来，嫌不赚钱，而这些对于我们小老百姓来说又是一笔大支出。而且现在雇人的工资又涨了，又不能涨价，成本高了。

（二）采访龙潭村游客

采访对象：家住市区的王大爷

问：此次乡村旅游与您所期待的相符吗？是否有哪些不满意的地方？

答：很相符！空气清新、风景优美，还有美酒佳肴！我和家人都觉得这次旅游非常棒。

问：为什么选择乡村旅游？

答：平时工作压力大，市区的环境也不好，来这里能体验到乡村生活，呼吸新鲜空气，缓解工作压力。而且开车过来路途也不远，价格也厚道。我们来了好多次，每次都觉得物超所值。

问：您认为乡村旅游应该在现在的基础上再增添一些什么娱乐项目？

答：这样就挺好了，不过在这里手机上不了网，如果能提供一些网络设施的话就更好了，比如说农家乐老板可以提供免费 wifi，电脑等。在行业竞争激烈的现状下也能吸引到更多游客，提高自家的竞争力。

问：您认为乡村旅游的内涵是什么？

答：乡村旅游的内涵？可能就是体验乡村生活，净化身心，暂时摆脱都市快节奏生活的压力吧。

问：你认为北京当前的乡村旅游发展有什么优点与不足？

答：我去过好几个不同村子的农家乐。我觉得北京当前的乡村旅游不足之处是他们都各自干各自的，不同的村子，甚至同一个村子的不同农家之间的联系太少，缺少一个行业协会，这样导致农家乐很难做大，很难带动乡村真正地发展。还有就是服务人员的素质参差不齐，有些地方的服务人员素质很低，影响了游客的体验。优点就很多了，比如说帮助就业、增加政府收入之类的。

问：对于促进乡村旅游发展，您有什么好的建议？

答：我的建议就是可以打造乡村旅游的大品牌，把农家乐做成连锁的，知名度高了以后，大家乡村旅游时就会认准你的品牌，这样经济效益也会提高很多。

（三）采访龙潭村大学生村干部

问：请问你们村子发展生态旅游有多少年了？

答：从第一家开始到现在一共有 20 年了。我们村子算是北京发展农家乐比较早的村子。

问：请问你们发展生态旅游的资金是由政府投资，还是有其他旅游公司投资？

答：主要是政府投资的。

问：发展农家乐乡村旅游后，给村子带来了什么明显的变化吗？

答：那是一定的。首先，发展乡村旅游后，村民的收入得到了显著提高。现在村里人年收入好一点的有四五万，差一点的有两三万吧！其次，龙潭村的周边环境在经过了整治后得到了显著的改善，比如说停车港湾发生了很大的变化，基础设施建设有所好转；村民就业问题得到了良好的解决；另外，大学生和与城里人的频繁交流使村民的视野更广，思想境界得到了提高。

问：现在有多少人在做农家乐？

答：现在都是由外边的人承包，他们在我们这里租地，建房子，交一些租金，这是我们这里农家乐的主要经营模式。比如这是我们村里的乡村酒店，就是由外面的人承包的。

问：这里有旅游公司负责么？

答：对，他们都是各自负责的，但是本村也有自行经营农家乐的，就是人数比较少。

问：请问你们村在乡村旅游这方面有没有对未来的规划？

答：我们现在正在考虑这方面。你们看，这是我们村要在西边建一个比较先进的酒店，另外我们村现在正在申请北京市最美乡村。

问：那你们目前的产业模式是什么样的呢？

答：主要有采摘园、垂钓园、休闲农庄、乡土美食、乡土旅店等，几乎家家都是一条龙服务。

问：那你们觉得这样的优势长久吗？你们有没有考虑过产业转型问题？

答：我觉着北京市的市场还是挺大的，周末与小长假，客流量都还是挺大的，较长一段时间内需求应该不成问题。对于产业转型，我们村在计划修建一个养老院，因为这里环境还不错吗，但尚处于规划阶段。

问：我们村子就是借助风景秀丽这个优势发展旅游业的。

答：对，就是因为村子有山有水，还有一个优点就是我们村子有昌平区文保单位龙潭石刻。

问：这个石刻有什么历史渊源？

答：这个石刻是明朝时建的，有四百多年的历史了。

问：你们有自己的营销策略吗？

问：你们目前的宣传方式主要是网站和微信是吗？

答：对，主要是网站。

问：是每户农家院都做了自己的网站还是村里做了一个网站呢？

答：不是我们独立的，之前是政府给做的。

问：那你们村目前有自己用于宣传的网站或是用于宣传的视频什么的话？

答：目前还没有。

胡：除了村政府对生态旅游有所扶持之外，区政府或者市政府有没有这方面的相关扶持？

答：有啊，主要是一些基础设施吧，我觉得。这是我们村的简介、下一步的工作计划，可以拿给你们看一看。

问：请问您对于北京农村生态旅游的后续发展有什么建议吗？

答：首先要完善基础设施建设，另外要加强宣传，目前镇政府的宣传方式较为单一笼统，只有整个昌平旅游区的统一宣传，缺乏对龙潭村的特色宣传，宣传渠道也不够广，除了网络，就是口口相传的模式了。龙潭村目前的资金支持主要还是来与镇政府，因此想要自己为自己宣传，还是缺乏资金的；其他的，还要提高旅游从业人员的服务质量。对于这一项，我们村子有自己的培训机构，昌平区旅游委去年也发动了一个“百千万工程”，专门用来培训服务人员与管理人员，在培训内容方面，主要是特色服务方面。比如说提供有特色的产品，比如说提供剪纸，与当地的一些特产等。

全体：我们的问题问完了，十分感谢您今天能够接受我们的采访！

（四）城乡一体化视角下农村旅游开发的建议

通过与农家院经营者和游客的对话，我们发现乡村旅游可以创造农村就业机会，吸纳农村的剩余劳动力，同时乡村旅游通过良好的带动作用，带动相关产业的发展从而调整和优化城乡的产业结构。乡村旅游还能带动社会公共服务投入，提高农村的整体水平，加强城市和农村之间的交流，加强城乡之间人员、物资、文化等的交流，促进城市和农村的社会文化的进步，促进城乡的区域经济发展，从而缩小城乡之间的差距。但是乡村旅游还存在一些不如人意的地方，针对目前乡村旅游存在的一些制约因素，本实践报告拟提出以下建议。

1. 加大政策支持，推进规范化建设

由北京政府拟定并出台“关于加快休闲农业与乡村旅游产业发展的意见”，比如，结合农村产业结构调整，引导农民建设农家乐等。出台“北京市乡村旅游观光建设标准”，建设北京市乡村旅游观光示范区，树立农家乐示范户，典型示范，以点带面，产生规模效应，形成规模经济。

着手草拟制定北京市及郊区各区（县）行业“公约”，充分发挥行业协会等行业组织对休闲农业与乡村旅游行业的行业规范、监督作用，强化行业协会的纽带与协调职能，加强行业组织与国内外先关机构的联系和交流，不断扩大与行业内部组织、企业之间及对口部门之间的协调、联络与合作，促进休闲产业的和谐、健康与持续的发展。

2. 注重科学规划，加强资源整合

将整个郊区农业休闲旅游作为郊区经济的一个支柱产业，建立整体的框架体系。发展休闲农业与乡村旅游要因地制宜，凸显特色，搞好整体规划。各区县由政府出面，采取逆向思维方式，对本区域的旅游业及产品进行整体的策划、设计和包装，对分散的旅游线路尤其要通过合理的组合，形成鲜明的旅游产品。

认真调查分析当地资源条件，充分发挥区位优势和资源优势，合理开发农业资源、农产品和农耕文化，准确地把握市场需求的变化规律，突出自己的特色，增强吸引力。

科学的确定郊区休闲农业与乡村旅游的功能定位，选择具有较强竞争力的主导产品。划分旅游功能区，搞好旅游项目和景观布局。搞好基础设施规划布局，提供良好的发展环境。

认真调查分析游客的来源、构成、消费取向，根据城市有课的消费需求，开发适销对路的项目和产品。突出特色，树立品牌，防止项目雷同、重复建设、恶性竞争的现象。

3. 建立现代化的乡村旅游产业运行机制

必须重视生态保护。在发展休闲农业与乡村旅游的同时必须重视保护自然资源和生态环境，提升乡村旅游环境质量，防治农业污染，切不可走“先发展后治理”的发展模式，要采取有效措施来保持农村自然景观，维持生态平衡。

在旅游旺季期间，可以实行游客预约制度和客流限制制度，以免游客过多甚至超过环境容量，从而对当地生态环境产生破坏。

4. 加强基础设施建设，提高旅游从业人员素质

交通、水电、餐饮、住宿、通讯等行业与乡村旅游也是相互促进、相互制约的。政府要加大对设施方面的投入，加强乡村休闲旅游区公共设施和食宿设施的建设。同时应该与交通部门加强合作，开辟旅游专线，为城市市民游客出门旅行提供方便。在食宿设施的建设上，要注意旅游环境和接待设施的卫生标准，采取有效措施保证乡村休闲旅游卫生与安全。还要通过职业培训提高经营管理者和从业人员的素质，提高和改善乡村旅游的管理和服务，确保游客能够享受到高质量的服务。

5. 采用现代化的营销手段，加强包装和宣传工作

强化旅游促销理念，有重点、多渠道、全方位地利用好旅游宣传媒体，拓宽乡村旅游客源市场。除了通过电视、报纸、互联网等多种渠道进行促销宣传之外，还应该充分考虑到游客朋友之间的口碑宣传，同时还可以构建旅游信息交流网上社区等。要形成自己特有的营销模式，从而增多客源，促进乡村旅游发展。

6. 拓宽融资渠道，加大对乡村休闲旅游的投资力度

为促进乡村旅游开发，应拓宽融资渠道：第一，政府应把对乡村旅游发展的资金扶持列入财政预算方案，确保乡村旅游扶持资金能够持续。第二，通过不同形式招商引资，为乡村旅游发展不断提供资金来源。第三，鼓励村民出资合股经营，这有助于增强村民的责任感。第四，建立农村旅游发展资金贷款特别通道，简化办证手

续，为农村旅游发展资金贷款提供优惠。

三、实践感悟和思考

本次的实践活动已经接近尾声了，回头想想这几周的社会实践，也算收获了很多东西。纸上得来终觉浅，以往我们习惯了在网上去查找一些文献资料去了解自己想要知道的事情，但很多时候这种做法显得不奏效。要了解最真实的情况，我们必须了解第一手信息，走出去，去听听那些最真实且不加修饰的声音。整个城镇化过程中所存在的不合理之处，以及被城镇化的村民所存在的抵触情绪，需要政府有足够的耐心去倾听，有足够的勇气去大刀阔斧地改革。而我们正在做的就是让不同群体的声音得以顺畅地表达，我们能够做的就是为这个国家的漫漫城镇化过程提供一些自己的思路，或幼稚或偏颇，仅仅是我们的一份绵薄之力。

教师点评：

乡村旅游作为一种旅游方式，在国外至少已有 100 多年的历史了。在我国，乡村旅游则是在最近 20 年才兴起的。这与我国工业化的快速发展有着很大关系。随着经济快速发展、社会不断进步、国民收入明显提高，人们对旅游的需求已不能满足于传统型的观光旅游了，其他各种不同类型的旅游形式也就应运而生。这就是乡村旅游在我国兴起的基本背景。让普通百姓特别是广大农民更好地分享旅游发展红利，打造幸福家园，发展乡村旅游无疑是一条重要途径。

本实践报告实地考察了已初具经营规模、发展潜力较大的龙潭村，对农家乐老板、游客和村干部均进行了调查，调查对象全面准确，客观分析了龙潭乡村旅游的典型开发模式和开发内容，并提出适当建议，可为北京市乡村旅游区的发展提供参考和借鉴。

北京市城中村改造方案探究

——基于北京市六郎庄改造实践

团队：UV 探索者

队员：张　烽（队长）　李　臻　张　琳　胡　睿　隋昕玉

姚一玲　张之昊　王　濛　倪佩可　张　夏

一、实践方案

（一）实践背景

改革开放以来，在中国特色社会主义理论的指导下，我国的社会主义现代化建设取得了伟大的成果。随着工业化进程的加快发展，促进了城市化进程的发展，由此在特定的历史、经济、社会、文化、政策背景下形成的非完全城市化的产物、我国城市化进程中的一种特殊地域现象——“城中村”也日渐引起社会的关注。小组成员在课程学习过程中，根据课堂理论学习的要求，在关注时事新闻、查阅相关文献期刊的时候了解到“城中村”问题，并以此开展了社会实践调研。作为北京高校的学生，我们小组选取北京市六郎庄为典型案例，加以调研。

六郎庄的城市化改造始于万柳工程。1996 年万柳工程改造项目通过了北京市政府常务会议，六郎庄的城市化改造正式开始。经过多年的发展改造，六郎庄城市化改造与原规划有所出入，遗留了一些问题没有解决，整体的城市化改造没有很大进展。2009 年被北京市列为 50 个需要整治改造的挂账村，六郎庄日益紧迫地排上了政府拆迁的议程。但由于各种原因拆迁迟迟未能进行，2011 年六郎庄以及中坞等重点村的宅基地腾退全面启动，到目前已经取得了一定的进展。

（二）目的与意义

1. 了解基本现状

由于我们之前没有系统地研究过中国城市化过程中的城中村问题，许多人对城中村问题也只是一知半解，或者只是偶尔听闻过。但是城中村问题一直是严重阻碍中国城市化的一大问题，而且各村的改造方案存在各种各样的漏洞。所以，我们认为有必要深入了解中国城中村的历史、现状，同时以六郎庄村为切入点，了解六郎庄村的成因、改造方案。掌握这些基本现状，对于进一步的调研有着很大的帮助。

2. 总结现状问题

从查找的资料、访谈、收回的调查问卷中，我们必须整理、统计数据，根据资料、数据、访谈所了解的情况等对六郎庄村的改造进程、改造方案存在的问题和居民的反馈意见进行总结，只有总结出了问题才能进一步针对这些问题进行深入的分析。

3. 寻找问题根源

总结出的问题只是表面现象，要想更好地想出解决措施，必须从问题的表面现象深入本质，抓问题要抓本质，寻找问题根源，才能真正了解六郎庄现有的改造方案所存在的各种问题。

4. 提出优化建议

既然找出了问题，又知道了问题的本质，接下来就是对症下药。根据可行性和有效性，大胆地提出一些优化改造措施，能有效缓解六郎庄村改造中出现的各种矛盾，以及解决由改造带来的各种经济社会问题。

5. 提高综合素质

大学生是祖国未来的建设者，大学生的成长关系到祖国的未来。作为大学生，优秀的综合素质不仅要具备良好的科学文化知识，还要具备一定的社会实践能力。通过这次毛泽东思想概论的实践课堂，我们相信我们的交际能力、处理问题的方式、思考问题的全面程度等都将得到很大的提高，我们在实践中可以锻炼发现问题、解决问题的能力，还能积累各种社会经验，培养关心时事，积极为校园、为社会难题出谋划策的主人翁精神。

（三）实践准备及进度

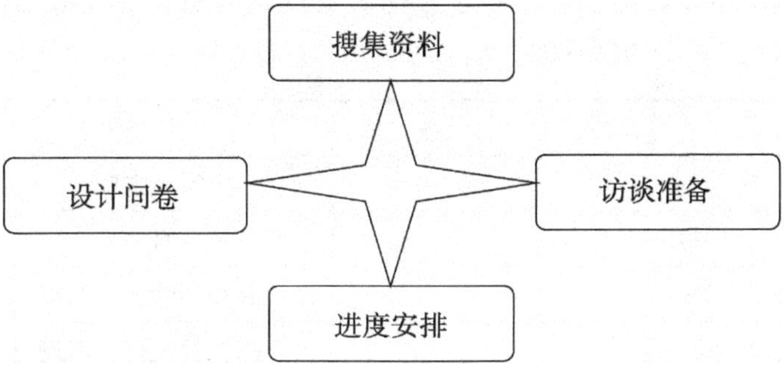

1. 搜集资料

通过上网以及相关文献的查找，了解什么是城中村、中国城中村的历史、城中村存在的问题、城中村的各种改造模式及方案特点等等。搜索相关的文献和已有的资料，主要查阅了如下资源：中国知网、百度、新闻网站等。通过阅读这些资料，对问题有了进一步的认识，从而确定了实践方向，为实践做好准备。

2. 设计问卷

问卷调查是本次实践调研活动的重要部分，问题通过对前期所搜集资料的分析，我们制作了问卷，主要为了了解六郎庄村中的居民的生活状况、村中存在的一些问题以及他们对改造的一些看法，从而更好地寻找改造出现的问题的根源，力图更加全面、深入地分析问题。

3. 访谈准备

这次采访的对象是六郎庄的居民，所以我们事先就研究的课题准备了若干个问题，由浅入深，力图从居民的现身说法中了解六郎庄村改造背后的更多信息。同时，我们准备了多种不同的访谈提纲，以确保访谈的顺利进行。

4. 进度安排

实践同样讲究效率，如何在有限的时间内完成所有的实践活动是关键。所以，我们还进行了整体的安排，对所有要完成的任务及时间制定了一个大致的计划。

时间	任务内容
2014. 3. 16	开会确定实践主题
2014. 3. 25—2014. 4. 5	上网搜集资料
2014. 4. 7—2014. 4. 21	设计调查问卷及访谈提纲
2014. 4. 26	去六郎庄村进行初步调研
2014. 5. 10	发放回收调查问卷，完成访谈
2014. 5. 12—2014. 5. 16	统计数据、整理访谈等内容
2014. 5. 20—2014. 5. 31	完成实践报告

二、实践过程

（一）所 见

2014 年 5 月 10 日，我们毛概实践小组一大早从学校沙河校区出发，前往此次实地走访的目的地——海淀区六郎庄村。经过近两个小时的路程，我们到达了六郎庄村。

六郎庄地理位置优越，临近中关村、颐和园、海淀公园等，交通方便。周边地区城市化水平较高，六郎庄土地位于城市规划中的第一绿化带，其落后的面貌成了“北京市额头上的痼疾”，对北京市发展建设产生了极大的负面影响。作为一个典型的城中村，六郎庄村子内违搭违建现象严重，安全、治安、卫生状况恶劣，从 2011 年开始进行整治改造，对原村进行搬迁腾退，至今已有三年了。

图为围墙上的宣传标语

我们小组一共两次前往六郎庄进行了实地考察。此前我们的队长张烽同学曾来探过一次路，并与正在施工的一些工人们进行了一些简短的访问。稍微熟悉了周围的环境之后，这一次便由队长带领着队员们再次来到了六郎庄进行更加深入的实地考察。

到达六郎庄后，我们看到原六郎庄早已拆迁完毕，清理干净了。周围被铁皮围起来了，正在进行改造。由于是周六的缘故，加上天正在下着雨，工地上并没有多少人在施工，周围也因为拆迁完毕而没有多少人，略微显得荒凉。

图为小组组员合影

首先我们看到了六郎庄村民委员会，也许是我们来的时间不合适，并没有看到有人在此办公。然后我们顺着围栏找到了一个绿化建设带的施工入口，组员们便进去进行了察看。我们可以看到这里面已经建得差不多了：小路已经浇好了，旁边的绿化带也已成型，有种好的树和铺好的草皮，在雨里显得格外翠绿。一旁还有健身区，也已经引入了种类丰富的健身器材。旁边还有一些长椅供人休息乘凉。同时，我们还看到了一些工人以及停止作业的推土机。可见，这里的一切都在稳定地按计划建设当中。

图为正在建设中的绿化带

在实地考察的过程中，我们对六郎庄附近的工人、路人以及一些原住民进行了问卷调查。

（二）所　闻

六郎庄位于北京市海淀区中部，邻近颐和园。所以我们在搭地铁至 10 号线的巴沟站时，选择了乘坐出租车前往六郎庄进行实地考察。也正因为这样，我们得以有机会通过出租车司机了解六郎庄拆迁后的现状。出租车司机一开始对我们前往六郎庄表示十分惊讶，说："那里早就拆了，你们这些小孩跑那儿去干啥？"待我们介绍我们的实践课题后，他告诉我们，作为北京市城中村棚户区改造的重点项目之一，海淀区六郎庄棚户区改造的拆迁部分工作已经于2012年基本完工。这两年几乎没有什么人前往六郎庄，平时出入的都是施工车辆以及工人。他说："现在那里都围起来了，这下雨天的，你们更加看不到什么了，小路全都堵上了，可能偶尔会有一些捡废品的人在废墟上找寻着能卖钱的东西，但是大部分的人都搬走了，还有什么废品呢。建筑材料他们施工队承包的也不会同意给你拿去卖。"

待我们到达六郎庄后发现，的确如出租车司机所说，已经被施工用的铁皮围起来了，但是，我们发现了一条未堵上的小路，于是沿着小路进去，看到挖土机等机器，也许因为雨天，他们并没有工作，工人们都坐在货车上。

在实地考察之前，我们在网上搜索关于"六郎庄"的信息时，发现了5月8日一则关于六郎庄的新闻——"海淀区六郎庄一处拆迁后的空地内，数根断裂的水管，在两年间日夜不停地流水，造成大量水资源白白流失。"这与我们之前进行问卷调查所获得的信息相符，即六郎庄现在处于城市管理的灰色地带，有很多恶劣的卫生情况影响到了当地居民的生活。但是我们实地考察时，没有发现这些断裂的水管，也许有关部门（六郎庄水务站）已经派人尽心维修或堵漏，也有可能是因为当天下雨的天气情况让我们没有发现这些水管。

图为未堵上的小路

后来，我们发现两辆停在路边的出租车。考虑到这块地方没有什么人，所以我们很奇怪为什么会有出租车在这里等待客人，于是上前询问。通过聊天，我们惊喜地发现，这两个司机原来是原居民，只是因为路过然后想停下来看一看，过去的六郎庄现在变成了什么样。他们提到，虽然原来的居住环境不太好，但租金便宜，而且离市区比较近，所以有很多打工者选择在此居住。政府说要改造，他们觉得有道理，但是觉得在解决问题的方式方面可以从居民的角度去考虑问题，方式方法不要太粗暴，毕竟这种改造能做好是你好我好大家好的事。对于六郎庄这块地未来的展望，“以后至少治安方面，房子安全这些问题上会比我们原来好吧，也许吧，谁知道呢”，出租车司机说道。

图为张烽与原居民（出租车司机）交谈

（三）所　感

所谓实践，就是用脚丈量这个世界，用双眼观察这个社会。城中村问题一直以来都是我国快速城市化进程中一个十分突出的问题，尤其在北京，人口和产业的极度扩展，就出现了一系列的城中村问题。这次我们有机会通过亲自实践，来了解这个问题。媒体的报道为了吸引眼球总是会有失偏颇。在做前期资料搜集的时候，我们在网上搜索了许多关于六郎庄的信息，但这里面有多少是写实，有多少夸大呢？我们只有到了这个地方才能清楚地认识这些问题。通过和出租车司机等人的交流，我们了解到一些网上没有的信息。或许这些信息包含了许多个人的主观情感，但是，这些交流也能更好地帮助我们去了解这个社会。从他们的话中，我们感受到了他们自身一些矛盾的情感，改造理论上是个双赢或者多赢的局面，但是，不确定的因素又太多了，所以才有了那句“谁知道呢”。实践是检验真理的唯一标准，只有亲身接触，才能更好地认识社会，进行“解构”和“建构”。

三、实践感悟与思考

（一）调查问卷分析

1. 基本信息

（1）人口情况

根据六郎庄居委会提供的数据，六郎庄现有总人口约4.5万人，其中常住人口约为1万人，流动人口占绝大多数。在流动人口中，又以河北、河南外来人口居多。

对于外来人口在此居住的原因，问卷调查显示如图：

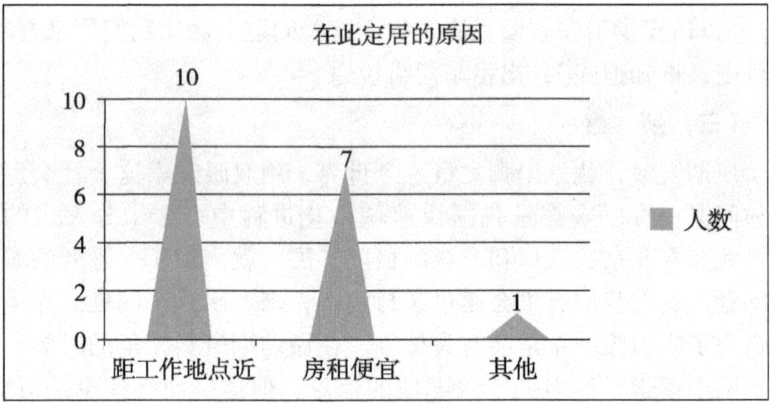

居民在六郎庄定居原因调查结果分析图

流动人口选择在六郎庄居住的原因主要有：

①距离工作地点比较近，部分外来人口在中关村附近工作，交

通便利；另一部分外来人口在村中从事经营业务、为村民提供生活服务，因而也在此居住。

②六郎庄的房租便宜，均价在每月600元左右，大部分外来务工人员收入水平较低，多数为单人居住，能够接受房租价格。

（2）经济收入

调查问卷的结果显示，当地人口的收入并不高，如图：

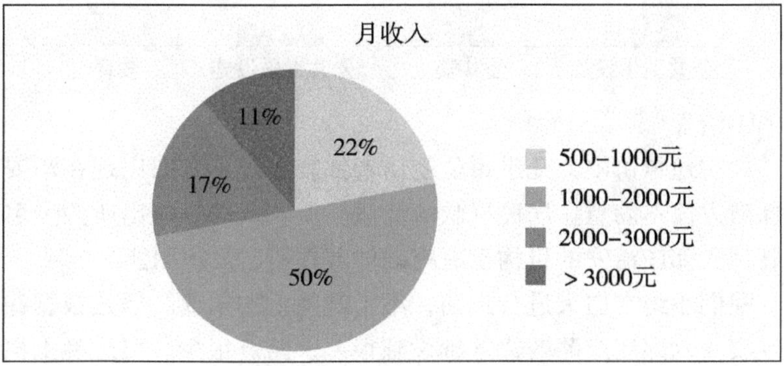

六郎庄居民月收入调查结果图

超过半数的受访者月收入在1000元到2000元之间，在3000元以上的人员很少，在1000元以下的人员也占到了一定的比例。

另一方面，小组发放问卷在白天进行，大部分中关村工作人员未能涵盖在内，而这部分人群收入会较调查结果高。

2. “城中村”现状

（1）急需改善方面

对六郎庄急需改善方面的调查中，我们发现，大部分受访者认为急需改善的是公共卫生方面，这部分占到了70%，另外安全和教育也是比较受关注的方面。

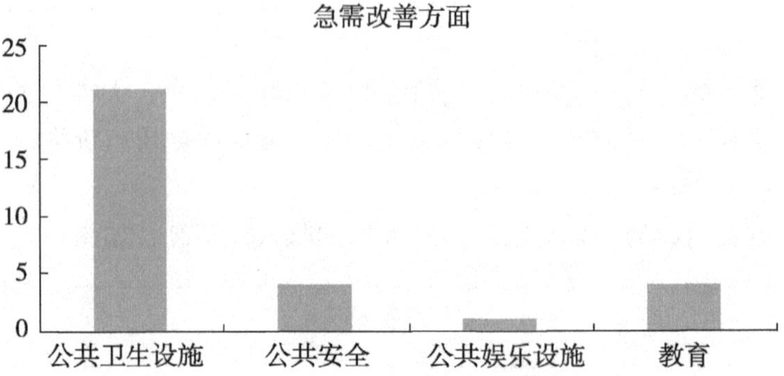

①治安

在实地走访中，几乎每位受访者都表示对于六郎庄现在治安维护保障方面不满意。居民反映海淀派出所、六郎庄派出所两个名义上管理六郎庄治安的机构没有有效体现作用、发挥职能。

我们小组在白天进行走访，不了解晚上的情况。但是根据我们的观察，六郎庄道路两边基础设施很差，路灯很少。可想晚上出行会有一些不安全因素。

②卫生

如调查结果所示，广大居民对村内的卫生状况表示不满意。对此小调查发现，村内下水道系统并不完善，一遇大雨流水难以疏通，形成污水漫出的情况；垃圾堆放主要在每个小区域固定的地点，露天堆放，污染周围环境；厕所基本为公共厕所，厕内环境脏乱；小摊贩沿巷摆摊，垃圾随处丢弃。并且由于拆迁产生了大量垃圾，道路尘土很多，严重影响了居民的健康。

③教育

在教育方面，六郎庄拥有两所民办幼儿园和一所公办小学（目前因拆迁只剩下小学和一所幼儿园），但是由于硬件条件的限制，一部分孩子无法及时入学接受教育。村子里社会青年和少年儿童具有经常接触的途径，可见六郎庄内儿童的安全和日常文娱活动可能缺乏约束与引导。而且六郎庄的治安并不完善，这些孩子的安全着实令人担忧。

（2）拆迁政策满意度调查

在对居民进行政府拆迁政策满意度调查中，有65%的人认为政府拆迁政策一般，20%的人对政府拆迁政策满意，同时有15%的人对现行政策不满意。

作为北京市重点整治改造的50个挂账村之一，六郎庄的拆迁势在必行，是不可逆的趋势，村民普遍都承认这一点。根据走访调查，我们发现村民对政府拆迁政策并不是很满意的原因有：

①强拆普遍。由于立法的空白、力量的不平衡，许多城市出现了拆迁公司或者政府违背村民意愿，强行拆迁村民房屋的情况。在拆迁过程中，村民属于弱势群体，难以有效维护自身利益，以致出现了以死相抗的情形。

②无人监督。拆迁改造政策的实施情况无人监督，具体到补偿款的落实、安置房的质量、基础设施配套等一系列可能情形，缺少一个能够代表村民权益的强有力的机构进行监督，村民缺乏安全感。

③前人经验。在六郎庄周边，有著名的北坞村、中坞村、唐家岭等已拆迁完毕城中村，在其拆迁时出现的问题和解决方法是六郎庄村民分析解决自身问题的一个重要依据。

（3）对“城中村”看法

根据调查问卷显示，当地居民对城中村问题的认识十分全面与客观，如图：

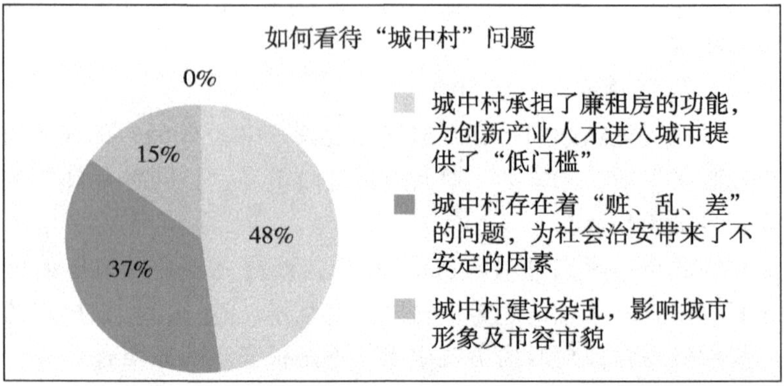

近一半的受访者认为城中村承担了廉租房的功能，为创新人才进入城市提供了“低门槛”；另外三分之一的受访者认为城中村存在着“脏、乱、差”的问题，为社会治安带来了不安定的因素；还有小部分认为城中村建设杂乱，影响城市形象及市容市貌。

3. 调查总结

此次六郎庄调查，我们小组对六郎庄的整体情况有了更加清晰的了解。在调查中，我们与受访者进行了交谈。根据走访情况，我们发现六郎庄的“城中村”改造仍然存在一些问题，比如治安问题。村民对现行政策并不是很满意，其主要原因是“城中村”改造中，相关方面拆迁前没有详细的实施政策，拆迁后没有完善的补贴政策。

根据对“城中村”政策看法的调查，相当大的一部分人认为城中村有其优势。因此，相关部门应尽快制定相关政策，使“城中村”走出“脏乱差”，最大化实现其价值。

（二）采访总结

这次采访主要采访了两个人，第一个受访者是在拆迁办遇到的一位六郎庄的村民——李女士，并借此机会展开了访谈。从这次访谈来看，李女士对六郎庄的初步改造不是特别满意，尤其提到卫生、教育和医疗等基础设施不够完善，供电、供水等基本设施却没有改善，可能由于这些基本设施短时间较难改善，其次改善需要巨额成本，再者这些是内部设施，外在看不到，所以改造者缺乏动力。但改造后居民的生活水平得到了一定的提升也是不争的事实，这体现在房屋租金上涨、居民的收入提高方面，可见，村民的经济利益得到了一定的保障。至于对六郎庄的拆迁，李女士持支持态度，她认为对六郎庄的拆迁能让北京城区的面貌得到改善，六郎庄新村的建造也能进一步改善他们的生活，同时也希望在拆迁中能充分保障自己的权益。

第二个受访者是六郎庄的租客——王先生，从和王先生的交谈中可以得知，六郎庄的租户多来自于河南、河北，他们多靠在新中关打工维生，携家带口地住在六郎庄。他们对六郎庄的一些生活条件、设施较为满意，但也提到说村里的卫生条件、教育条件不够好，治安也是很大的问题。对于六郎庄的改造，租户表示对拆迁改造十分支持。他们认为，在北京，这类环境较差但房租便宜的地方还是比较多的，不过因为拆迁造成的再次寻找房子、搬家等会带来很大的不便。租户王先生说，像六郎庄这样的城中村存在着“脏、乱、差”的问题，为社会治安带来了不安定的因素，拆迁改造有助于改善城市的面貌。

（三）感悟与思考

在整个实践过程中，我们感受到六郎庄村的改造存在诸多问题，许多村民对六郎庄村的改造方案并不满意。我们小组进行讨论及思考，总结出了以下几点原因：

（1）拆迁补偿方式单一

在整个腾退选房的方案中，除了拆迁置换房、不足面积置换房按低价购买以及不愿置换房屋均按 2.4 万元均价进行货币补偿以外，并没有其他补偿方式。这种补偿方式不能满足众多村民的需求，再加上六郎庄村的人口数量大，使得拆迁效率大大降低。

（2）拆迁费用过高，拆迁的后劲不足

根据现在的拆迁补贴政策，每户的补偿均价据估算在 220 万以上。如此大数目的补偿，可能造成政府的拆迁后劲不足，最终导致政府无力继续拆迁的局面，暗中影响拆迁进度。

（3）一定程度上助长了当地居民的不劳而获的心理

自各地政府实行城市拆迁改造以来，伴随着拆迁而出现的“暴发户”屡屡出现，甚至出现了一些想方设法以求得更多的拆迁补偿的“钉子户”。这种妄想不劳而获的心理在政府的高额补偿政策下必将得到鼓励，不利于端正社会风气。

同时钉子户的出现严重拖慢了拆迁的进程，这也对后续工作的推进和实施产生了不良影响，同时也是拆迁改造工作不能实施的主要原因。

（4）相关政策的实施缺乏有效监督

在整个六郎庄的拆迁计划中始终缺少了一个有效的监督机构对整个拆迁、补偿环节进行必要的监督。其中对于补偿款项的落实到位、对于安置房建造的质量监督、对于安置地周围基础设施建设进度以及拆迁地未来开发发展是否按项目规划进行等的定时监督都是必不可少的，缺少监督将不利于整治拆迁的进行。

综上所述，为了推进拆迁进程、保证后续改造的进行，我们小组认为需要在政府层面、村民层面以及开发商层面对改造方案进行优化。具体如下：

从政府层面看，作为六郎庄改造的主导者，政府应该积极发挥带头作用，做好自己的统筹规划工作，尽职尽责，至于市场需要解决的问题，还是要学会放手，将一部分利益还给市场，利用市场机制调节资源调动，提高改造效率。政府可以考虑创新补偿方式以及引入股份制来吸引外资，保证六郎庄改造的资金运作。

从村民层面看，城中村改造不仅要改造房，还要改变人。应该指出的是，广大村民一定要学会适应这个大环境大趋势，从身份和思想上都入城，对自己所在城市的发展负有责任感，理解并支持城市发展的政策。村民应以主人翁的姿态积极投身于政府的城中村改建过程中，自发成立民间监督组织，监督敦促政府及开发商的拆迁改建工作，使得六郎庄的拆迁改建工作快速、有效地进行。

从开发商层面看，开发商要坚持“先建安置房后搬迁、再开发”的理念，坚持安置房按期开工建设，让老百姓看到希望，履行承诺，取信于民。另外，六郎庄规划设计一改再改，从建设为北京的绿化带，到建设为依附中关村的绿色产业项目，可见对于具有市场价值的土地，开发商易于更改规划设计，朝更高收益的方向调整项目的盈利本质。对于六郎庄即将建成位于西北防护林上集办公、研发以及酒店配套等一体的综合性园区的这个建设目标来说，更显重要。因此能否坚持走规划设计道路，是开发商能否获得政府及村民信任的重要指标。

通过这次社会实践，我们不仅收获了宝贵的知识，感受了合作的力量，还体验了真实的社会。实践是学生接触社会、了解社会、服务社会，运用所学知识实现自我的最好途径。亲身实践，而不是闭门造车，实现了从理论到实践再到理论的飞跃。这次社会实践增强了我们认识问题，分析问题，解决问题的能力，为我们认识社会，了解社会，步入社会打下了良好的基础。

参考文献：

［1］北京市_ 城中村_ 社会发展模式研究_ 以朝阳区高碑店村为例，靳晓阳，《区域经济》2013 年第 7 期

［2］城中村改造研究，刘立云，2004 年

［3］城中村_ 城市化问题研究，胡金文，2007 年

［4］城中村改造政策支撑体系研究，张宇，2008 年

［5］城市化进程中_ 城中村_ 改造问题的研究，郭振维，2006 年

［6］广州市城中村现象及改造对策研究，蔡荣军，2006 年

[7] 西安市城中村改造问题分析及对策研究，牛晓东，2007 年

[8] 重庆市_ 城中村_ 存在的主要问题及改造对策研究，胡长海，2008 年

[9] 城中村问题_ 形成_ 存续与改造的经济学分析，周新宏，2007 年

教师点评：

学习《毛泽东思想和中国特色社会主义理论体系概论》课程，不仅是课堂理论的宣讲，更要结合社会实际，让大学生从丰富的社会生活中理解理论，掌握理论。在课堂社会实践环节中，张烽小组关注了时下中国发展中的热点：城镇化问题，并据此选择了北京市的一个具体村镇作为调研的对象。他们选择的六郎庄，并非城镇化的顺利成功者，而是集中了城镇化过程中的问题，反映了城镇化并非一帆风顺。虽然城镇化大势所趋，且农民对城镇化抱有期待，但是在具体改造建设过程中，如果农民的利益得不到保障，或者改造对生态环境造成破坏，就会出现事与愿违的结果，进而阻碍城镇化的进程。他们从实践过程中体会了理论和政策与实际的差距，不仅要学习理论，还要了解社会实际，让理论和实际相结合。

城乡一体化研究

——以北坞村为例

团队：北坞之行

成员：郑　晗　耿　盼　陈　琦　王淑妍　孙嘉宁　李佳颖

杨宏良　苏慧青

一、实践方案

此次实践主要在城乡一体化的背景之下，小组选取北坞村作为实践对象，通过实地走访、观察、访谈等方式对北坞村的改建状况进行深入了解，探究真实的改建情况及居民满意度，并提出了一些自己的看法。

（一）实践背景

1. 城乡一体化

城乡一体化顺应了我国现代化和城市化的要求，是通过统筹谋划、综合研究，促进城乡规划建设，将城乡二元结构变成一元结构，实现城乡在政策、产业发展、国民待遇上的一致，让农村居民与城市居民共同享受社会发展带来的效益，使整个城乡经济社会全面、协调、可持续发展。城乡一体化是一条任重而道远的路，不仅要解决住房、交通、产业发展、经济发展等问题，同时更要注重文化和思想上的建设，使农村居民认同这条道路，并实际感受到城乡一体化的正确性，积极配合各项措施，使城乡一体化顺利地进行下去。

2. 城乡一体化必要性

城乡一体化在我国的提出与发展大致经历了三个时期：首先是改革开放后到20世纪80年代末的这段时期，被称之为城乡一体化的探索阶段，各项理论均不成熟；二是从20世纪80年代末到20世纪90年代初的城乡边缘区进行研究阶段；最后是城乡一体化理论的完善阶段，从20世纪90年代一直延续至今。改革开放后，我国的经济实现飞速发展，但是城乡差距越来越大。从城乡的人均收入差距便可看出。1978年城镇居民家庭年人均收入为343.4元，而农村为133.6元；2013年城镇居民家庭年人均收入为26，955.1（1978=100），农村为8，895.9（1978=100）。而1978年的CPI为594.8（1978=100）。整体看来，排除物价上涨的因素，农村和城镇的居民生活水平均提高了10倍以上，但是，不论从绝对值还是相对值的角度来说，城乡居民的收入水平差距却也增大了不少，80%的资源仍然掌握在少数20%的人手中，因此单单从这个角度来说，城乡一体化有其必要性。城乡一体化是为了维护社会的稳定与和谐，同时使经济更加持续向上发展，人民生活更加美好和谐。

3. 城乡一体化最新推进

2013中共中央、国务院印发了《关于加快发展现代农业进一步增强农村发展活力的若干意见》。着力强化现代农业基础支撑，深入推进社会主义新农村建设。

为了了解北京城乡一体化的具体实施情况，研究小组以北坞村为研究对象，了解北坞村的改革及发展情况，以此来更加深刻地理解城乡一体化。

4. 北坞村简介

2009年，北坞村成为北京城乡一体化改革的试点，一下子让这个默默无闻的小村庄成为北京乃至全国关注的焦点，北坞村民的北坞成了城乡一体化的第一个探路者。

北坞村建于辽代，拥有800多年历史，坐落在西北五环路与西北四环路之间。总占地面积33.61公顷，其中村民居住用地面积26.21公顷，其他用地面积7.4公顷。共有1550户，户籍人口3600人，其中农民1110户，2967人，非农民440户，663人。近年来，外来人口大量涌入，达到20230人，外来人口为户籍人口的5.6倍。

在北京的总体规划中，北坞村被划定为绿化建设区。给予农民一些补偿，将农民的集体土地转化为绿地。改建后，当地农民的主要收入是房屋出租。北坞村现有房屋结构为平房，也有加盖二、三层的。现有建筑面积173000平方米，按照自住和出租比例2：1计算，每平方米均价40元计算，出租面积57667平方米，月出租收入231万元。二、三层加盖面积57800平方米，月出租收入231万，人均年出租收入15400元。

北坞村成了人们关注的焦点，北坞的土地腾退更成为焦点中的焦点。

5. 土地腾退

(1) 土地腾退的概念

腾退是拆迁的重要程序之一。以北坞村为例，该村由于靠近海淀区的繁华地区，交通方便，因此有大量的外来人员在此租房居住，高峰期时人数达2.03万。在进行城市规划建设时，北坞村由于位于西北五环路与西北四环路之间，因此被设计成北京第一道绿化隔离区。而这部分绿化隔离区主要是实施筑建新村，绿化建设，村民搬迁上楼，建立新产业等。从2000年开始，北坞村就开始建设绿色隔离带，兴建农村企业。兴建设施需要大量土地，因此，村民土地的使用权被收回，也就是“土地腾退”。

(2) 土地腾退的对象

以北坞村为例，土地腾退的对象主要是宅基地。

宅基地是指建了房屋、建过房屋或者决定用于建造房屋的土地，包括建了房屋的土地、建过房屋但已无上盖物，不能居住的土地以及准备建房用的规划地三种类型。

根据我国法律规定，宅基地属于国家和集体所有，公民个人没有所有权，只有使用权，所以不得转让、出租或抵押。宅基地的所有权属于农村集体经济组织。农户只有使用权，不得买卖、出租和非法转让。

6. 北坞模式土地腾退

腾退改造方案规定的条款中，除3000元/平方米的拆迁款这一条款还需评估之外，其他条款基本不变。同时，新房建筑面积按村民原有宅基地居住面积1∶1的方式置换，互相不找差价；原则上不允许居民增加购买面积。

北坞村的具体措施如下：

（1）以宅基地换房

被搬迁人的确认以当地派出所户籍为准，按腾退的宅基地1∶1置换回迁用房。人均不突破50平方米。

（2）落实居民搬迁过程中的安置用地

在安置搬迁过程中，调整了玉泉村南部及玉泉村西侧A地等作为安置用地，但是仍然有部分未安置人口。

（3）建设该村村民集体产业发展空间

除了绿地和新房建设外，为保障村民长远生计，政府拟建设集体经济产业发展适用房。

（4）土地和剩余商品房销售收入全部用于资金平衡

北坞村整体改造包括旧村拆除、回迁楼建设、商品房建设、酒店项目建设、租赁房建设等5项工程。初始启动资金由政府合力出资，剩余部分由商品房销售和产业用地等解决。

（5）建立合理保障体系

村民自愿选择是否参与各项社会保险，同时符合相关体检，可享受城乡居民养老保险，以衔接城市的社会保险制度。

（二）实践目的和意义

1. 实践目的

为了充分认识城乡一体化的重大战略意义，了解城乡一体化的发展历程及目前的发展状况，同时也为了促进自身对社会发展状况的认识和了解，实现书本知识和实践知识的更好结合，与社会接轨，关注社会发展的最新形势，并用实际行动探索和发现城乡一体化进程中的现象和问题，加深自己对城乡一体化的了解。由于北坞村是发生在身边的一个城乡一体化的典型例子，想要从北坞村的建设发展作为起点，从现实生活中了解城乡一体化政策实施之后，农村居民的真实生活水平变化以及探究农村居民对城乡一体化政策的态度和认识。同时了解政策实行过程中各种问题的解决，从而为以后的实施和建设提供一些建议。

2. 实践意义

社会实践活动的开展，会让学生深入基层、了解国情、体察民情、分析社会的现实需要、发现自身的不足，以完善自我。现实社会中有着诸多问题和矛盾。随着社会主义现代化建设的发展和改革开放的不断深入，在取得巨大成就的同时也出现了许多新的问题和矛盾，如何来认识和解决这些新问题和矛盾，一直是学校对学生进行思想政治教育过程中的一个难题。社会实践可以让学生自己去接触和感受这些矛盾和矛盾的解决，从而在更加深刻的体会中得到提升。城乡一体化是为了解决城乡发展不均而提出来的战略性的举措，是一个长久而持续性的过程。新的改革总会面临新的问题和矛盾，而这些矛盾和问题的解决便是社会进步的过程。本次社会实践给与了我们亲自去体验和接触这些问题和矛盾的机会，从第三者的角度去客观评价北坞村的改革和建设，从学生的角度去探究政策制定者的宏观长远视角和政策接受者—居民对改革的态度和看法。在真实的体验中，让我们有了独立于书本之外的成长。

（三）实施方案

在城乡一体化研究的背景之下，小组成员首先查看相关文献、新闻等资料，了解城乡一体化的起源、发展、现状以及寻找体现城乡一体化改革的试点；其次，在众多的备选中，考虑地点限制，将调查对象确定在北京地区，恰逢北坞被列为北京城乡一体化改革的试点，由此将北坞列为此次社会实践的调查对象。接下来对北坞村有了初步了解之后，尝试与北坞村负责人取得联系，以便后续实践

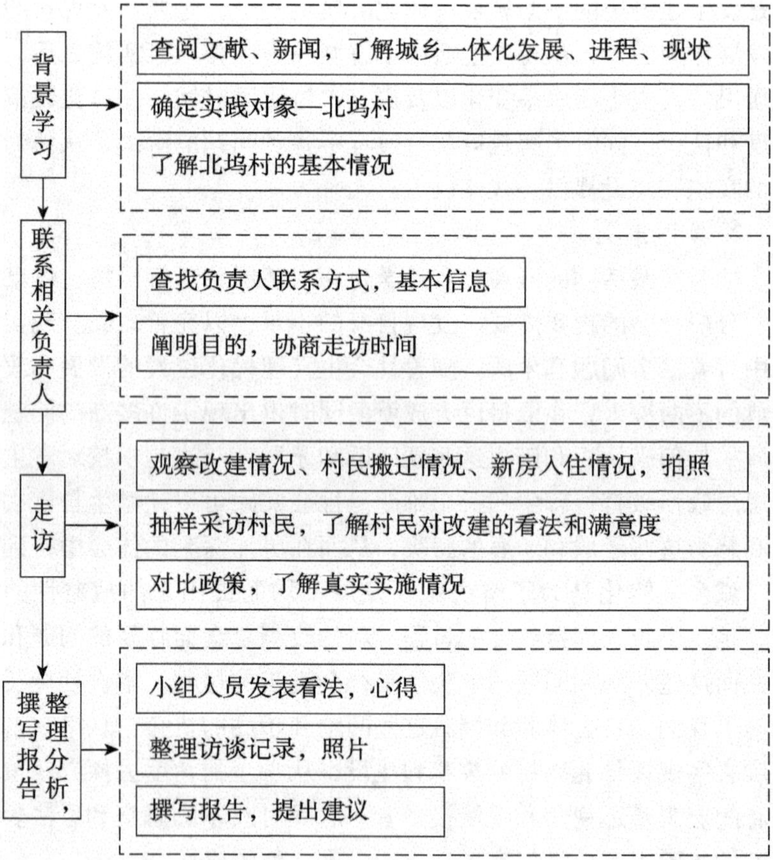

的开展。在走访北坞的过程中，小组成员一方面观察北坞村的改建状况，与改建之前的北坞进行对比；另一方面通过访谈、观察等方式了解北坞村民的搬迁工作、新房建设好之后的入住情况以及后续的保障工作，同时采取抽样采访的方式了解居民对此次改建的看法和满意度。最后，综合实地调研及采访结果，达到正确和真正认识城乡一体化的目的，并从第三方的角度出发，对城乡一体化建设提出一些恰当的建议。具体实施路线图见上页。

二、实践过程

（一）走访考察——了解基本概况

北坞改革是2009 年 1 月正式启动的，按照政府主导、农民主体、政策创新的原则，围绕宅基地腾退上楼，旧村整体拆除，原址实施绿化，集约土地发展产业，实现环境改善和农民可持续发展展开。北坞公园是在北坞旧村腾退后的绿化用地上建立起来的，公园占地面积达 35. 5 公顷，园内保留了历史古迹和人文遗存。

北坞公园

北坞公园内方向标

“北坞嘉园”是北坞村试点工程中的重点安居工程，北坞村土地腾退的主体工作和关键步骤就在于居民的搬迁和回迁。北坞村的全体村民依原有房屋面积以 1∶1 的比例获得北坞嘉园的住房面积，同时会根据面积差额给予一定的物质补偿。北坞村全体居民迁移至北坞嘉园为整个腾退项目的关键，分一期工程和二期工程。一期工程为 2009 年 1 月至 2011 年 9 月，持续三年；二期工程为 2011 年至 2014 年，持续三年，预计于 2014 年 9 月完工。

正在施工的北坞嘉园

一期工程的居民已经全部安置好，他们的新居所位于北坞嘉园南里。而北坞嘉园北里正在施工中，预计于 2014 年 9 月完工。北坞嘉园南里的居民一部分自住腾退后取得的住房，一部分将住房用做出租。有些居民在原北坞村所使用土地面积较大的，也能够选择多套住房，一套自住，剩余出租给商户或外来务工人员。北坞嘉园的房价约为 2—3 万每平方米，正常居室平均月租金为 4000 左右。

北坞嘉园整体工程建设按照项目进度进行，与此同时，整个小区的物业体系较为完备，居民社区生活较为丰富，为北坞村的部分居民提供了再就业的机会。整个小区卫生环境良好，保安制度规范（包括进入小区登记和小区内巡查），文化建设到位（横幅与看板）。

通过对一位在一期工程就回迁到南里的居民（同时兼任小区保安）的采访，小组了解到经过土地腾退后，居民能保持基本生活水平。当我们的采访人员问道“在一期工程中是否有些居民组织起来抵制腾退”等情况时，居民未能给予正面答复，但是部分居民承认，在腾退过程中确实有钉子户的现象。该现象也说明，在实际操作中，村民对政府的政策理解存在误差，或者对给予的补偿不太满意。

（二）采访—调查居民满意度

了解了实际实施境况后，我们对居民们进行采访，了解了居民们对北坞改革的满意度。我们经过实地调研了解到，村民们对政府腾退安置的情况，大多还是持满意和赞赏的态度，部分村民对搬迁和入住时间不一表示不满。小组共采访了村民 42 位，其中包括 8 名老人，5 名孩童，29 名中年人。其中，老人和孩童的满意度普遍较高，原因是觉得住房条件改善，由平房变为楼房；其次是小区文化建设到位，有公园广场等供休闲娱乐，但也有部分老人郁郁寡欢，原因是对土地的不舍，当了一辈子农民，早已把土地当成自己的一部分了。但是中年人的满意度一般，多是抱怨分房分少了，人住时间不一样，后续的保障措施也不是特别到位。整体满意度达到32.4%。

同时小组对北坞改革的优缺点进行了总结：

1. 优点

第一，腾退是分期进行的，方便安置，也能结合一些居民的具体情况。

第二，小区是规划建设的，环境相对以前的住宅要好很多。小区里生活设施齐全，有菜市场，有便民店，还有医疗站等，生活方便了许多。新居对面是公园，茶余饭后也有个锻炼休闲的地方。

第三，小区会在节日组织节目，促进文化建设，居民反响也挺好。

第四，工作安置。有部分居民可以在小区内工作，比如巡逻等，而且旁边就是产业聚集地，有的人会被分配到那里工作。相比以前自己谋生，很多村民还是比较满意现在安逸现状的。

2. 缺点

第一，小区居住的人比较复杂，大多是外来人员。有老人反映，一些人的卫生习惯不是很好，比较混乱。

第二，虽然改革后给居民安置了一些工作，但是工资都比较低，而且都是一些比较低级的工作，居民普遍反映干着没什么意思。

第三，搬迁过程和入住过程让居民不太满意，过程中理应更加注意。

第四，对部分人员心理落差和不适应应进行抚慰和解释，以让村民住得舒服，心理也舒服。

（三）土地腾退前后北坞村民利益分配分析

经过考察走访，小组对北坞村的基本情况有了个大致的了解，经过归纳分析整理，对此次改建中北坞村民的利益分配得失进行了分析，具体如下：

1. 实施之前

北坞村土地腾退政策实施之前，多年来盛行以房屋出租为主的“瓦片经济”。北坞村中流动人口大约有2万多人，基本都是北漂一族，而且一大部分在中关村打工。这些在北坞村租房的人大多是电脑、手机的销售员和配送员、搬运工人等，月薪在1000到5000元不等。他们在北坞村租赁相对比较经济的房屋，交通也很便利，因此，房租成了当地村民一部分收入来源，每月少则几千元，多则上万元。但是，瓦片经济也带来了很多弊端。北坞村被冠以脏乱差的帽子，人口、资源、环境等诸多方面的问题已经严重超出村庄的承受能力范围。

2. 北坞村腾退过程中村民的顾虑

（1）村民回迁房土地被另作他用

2000年，北坞村所属的玉泉村启动绿隔建设，北京市政府批复49万平方米的土地用以建设村民回迁楼，以便玉泉村下属八个自然村的宅基地顺利腾退绿化。可是在2009年北坞村腾退之前，商品房用地就达到了28万平方米，而回迁楼用地仅仅21万平方米，远远高于北京市绿隔政策的1:2用地分配比例，导致一半以上玉泉村村民没有住上回迁房。由此，北坞村村民担心在不知情和未许可的情况下，本该用于回迁房建设的土地被另作他用，自己的利益无形中受到损失。

（2）宅基地置换标准不甚合理

北坞村宅基地置换是以“院”为单位，而不是以“户”或者“人”为单位。现实生活中，一院多户或者一户多院的情况都存在，因此置换之前宅基地的分配不可避免会引发纠纷问题。再者，这种宅基地面积1:1兑换回迁房的制度，不能满足村民对土地经济的补偿心理。土地腾退之前，北坞村村民拥有很大的自主性，可以加盖二层房屋用以出租，获得收益。但是如果回迁上楼，他们就失去了盈利工具。用村民自己的话说，就是“搬到楼房靠什么吃饭都成了问题”。他们面临着未来收益的不确定性，因此加剧了对土地腾退的顾虑。

（3）土地腾退过程缺乏规划性

2006年，北坞村曾作为北京市农村环境重点整治试点村，花费3000万元用于路面加宽硬化，铺设路灯照明专用线路以及雨水、自来水管线等。短短时间内就要推倒之前所做的一切，重新开始新农村建设。北坞嘉园选址处的树已经长得很粗了，却被砍伐掉，在别的地方重新种植。这种缺乏规划性的举动，不禁让村民怀疑回迁房什么时候能建好。现在把旧村改建为绿地，之后是不是又会采取其他措施？

总之，土地腾退中村民的权益不能得到有力保证甚至遭到损害，是他们顾虑重重的最根本原因。

3. 实施之后

村民认为，在改革方案实施之后，与实施之前的阐述相差甚远，例如补偿并没有按照原来的阐述进行，集体经济参股与集体分红并没有写进正式文件。其次，补偿安置协议缺乏政府的监管，可能不具备法律效力，村民觉得没有保障。最后，宅基地换房以院为单位而不是以户为单位，导致许多兄弟之间的纠纷。

但是改建后的北坞村焕然一新，居民居住条件改善，文化建设也走入农村，环境优美适宜居住。这些改变也让村民欣喜。

三、实践感悟与思考

（一）实践感悟

经过调查，小组了解到北坞村土地腾退的政策在实施过程中也存在着不小的问题。而这些问题是只有通过实际考察走访才能发现的，因此这次走访给我们带来的感受是深刻的。我们亲眼看到改建的施工状况和改建好之后北坞的新面貌，也通过采访了解到改建过程中的一些问题和居民的切身感受，同时也发现现存的一些问题，引发我们的思考，这种思考是从书本上学不来的，感谢这次实践给我们带来的切身体会，同时也让我们看到了城乡一体化的必要性和道路的艰难性。但也正是在发现问题和解决问题的过程中，我们的社会会变得越来越好。

（二）建 议

由于城乡一体化的发展越来越被重视，通过北坞村试点的调查，本小组提出一些建议，为今后试点的改革提供一些可行的措施，减少城乡一体化进程的障碍。

1. 盘活农村宅基地

农村的土地和宅基地是一块巨大的资源，但是这块巨大的资源目前没有被良好的利用，在保障农民基本权益的基础上，盘活农村宅基地，建立市场化机制，让闲置的土地在市场的作用下，发挥其应有的经济效益，改善农村人口的生活水平。

2. 宅基地收益应当留在农村

现行的土地市场依然是城乡二元体制，集体用地与国有土地并非同价同权，集体土地进入流转市场通常需要首先国有化，土地的级差收益往往由政府获得。

农民对土地，骨子里是有一股依赖之情的，他们早已把土地当成自己的所有物，如果突然夺取他们土地的使用权，可能会让他们产生巨大的经济和心理落差。对于这样的现状，我们认为，应该改变目前政府主导的城市化模式，允许宅基地商品化，将节约出来的宅基地以自用、厂房出租、土地出租等方式集约利用，将土地的级差收益留在农村。这样也可以解决由于城乡一体化改革前期农民“闲置”住房时得到的收入与改革后无法“闲置”之间的经济落差。

综上所述，北坞村腾退整体工程按计划进行，居民的回迁安置工作也有序进行，政策对居民的安居补偿和新社区建设也投入不少，包括北坞公园及北坞科技园区等建设，都是为了带动新北坞村社区北坞嘉园的居民民生的建设。但是，不能否认的是，在腾退的实施上，确实存在一些操之过急的安排。政府在进行区域规划和政策设计的同时，不仅要考虑到经济上的因素，更要考虑心理文化等精神要素，并切实在细节措施上加以落实，真正满足老百姓的不仅是物质也是精神上的需要。

资料来源：

［1］百度百科——城乡一体化：http：//baike. baidu. com/view/66464. htm？fr = aladdin

［2］百度百科——北坞村模式：http：//baike. baidu. com/link?url = N3Gldc2qYYgU29R3kmzEPsIgl19HX9UPso6yzpjOnvIUaWbCCEKvCMIVxcJvPq F94pmfMYmrm zaF4IVVNyIS0_

［3］凤凰财经：http：//finance. ifeng. com/news/2010022 3/1847478. shtml

［4］调研报告：http：//yjbys. com/diaoyanbaogao/520022. html

［5］http：//blog. 163. com/sannianzhiyue@126/blog/static/13458113220091116105653 36/

［6］《国有土地上房屋征收与补偿条例》

［7］《物权法》

［8］《农村宅基地管理办法》

［9］北京宅基地拆迁腾退的两种路径尝试：http：//www. lawtime. cn/info/fangdichan/chaiqiancheng xu/20110119130966. html

［10］http：//news. sohu. com/20090406/n263224239. shtml 法制晚报 2009 年 4 月 6 日

［11］http：//house. focus. cn/news/2009 – 05 – 27/683743. html 京华时报 2009 年 5 月 27 日

［12］http：//stock. stockstar. com/JL2009112300000492. shtml 中国经济时报 2009 年 11 月 23 日

[13] http://bbs.local.163.com/bbs/bj4hy/168822368.html 网易论坛

[14] http://business.sohu.com/20091123/n268388394.shtml 搜狐财经 2009—11—23

教师点评：

“北坞之行”小组在做“城乡一体化研究”为主题的社会实践时，选取北京城乡一体化改革的试点村北坞村作为研究对象，具有代表性；实地调研之前，就国家城乡一体化的发展历程、有关政策、媒体的报道和评述，以及北坞村的概况、城乡一体化的模式等主要信息做了梳理，准备很充分；调研时采取走访等形式，紧扣居民对土地腾退前后的满意度等问题进行研究，抓住了问题的要害；调研之后明确评述了这一措施的优劣之处，及小组调研后的思考，表明该小组社会实践做得很扎实。这都是本小组本次社会实践的收获。这一收获是大家齐心努力的结果，对每个人在日后的学习、生活，乃至将来的工作中发挥的作用，都是深远的。尽管调研过程、报告撰写、结论得出都还存在这样那样的不足，但是对一群 20 岁左右的大二学生来说，瑕不掩瑜，成就与收获还是值得肯定的。上述提到的不足，相信他们在日后的学习和接触社会中，会不断弥补，自己的综合能力会不断提高的。

北京市肖家河村城乡一体化的历程及现状

团队：黑土赤子心
成员：司　晴　刘　哲　徐文欣　牟依晗　钱天月　邓文竹
吴曦雨　索晨曦　杨明雨

一、实践方案

（一）实践背景

1. 城乡一体化含义

城乡一体化是一个动态过程，在城市化水平达到一定程度的条件下，城市和乡村充分发挥各自优势，实现以城带乡，以乡促城，互相促进协调发展，逐步缩小城乡在经济、社会、文化等方面的差距，实现城乡空间布局一体化、产业一体化、社会文明一体化、社会福利一体化等的发展过程。

2. 北京市城乡一体化现状

根据《北京统计年鉴 2011》得到北京 2010 年的相关数据：2010 年北京市城镇人口数为 989. 5 万人，农业户口人数为 268. 3 万人，通过计算得知，北京市的城市化水平为 78. 71%；北京市 2010 年农业社会劳动生产率为 20129 元/人，第二产业和第三产业的社会劳动生产率分别为 168451 元/人和 140968 元/人，其二元对比系数仅为 6. 5%；2010 年北京市农村居民家庭城乡一体化与首都“十二五”发展人均纯收入为 13262 元，而城镇居民家庭人均可支配收入为 33360 元，计算得出城乡居民收入差异系数 39. 75%；另外，

2010年城镇居民恩格尔系数为32.1%，农村居民恩格尔系数为30.9%，其城乡居民恩格尔系数差为1.2%，但是北京无论是城镇居民还是农村居民的恩格尔系数，均远低于全国居民恩格尔系数38.4%的水平。[1]

北京市农业比较劳动生产率所占比例极低，在产业方面的城乡一体化程度很低；从城市化水平来看，北京市的城市化水平为78.71%，其城镇人口比例处在相对较高的位置；从城乡居民的收入差距系数来看，城乡居民收入差距较大，处于由二元结构向一元结构过渡的前期；从恩格尔系数差异系数看，虽然城乡居民恩格尔系数差异系数极低，处于城乡一体化完成阶段，但是其城乡居民的恩格尔系数都很低，均低于全国水平。

3. 北京市城乡一体化现存问题

第一，城乡产业发展不平衡这个问题十分突出，在农村很多地方还是以传统的农业经济为主，与发达的第二产业和第三产业严重脱节，而为国民生产总值做出突出贡献的第二、三产业主要集中在城区。

第二，比较低的城乡居民收入差异系数表明首都城乡居民的收入差异较大，虽然北京市农村居民的人均收入在全国各省市处于较高水平，但是北京市城市居民的人均收入远远高于农村，据近些年的《北京市统计年鉴》的数据统计可知，城市居民人均收入一直维持在农村居民人均收入的两倍以上。

第三，由于受其他综合因素的影响，北京市城乡一体化进程中在公共服务和地区差距方面还存在一些突出问题。北京市共有18个行政区县，其中城内区有9个，外区县有9个（其中房山区和大兴区城内城外都有分布），虽然这些行政区县都隶属于北京市，但是它们在基础设施、教育、文化、医疗、卫生环境等方面却相差甚远。2010年，北京市社会固定资产投资、基础设施投资及新增固定资产城镇总投资额为5002.6亿元，农村仅为490.9亿元；城镇居民所享受的“五险一金”在农村居民中的普及率很低；2011年末，全市社区卫生服务中心（站）174家，与2010年比较增长9.0%，而全市村卫生室2986家，与2010年比较，村卫生室增加14家，同比增长只有0.47%。

4. 北京市肖家河村城乡一体化发展

北京市海淀区北部的一个地区，原来是一个村落名叫肖家河村，现在已经是一个地区的叫法了。具体位置在圆明园北部，小清河的北岸，中国农业大学西区的南边。肖家河，古时是圆明园护军八旗之右翼正黄旗营房所在。现在的肖家河，可以说在全北京是数得上前五位的外地人居住地。这里北京人几千人，外地人几万人。最早全是一层小平房，现在全成了两层小平房，租给外地人，繁荣了一大片北京人。那里2010年还是一片没拆迁的平房区，是蚁族的聚居地之一，唐家岭、小月河、肖家河……这些曾经都是北京“蚁族”聚集地的代名词。而肖家河作为北京50个重点村改造的对象之一，已经从一个脏乱差的城中村变为城市社区。

肖家河村的城乡一体化进程从2009年开始。2009年12月28日，北京大学肖家河教师住宅项目正式签订征地协议。2011年2月，北京大学肖家河教师住宅项目征地工作已经完成，根据政府相关程序，确定了拆迁公司、评估公司和设计单位，拆迁入户调查工作随即正式启动。

但是，目前，在北京肖家河地区还有一片区域，这里密密麻麻都是建在菜地上的违章出租屋，居住着许多外来务工者。这里紧邻繁忙的城市道路，挨着齐整的楼盘，距离一所大学不远。在这片出租屋社区里，门挨门、户挨户，垃圾遍地、恶臭泥泞，安全隐患突出。这里的房子，只有少数是简易板房，大多都是砖房，一个通道进去，能有十几间甚至几十间屋子，过道里放着一些杂物，墙上贴着发黄的警情、消防提醒须知。连接房子的小路没什么规则，弯弯曲曲，许多巷道仅能容一人通行。雨后，这些土路就变得泥泞，污水泛着恶臭。

（二）实践目的

1. 聚焦城乡一体化，了解统筹兼顾

城乡一体化是我国现代化和城市化发展的一个新阶段，就是要把工业和农业、城市与农村、城镇居民与农村居民作为一个整体，统筹谋划、综合研究，通过体制改革和政府调整，促进城乡在许多方面的一体化，改变长期形成的城乡二元经济结构，使整个城乡经济社会全面、协调、可持续发展。推进城乡一体化进程的问题近年来备受人们关注，而如何实现统筹兼顾也是一个令人头疼的问题。作为学生的我们并不能像政府一样给地方制定政策，我们只希望通过自己的亲身经历，对肖家河村的实地考察，加深对城乡一体的理解，聚焦于统筹兼顾的重要性，对中国城乡一体化的现状有更深刻的解读。

2. 发现实际问题，及时提出建议

本次实践中我们采访了肖家河村的党总支书记，他就肖家河村近几年城乡一体化的发展给我们进行了解读。实地实践的好处就在于能够明确看到想看到的、想了解的东西。城乡接合部的建设毕竟是一项复杂的系统工程，涉及新旧矛盾的碰撞、经济发展方式的转变与社会管理体制的转型。因此这些矛盾和问题是需要认真研究和解决的。虽然我们都知道加快推进城乡一体化建设是缩小城乡差距，实现科学发展的重要策略，但是在实际发展中如何敏锐地发现矛盾和探讨问题，又需要做出很多努力。因此，在此次实践中，我们希望能够通过采访和实地考察发现肖家河城乡一体化进程中的实际问题，并积极与村内干部联系，进行问题的反馈，为肖家河的城乡一体化尽一些微薄之力。

3. 增强协作能力，推进团队合作

在此次实践中，另一个很重要的目的就是增强团队协作能力。实践过程中，我们每个人都有着明确的分工，确保做到尽职尽责，为了增强自己的协作能力而努力。作为一名大学生，团队协作能力十分重要，不管是现在的学习，还是将来踏进了工作岗位。而团队合作是可以通过实践过程训练出来的，所以现在的实践都有一个共同的目的就是增加我们的协作能力，为自身以后的发展打下良好的基础。

（三）实践方案

实践流程	实践环节	实践时间	实践地点	实践内容
前期准备阶段	相关资料查询	2014/5/5—2014/5/13	中央财经大学	查阅城乡一体化研究文献及肖家河村改造进程
	联系相关人员	2014/5/14—2014/5/16	中央财经大学	联系肖家河村党支部和本校老师
	实践设计	2014/5/17—2014/5/24	中央财经大学	设计社会实践具体内容
实地实践阶段	采访专业老师	2014/5/26	中央财经大学	与社会发展学院张萍教授进行对话，了解城乡一体化的历史和意义
	实地观察	2014/5/28	肖家河村旧址	前往肖家河村未搬迁前所在地，观察体验居民生活环境
	采访肖家河村党支部书记	2014/5/28	肖家河社区居委会	对肖家河村党支部书记进行半结构式访谈，了解该村变迁前后的状况及该书记对一体化的看法

续表

实践流程	实践环节	实践时间	实践地点	实践内容
后期整理分析阶段	整理实践所得资料	2014/5/27—2014/5/30	中央财经大学	结合前期资料和访谈材料，归纳整理出有用信息
	撰写实践报告	2014/6/1—2014/6/5	中央财经大学	对实践过程进行回顾，探讨肖家河村变迁的历史和现状，以及其中存在的问题

二、实践过程

（一）实践内容

1. 采访专业老师

为了从不同角度探索本次的实践主题，我们对本学院社会学系的张萍老师进行了访谈，张萍老师对城乡一体化中的土地问题进行了深入的分析，提出了自己的看法。

老师认为，现今农村地区土地开发普遍存在违规现象，开发问题较为严重而复杂，国家相关政策及管理办法仍旧欠缺。对此，老师提出，解决土地开发问题仍需要政府和百姓的不断摸索，需要国家提高重视，加强管理，加大政策力度。另外，老师建议，对农村土地的开发需要村民的积极介入，要增加村民在开发过程中发挥的作用。

老师还指出，乡村地区的城市化发展需要有关专家、人才的指导，需要政府的资金、政策扶持，但规划的内容必须对乡村居民公开、透明，让村民有明确的认识和自我判断。

对于部分偏僻地区发展滞后、缓慢的情况，老师建议，鼓励当地的能人起带头作用，带领村民开发区域特色经济，探索适合当地经济发展的道路。

2. 实地考察

肖家河村是一个人口混杂的地区，处于城乡一体化还未完成的阶段，本身状况复杂，仅凭搜集到的资料是无法掌握当地的真实情况。因此，小组中部分成员利用假期，前往肖家河村进行了实地的考察。

进入了肖家河村，感觉其离城乡一体化的目标相去甚远，本来承诺的三年建成，现在一眼望去还是一片废墟。用脏乱差形容这里并不夸张，小学就建在一片废墟旁。组员们深入村中亲身体验，体验到的是城乡一体化进程的艰辛与不易，也体验到发展的巨大空间。在垃圾的腐臭中，我们不仅体会到卫生整改的必要性，更感受到建设好农村是国家、政府和每个村民应尽的义务。

3. 访谈党支部书记

我们小组在事前准备阶段就已经联系好了本次实践目的地肖家河村的党支部书记穆书记，并利用实地考察的机会，与书记进行了一次深入的访谈。

访谈中，我们发现除去表面的脏乱差，整个城乡一体化发展历程中的整改是有着一定意义和作用的，是给村民带来实际的福利的。比如孩子的上学问题，北京市对流动人口子女上学的优惠政策强调，流动人口子女选择学校优先于北京当地孩子。正是如此，村民们十分配合这次整改，搬迁过程并未出现大的困难，如钉子户。他还表示，整改是实实在在为了村民考虑的，是切合老百姓利益的，虽然还存在一定的问题，但总体来说是利大于弊。

（二）实践结论

1. 存在的问题

（1）城中村滞留现象

作为北京城中村之一的肖家河，目前正面临着何去何从的问题。处于从封闭的农村社区向开放的城市社区过渡时期，这里活跃着各种各样的为现代城市所不容的“隐形经济”，形成“城中村”的“繁荣”，村民们希望他们因此而获得的收益能够长期保持。但从城市管理者的角度看，城中村似乎已经成为新贫民窟和藏污纳垢之地。而且城中村的超级密集建筑群体，在日新月异的城市发展中，的确是一个现代社会的异物。这样，城市现代化的铁律和村落集体对这一铁律的抗拒形成了人们担忧的冲突。实际上，城中村的彻底改造要比城中村撤村改制艰难得多，因为改造不仅意味着搬迁和翻建，而且意味着产权的重新界定和村落社会关系网的重组。

（2）改造措施难以协调

肖家河城中村改造是一种历史必然，2009 年 12 月 28 日，签署肖家河教师住宅项目征地协议。但是签署过后三年，肖家河村还是一片废墟，在这种情况下，其实城中村改造的真正难点是改造的资金从哪里来？政府的担忧是，拆迁过程中的利益冲突会成为社会不稳定因素，政府自己开发因成本过于高昂难以启动，而给予优惠政策吸引房地产商介入开发，又可能造成房屋过量供给，冲击业已趋近饱和的房地产市场，使目前房地产开发中大量的国有银行贷款无法收回。房地产担忧的是，此种拆迁开发中的利益矛盾重重，不确定的变数很多，高昂的交易成本会吞没和消散房地产开发的正常收益，政府对楼层高度的管制会使开发变得无利可图。村民的担忧是他们既得的房地产租金收益在开发中得不到保护，而且会损失市中心区域房地产升值前景的好处。

2. 解决办法

（1）政府履责，促进开发商及村庄合作

针对“改造措施难以协调”这一现象，我们认为，政府在对规划用地的实施阶段应该切实履行好自身职责，对社区给予资金技术方面的支持，为开发商与社区居委会的合作“牵线搭桥”，指导协助社区实现好规划目标，确保城乡一体化的规划土地能够得到有效利用，保证土地的利用率，减少土地资源浪费的现象。

（2）增强村民自主意识，共同规划

针对“城中村滞留”这一现象，我们认为可以增强肖家河村自身的实施规划能力，即提高村民自主治理意识。村委会应结合政府规划和自身发展等问题，通过提高村民的集体意识、参与意识，增强规划的自发性，共同思考解决问题的途径，站在长远角度共同规划未来发展方向。

三、实践感悟与思考

（一）优　势

1. 紧密结合主题，关注城乡变迁

本次实践紧密结合主题，关注城乡一体化建设中的种种问题，并选取了其中一个问题进行重点考察，即城乡一体化过程中的变迁问题，并以肖家河村为例，实地考察调研。目标明确且具体，针对性强，以小见大。

2. 前期充分准备，合理分配任务

工欲善其事必先利其器，团队在实践开始前与肖家河村取得联系，使得我们的实践活动得到了肖家河村党支部书记的认可和支持，活动得以顺利开展。在查阅相关新闻报道和文献资料的基础上，团队成员对实践主题有了较为深刻的认识，从而方便了后续内容的开展。为了提高效率，团队成员在组长带领下承担不同任务，整个实践过程井井有条。

3. 发挥专业优势，采用多种方法

由于团队成员都是心理学专业，在访谈法上都有着深刻的认识和实践经验，因此可以充分发挥专业优势，促进了实践开展。与此同时，我们也结合使用了文献综述法和实地考察法，方法结构明确，思路清晰。

（二）不足

1. 对理论理解的深度不够

受日常所学知识和专业的限制，我们对理论层面的认识可能还存在欠缺，对问题的分析停留于浅层位置，难以透过复杂的表面现象看到其最深层的本质原因。相信在不断加强理论学习之后，我们会有所提高。

2. 以小见大可能存在个例差异

由于我们选取了肖家河村为例开展调研，受到时间等各方面因素限制并没有选取其他情况类似的乡村地区进行调研，所以结论可能存在一定局限性，在推广方面可能存在不足，即外部效度不高。

（三）实践感悟

本次社会实践流程清晰主题明确。在开始阶段，大家共同讨论，一起思考，表现出优秀的合作能力。在实践过程中，我们也有良好的合作与分工。在前往肖家河村旧址的时候，我们发现那里现在已经变成了一个临时垃圾场，在夏日的曝晒下，环境十分糟糕，这不由让我们开始联想未进行改造前村民的生活状况。与书记进行谈话时，他也感叹道，国家重点村改造的计划的确给居民们带来了很多福利，无论是教育、住房还是保障政策方面，都确确实实在为百姓考虑。虽然在搬迁过程中会出现不少问题，但这些都是无法避免的。改造的利终究是大于弊的。我们也希望能在改造完成后带给居民们一个更优良的生活环境，这有利于社会治安的稳定，避免从前频发的问题事件。总之，作为学生，我们也希望能透过社会政策看到问题根源，用新的视野去搜索新的天地。

心理12　司晴

在本次实践中，我们来到了北京市重点整改的50村之一——肖家河村，进行实地考察，亲身体验了城乡一体化的整改进程，看到了其中的艰辛和不易。然后我们对中共马连洼街道工委肖家河社区党支部的穆书记进行了采访，了解了整个整改过程的情况。让我感动的有两点，一是村民们十分配合这次整改，搬迁过程并未出现大的困难如钉子户等，二是北京市对流动人口子女上学的优惠政策，流动人口子女选择学校优先于北京当地孩子。还有就是整改改变了村子原来脏乱差、刑事案件高发的情况，让我看到了整改给老百姓带来了实实在在的好处，真正在实践中体会到了城乡一体化的切实作用和意义。

心理 12　牟依晗

这次针对肖家河村的实践我觉得很有意义，尽管我们相关知识有所欠缺，思考角度也不够全面，但这次实践还是让我们这些在城市长大的学生收获良多。我们不仅体验了城乡一体化的整个进程，感受到了随之而来的福利，同时也看到了仍然存在或是新产生的问题。但是我们从获得的资料和实地的考察认识到这条路是走得通的，具有光明的未来。希望城乡一体化早日实现。

心理 12　徐文欣

在本次活动中，我们首次采用了实地考察的方式去往肖家河村进行调查。在调查过程中，抛弃了原有的以单一问卷调查方式为主的社会实践，改用半结构访谈法，对当地村支部书记、当地居民进行采访，这些真实的访谈资料为我们后期对于城乡一体化发展的思考与实践报告的撰写提供了坚实的基础。

心理 12　索晨曦

从政府的角度考虑，在开展工作时以人为本，多听取群众意见有利于工作的开展；从群众的角度考虑，执行国家政策在顾及自己利益的同时也应该考虑大多数人的利益，放下争执学会倾听，往往就不会产生问题。在城乡一体化的过程中，正如访谈中书记所说“改革的速度在加快，但是后续的工作没跟上”，政策的制定者和执行者也应该考虑这个很现实的问题。

心理 12　杨明雨

每次实践都会深刻地体会到“纸上得来终觉浅，绝知此事要躬行”这句话的含义，这次也不例外。不仅亲眼见识到了城乡接合部的“风采”，更是和村干部亲切地聊天，探索肖家河村的发展。出去走一走总是好的，作为一个青年，只有走出校门亲身实践才能真正体验到不同的事物，领略不同的风采。当然，这更是发扬实干精神的一个好机会。

心理 12　邓文竹

进行完本次毛概实践，我感触颇深。进入肖家河社区，感觉国家的建设还有待加强，本来承诺三年建成，现在一眼望去还是一片废墟。可以说真的是脏乱差，而且到处弥散着垃圾的腐臭味，看到小学在一片废墟旁边，真的感觉政府应该做点什么。而肖家河党支部书记的一席话更让我对现在存在的各种问题有了更深入的思考。

心理 12　钱天月

通过实践活动中对肖家河村过去历史变迁的追溯及对其现状的考察与分析，我强烈地感受到：城乡一体化建设对这种社会边缘地区的重要作用，治安的改善、经济的发展、教育和医疗卫生的进步将整体带动各村文化水平的提升和生活质量的提高，推进中国特色社会主义建设的发展。

心理 12　吴曦雨

从学校出发，一个多小时的车程，终于是来到了肖家河村，这个曾经居住着七个自然村居民的地方，如今正等着在这片废墟上展现新的面貌。走在肖家河村的周围，还是能感受到这里与北京城别的地方的差距，城乡一体化进程这个实践的主题可谓是反映了当下中国城市化进程的整体风貌。然而在城市化的进程中必然会遇到很多的问题，拆迁、重建、回迁等每一个环节，都有各自的难处，但是，城乡一体化进程是社会发展的必然趋势，是国家建设的必经阶段，困难是有的，但是为了社会的发展、国家的建设，我们也会尽力来完成。期待肖家河村重建完成的那天，期待村民回迁的那天，更期待我国城乡一体化进程完成的那一天。

心理 12　刘哲

参考文献：

[1] 北京市统计局 . 北京统计年鉴 2011 [J] . 北京：中国统计出版社，2011.

教师点评：

在城乡一体化进程中，寻找典型案例，能够达到一叶知秋的效果，肖家河是北京城乡一体化发展中比较典型的例子。“黑土赤子心”小组通过对肖家河村未搬迁前所在地考察，通过观察体验居民生活环境及对肖家河村党支部书记进行半结构式访谈，了解该村变迁前后的状况及该书记对一体化的看法，掌握了一手资料。报告整体分析比较全面，有自己的感悟和思考，达成了社会实践的目的。

北京市城乡一体化教育发展情况调查

——以人大附中与大兴一中为例的差异分析

团队：京城十少

成员：李　丹　许月莹　马湘军　周艺迪　彭予秋

薛苗苗　孙飔萌　关硕楠　孙奇芳　赵天爽

一、实践方案

（一）实践背景

“为什么我们的学校总是培养不出杰出人才?” 这是钱学森生前的疑问，也是钱老的临终遗言，非常沉重，却不容回避。一方面教育体制的缺陷限制了人才的发展，另一不容忽视的方面是教育资源的分配不公。现阶段，城乡资源存在明显的分配不公问题，但是，可喜的是城乡一体化的发展为分配问题提供了解决途径。此次社会实践小组成员从教育入手，以人大附中与大兴一中为例进行差异分析，研究北京市城乡一体化的发展。关注教育，贴近民生。

1. 北京城乡一体化概况

城乡一体化（rural - urban integration）是以城市为中心、小城镇为纽带、乡村为基础，城乡依托、互惠互利、相互促进、协调发展、共同繁荣的新型城乡关系。改革开放以来，城乡二元格局、农用地的流失、农业区的转型进一步加剧了北京城郊农业区发展的复杂性。20 世纪 40 年代的城市化、产业化及其产生的农民非农化已使北京城郊农业区的社会经济基础发生了巨变，各区县发展的差异也进一步增大。[1] 北京作为政治、文化、国际交往中心，已经进入实质性的城乡一体化的发展阶段。

2. 城乡教育均衡发展

由于我国人口众多，教育资源严重不足，优质资源分布不均，基础教育相对薄弱，城乡教育要在全国范围内实现均衡发展，在短时间内还不可能实现。为实现教育公平，国家采取了以下措施：一是以加快发展促公平，推动入学率进一步提高；二是以资源配置促公平，坚持教育资源向农村地区、民族地区、边远贫困地区和薄弱学校倾斜，将新增教育经费主要用于农村；三是以完善资助促公平，国家资助制度覆盖面更广、比例更大、标准更高；四是以规范管理促公平。通过实施高校招生“阳光工程”，加强收费管理，建立教育收费听证、公示和责任追究制度等措施，行风行纪已得到明显规范[2]。

3. 北京地区教育部门城乡一体化政策及发展概况

教育均衡化是北京城乡一体化建设中非常重要的目标之一，为此，北京市政府、教育局、相关学校积极响应国家政策，在 2012 年，北京市政府下发《北京市中小学建设三年行动计划》，作为其中重要内容之一的城乡新区中小学建设工程随即启动。15 所名校以输出优质资源的方式，牵手 15 所位于入学矛盾和需求集中地区的普通校或新建校，以“一个法人、一体化管理”模式，实现优质教育资源融通共享。当年新增学位 9012 个，这 15 所学校的总学位数达到 22810 个。为此，市财政共投入 2.43 亿元。2013，北京城乡一体化学校建设规模扩大到 30 所，并被列入政府实事，资金下达总额度为 6.18 亿元。表 1 所示为城乡新区中小学建设工程启动

---

① 宋志军，朱战强，北京城郊农业区城乡一体化的演变和评价，经济地理，第 33 卷第 1 期，2013 年 1 月

② 宋志军，朱战强，北京城郊农业区城乡一体化的演变和评价，经济地理，第 33 卷第 1 期，2013 年 1 月

至今的情况①。

表 1

年份	新增学校	新增学位	政府投入（亿元）
2012	15	9012	2.4 亿元
2013	30	24881	6.18 亿元
2014	20	6540	
总计	65	40433	

由此，北京“教育新地图”出炉。按照北京市布局，16 区县被划分四类区域：首都功能核心区、城市功能拓展区、城市发展新区和生态涵养发展区，这成为各区县绘制教育地图一个重要坐标。其中西城、东城、海淀教育资源丰富，作为主要的教育资源输出区，而大兴、昌平、房山、门头沟、密云等等远郊区县则作为主要的引进区域。

从上述资料我们可以看出，在教育方面北京地区城乡一体化建设已经在加速进行中，但我们从升学率的硬性指标和学区房热购等现象仍然不难得出教育资源不够均衡的结论。

（二）目的和意义

我国城乡间普遍存在着教育资源分配的失衡和教育机会的不平等，它不仅影响到教育这一基本人权的实现程度，而且关系到城乡居民的未来发展，更影响到社会的进步。所以，研究教育不平等现实影响与长期后果，探讨教育不平等的体制内根源与体制外影响因素，寻求可行的治理方略，对于促进教育公平，扭转城乡分治、一国两策的二元经济结构，促进城乡协同发展，具有重要的理论和现实意义。

①

（三）实践方法

1. 文献研究法

本文通过图书馆查找文献、网络搜索资料等方式，全面地了解城乡一体化的进程，并着重探究北京市教育领域城乡一体化的发展。

2. 实地调研法

为了能够得到北京市教育领域城乡一体化过程中最真实有效的数据，本小组成员采用实地调研法，走访了人大附中和大兴一中。通过实地调研两所中学，对其发展情况有了一定的了解，进而加以分析得出了城乡一体化进程中实际存在的一些问题。

3. 问卷调查法

本文还采用问卷调查法，实践过程中小组成员对乡镇初中生及其家长进行问卷调查，从而对现有城乡教育水平有了一定的了解，进一步分析出城乡教育水平差距具体体现的方面。

4. 比较分析法

本文重点采用比较分析法，对人大附中和大兴一中教育资源进行横向对比，有利于更好地发现问题，并吸取精华，为我们对北京市城乡一体化现状的分析提供帮助。

二、实践过程

（一）实践调研——现阶段北京城乡教育差别

本小组通过对北京市大兴区大兴一中（位于城郊）与人民大学附属中学（位于市区）进行实地考察，并将收集到的资料进行整理、分析之后得出城乡中学教育的详细对比情况，现从不同层次的教育发展现状总结在教育方面的城乡差别。

下表为北京市大兴一中与中国人民大学附属中学教学资源、硬件设施、升学情况的对比：

表2

	北京市大兴一中	中国人民大学附属中学
校园面积	60000多平方米，建筑面积45660平方米	12000多平方米
学生数量	3000左右	3000左右
教职工数量及教师质量	308名教职工，现有专任教师226人，其中，特级教师7人，高级教师120人，全国优秀教师6人，市区级学科带头人、骨干教师86人	400多教职工，特级教师26人，国家级骨干教师16人，北京市骨干教师20人，海淀区学科带头人48人，高级教师170多人，博士后及博士20人，硕士67人，参加过研究生班学习的70多人，外籍教师20人
课程	多为主课，基本是与中考无关的课程在初二就已经停止，无任何选修课	除初三没有选修课外，其他年级均有各类选修课。有几十门校本课程和150多门选修课
课余活动	运动会、合唱比赛、演讲比赛、教师节联欢会、元旦联欢会（初三所有活动停止）	开设有学生交响乐团、合唱团、舞蹈队、小作家协会、数学俱乐部等近百个学生社团，并举办运动会、朗诵比赛、桥牌比赛、学代会、奥运公园秋游、万圣节联欢会、主题班会等等，还有每周的多个兴趣班以及班级之间组织的篮球比赛等非校方的活动

续表

	北京市大兴一中	中国人民大学附属中学
校园设施	两栋教学楼，一栋可以进行基本的物理化学生物实验的实验楼，一栋图书馆（2550平方米，藏书十几万册，阅览室订有80多种报纸和300多种杂志），一栋三层的食堂，一个操场，有室内羽毛球场、乒乓球场，五个篮球场，有游泳馆	教学楼有八层的现代化主教学楼、古老的东教学楼、临建楼、现代化的ICC楼，一栋科学实验大楼（总面积为6000多平方米，内有设备先进的各类实验室、现代化的电教中心、汽车模拟驾驶室以及远程教学、多媒体视听、计算机网络等多种专用教室），一栋图书馆，一栋集餐饮、学术、娱乐于一体的综合楼，一个体育馆，六个篮球场，两个排球场，两个网球场，四个羽毛球场，一个乒乓球场，一个游泳馆（配有救生员，专业的体育老师，以及其他工作人员），此外还有大会议室、报告厅、演播室、监控室等
教室设施	2011年65寸液晶触摸屏一体机、分体机及配套教学软件，四台电扇	全套多媒体设施
住宿条件	每个宿舍六人，无空调，有电扇	宿舍为六人间，配有储物柜、课桌椅，阳台，独立卫生间，独立洗澡房；宿舍楼内配有电梯
绿化环境	带有小型喷泉的花园	普通绿化
升学情况	一般	中、高考成绩稳居北京市和海淀区前茅，成为北大、清华等国内重点大学的重要生源校

（二）调查问卷及专家访谈

1. 调查问卷分析

实践过程中小组成员对103位乡镇初中生及其家长进行问卷调查，其中有效回收100份问卷。数据统计如下：

（1）乡镇初中生对于乡镇学校与市内学校差距的认识

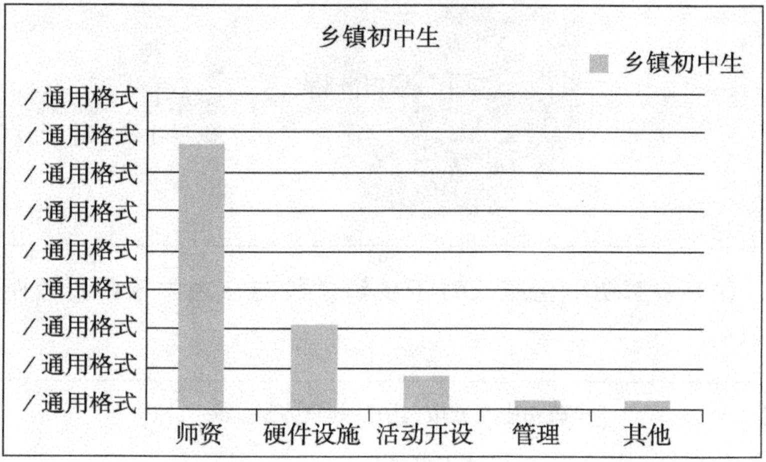

（2）乡镇初中生对周围进入市内高中的同学数量的印象

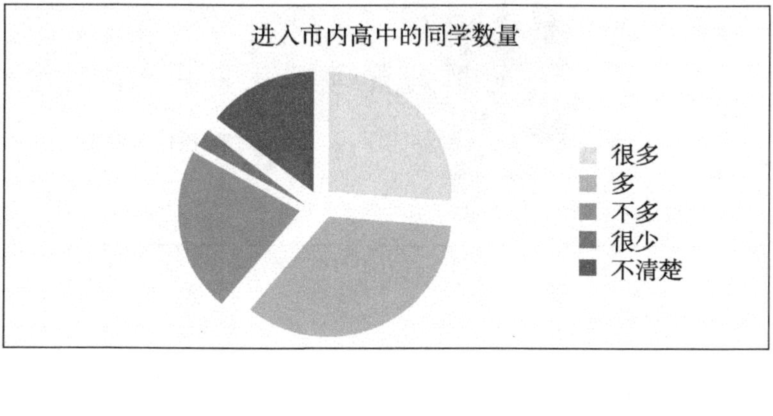

(3) 乡镇初中生家长对于乡镇学校与市内学校硬件设施差距的认识：

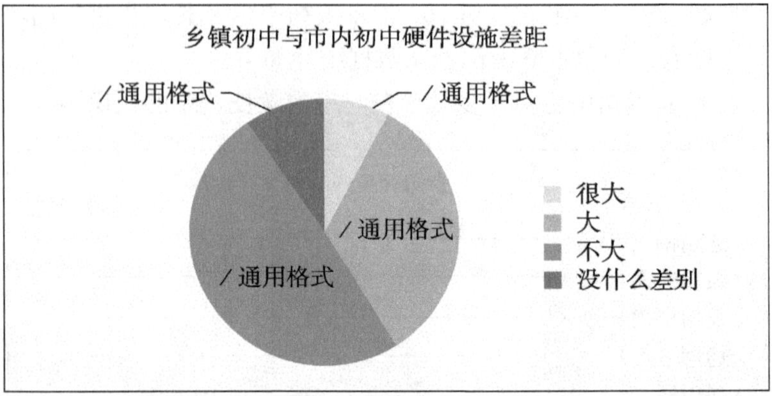

(4) 乡镇初中生家长对于乡镇学校与市内学校师资差距的认识：

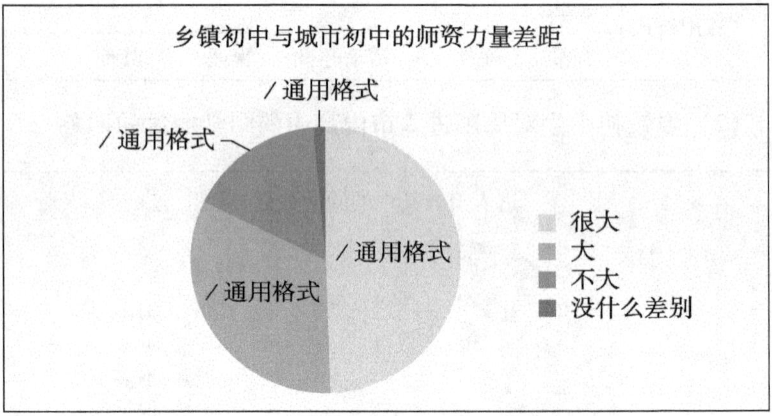

（5）乡镇初中生及家长认识中进入市内高中的阻碍因素

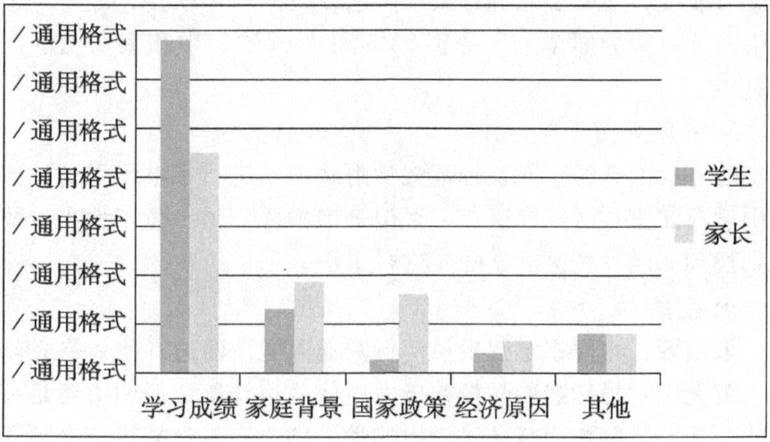

（6）乡镇初中生及家长对升入市内高中的希望程度

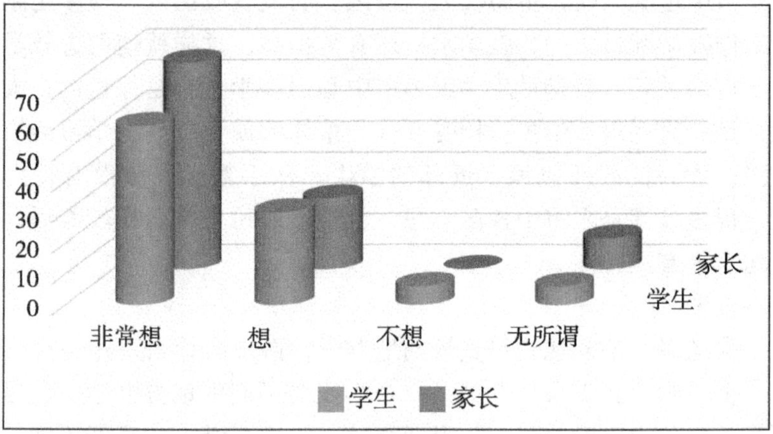

我们可以得出结论，75%的家长认为乡镇学校与市内的学校师资力量上差距大，而在硬件设施上，87%家长认为差距不大或根本没有什么差距，而在学生心目中，普遍也认为乡镇学校与市内学校的差距主要体现在师资力量上的差距，而对于阻碍学生进入室内高

中的因素，68%学生相对来说更注重学习成绩，而家长觉得不光需要学习成绩，还需要家庭背景和国家政策的一些扶持，最后对于进入市内读高中的愿望上，分别88%和90%的学生和家长想进入市内高中。

2. 专家采访

此外我们选择了北京师范大学附属中学进行了电话采访，该重点中学在北京有两处校区，一是位于市中心，另一位于大兴。我们分别找到了两处校区的老师，进行采访。

王老师

采访者：请问您觉得贵校实行两地办学，两边有什么差别吗?

王老师：虽然我们学校在极力地使两边均衡，但两边还是有差异的，无论是师资力量还是学生的学习能力。具体来讲，在师资方面，比如很多教学经验丰富的老师，因为各种原因，例如离家远或是离市中远不方便，不想去大兴校区。而大兴校区老师很多是刚进入工作被调配过去的，教学水平还有待提高，这样就使两边教学力量不均匀。还有就是学生，因为市中心很多学生都是保送的，大多数都是一直在重点学校里接受教育，整体素质比较高，学习能力比较强；大兴校区那边很多近郊的学生，从小教学资源没有特别优越，很多就算是来市中校区学习，也是普通班里排名比较靠后，和平均水平有段距离。

金老师

采访者：请问您觉得贵校两地办学，两地有什么差异吗?

金老师：我觉得虽然都是一个学校在不同的地方办学，但是老师和学生能力上的差异，使得两个校区学生成绩上的高低不同。具体说，就是我们这边的老师都是分配的比较年轻的老师，很多老师经验都不是很丰富，教学能力不如市中心老师。学生的话，很多学生都是近郊县区中小学校考进来的，学习知识的能力不如很多市中心的学生，使得这边校区的成绩整体不如市中校区。

采访者：那金老师您觉得有什么解决办法么？

金老师：从学校方面来讲，只能从基础建设、人员分配上去逐步平衡两校区的师资力量。这是一个渐进的过程，短期内肯定无法改变大兴校区与市区校区的差距。

三、实践感悟与思考

（一）问题探究

1. 学校“硬件”差距的问题：

（1）课堂教学互动性不足，不利于学生全面发展

从上述实践过程我们可以发现乡镇校园大多只配备传统的教学设施，教学演示方式单一，而现代教学设施可以更生动地诠释讲解课程知识，尤其在物理、生物与化学这些学科的实验课堂中，多媒体技术的应用可以加深学生的理解。教学设施的条件不足会限制知识的实际运用能力，此外，体育设施与图书馆的配备水平不足，也不利于学生的健康锻炼与知识拓展。

（2）校园生活不够便利，影响学生的学习时间与效率

宿舍与餐饮条件水平直接关系到学生们日常生活，保证日常生活的便利是使学生能够保证良好学习状态的基础。同时，娱乐设施与体育设施这类硬件设施的不足也不利于学生缓解学习压力，健康生活。

（3）校园设施影响学校形象，乡镇学校的影响力难以提高

一所校园的形象树立和一个企业的形象树立相似，其硬件设施的面貌跟品质一样重要，一样是树立校园品牌影响力不可或缺的关键点。硬件设施不足会使学生与家长在与同城市高校的对比中降低对学校的自信心，一定程度上也影响学生的学习积极性。

2. 学校“软件”差距的问题

（1）师资力量不足，影响家长学生的升学信心

学校的师资力量直接与学校的品牌与口碑相关，是现今家长为

孩子择校时考虑的重要因素。教学方法陈旧枯燥，缺乏效率，整体升学率也会处于落后态势。师资力量薄弱，直接意味着教育资源的匮乏。

（2）课程单一，抑制学生的全面发展

乡镇学校缺乏对选修课程的重视，这加大了城市与乡镇郊区学校学生的差距，限制了学生未来的发展可能性。即使应试知识充分掌握，视野浅薄、知识面狭小会造成孩子在未来社会中难以应对激烈的竞争，单一以应试为目的的课程是脱离“全面型人才”的时代要求的。

（3）学生的组织能力与沟通能力等实际能力缺乏培养

社团活动与比赛有助于提高学生的领导力与沟通力与合作能力，这些也是学生在适应踏入社会时必须具备的。乡镇学校缺乏对这类活动与社团的组织，实际仍是缺乏对培养学生全面发展的重视。

3. 教育机会的差距问题

（1）升学情况巨大的差距影响家长学生对升学的信心

家庭在择校时最看重的其实就是学校的升学率，然而学校升学率巨大的差距在很大程度上会影响家长对孩子未来的期望，也在一定程度上会影响孩子对自己的要求。升学率差距也映射出学校整体的竞争环境的激烈程度而导致的学校整体学习氛围的差距。

（2）就近入学制度炒热的学区房现象导致的是贫富差距的异化作用

在市区郊区房价差异巨大的背景下，火热的炒学区房现象是贫富差距在教育机会上的体现。而这种能不能读上好学校取决于家里有没有钱的状况所导致的教育机会不均等，必将导致贫富之间的鸿沟进一步加大，长此以往，“鸡窝里飞出金凤凰”或是“读书改变命运”必定会成为贫寒之士的更加遥不可及的梦。

（二）原因分析

1. 农村义务教育经费仍短缺，年均公用经费支出少

从结构性因素分析，我国财政性教育经费仅占 GDP 的 4%，远

低于发达与发展中国家平均水平，而教育资金投入城乡结构不合理，其中投向农村义务教育的不到1/3，使得乡镇校园基础设施投入处于较低水平。

2. 乡村郊区师资队伍建设欠缺，教师人才存在流失

在乡镇高校发展的优秀教师，其工资和福利待遇得不到应有的保障，职业发展空间小，与升学率挂钩的教师口碑难以保证，乡镇教师队伍因此出现了不稳定的局面，一些教学水平比较高的教师主动向城市流动。

3. 学校实力差距与政策支持力度不足，导致城乡教育机会的不均等

作为择校重要标准的升学率有着难以跨越的差距，这在很大程度上就决定了人们是否认定这是一个好学校。而就近入学制度引发的学区房现象，虽意在解决教育机会不均等的问题，却实质上加大了教育机会分配中的贫富差距，难以实现公平。

（三）政策建议

1. 政府仍需进一步加强政策引导，加强对乡镇郊区教育资源建设的财政投入，并加强监督。财政机关应设法弥补经济落后的乡镇地区义务教育经费的不足，解决教育经费短缺的问题；

2. 推进城市高校乡镇学校的交流与帮扶政策，积极进行教师人才交流与管理经验交流，分享先进的教学模式；

3. 乡镇学校加强校园设施建设，完善配套教育设施，向城市重点高校引入现代化教学技术，并注重提高校园生活服务质量，提高学生食宿水平，营造优质的校园生活环境；

4. 乡镇学校应针对学生兴趣积极安排科学的选修课程，丰富学生课余生活，并积极支持组建社团，开展丰富的校园活动；

5. 乡镇学校加强教研组作用，定期举办理论技能和教学方面的讲座或辅导，提高自身师资力量；

6. 加强教育资源的流动，让优秀的老师不仅仅集中在好的学

校，采取教师流动式就职，真正做到教育资源均等分配。同时，这就在某种程度上要求各地区学校教师工资待遇均等化，也需要教育部门的政策支持。

（四）实践收获

通过这次调查实践，我们小组的各个成员都更加深刻清醒地认识到了北京城乡教育资源分配远远尚未达到实质性的一体化。北京尚且如此，中国整体的情况令人担忧。在实践过程中，我们选取人民大学附属中学与大兴区一中为例，作为城乡中学的代表，衡量了两者在硬件、软件以及教育机会上的差距，并分析了产生这些差距的原因、这种差距会带来的问题，以及我们为解决这些问题提出的建议。

我们意识到教育资源分配的不均等，不仅仅简单地意味着升学率的差距，这折射出的其实是未来的我国各个阶级的变动情况，影响的是我国经济与体制的活力。这也是决定究竟中国会是一个只要有才华、敢奋斗就可以成功的朝气蓬勃的国家，还是一个人的家庭环境和父母就决定了其未来的僵硬呆滞的国家的重要影响因素。

我们认为要真正实现教育资源的均等分配，从长期来说，就是要让师资、教师待遇、教学设施、生源情况与学校的好坏完全脱钩，如要实行就近入学制度，甚至学校的规模都可以只是取决于附近人口的密度。可这样的目标在长期之内无法达成，所以短期内就需要国家政策和各校自身的逐渐调整。

再者，通过这次主题的研究，促进我们更加关注国家的现状，从一个真实细微的视角去研究，并尽我们所能提出解决的建议。这在某种程度上使我们更加积极深入地参与到了国家的社会生活之中，提高了我们作为社会一分子的责任感与自豪感。

此外，在这次调查实践中，我们也通过问卷调查、电话采访等方式积极锻炼了自身与人沟通交流的能力和设计问卷进行数据收集的能力，为将来的学习研究打下更加坚实的基础。

参考文献：

［1］宋志军，朱战强，《北京城郊农业区城乡一体化的演变和评价》，经济地理，第33卷第1期，2013年1月

［2］“推进城乡一体化 实现教育公平”光明网

［3］“北京2013年建30所名校分校新增学位2.48万”北京日报

附录：调查问卷

对乡镇学生：

1. 你觉得你们学校与市里的学校有什么差别？

A. 师资　B. 硬件设施　C. 组织活动

D. 管理　E. 其他

2. 你觉得阻碍你进入市里高中的因素是什么？

A. 学习成绩　B. 家庭背景　C. 国家政策

D. 经济　E. 其他

3. 在你的印象中，你周围进入市里高中的同学多吗？

A. 很多　B. 多　C. 不多

D. 很少　E. 不清楚

4. 你想升入市里高中吗？

A. 非常想　B. 想　C. 不想　D. 无所谓

对乡镇学生家长

1. 你觉得乡镇学校与城市学校的硬件设施差距大吗？

A. 很大　B. 大　C. 不大　D. 没什么差别

2. 你觉得乡镇学校与城市学校的师资力量差距大吗？

A. 很大　B. 大　C. 不大　D. 没什么差别

3. 你觉得阻碍孩子进入市里高中的因素是什么？

A. 学习成绩　B. 家庭背景　C. 国家政策

D. 经济　E. 其他

4. 你想让孩子升入市里的高中吗？

A. 非常想　　B. 想　　C. 不想　　D. 无所谓

教师点评：

教育公平是实现社会公平的重要途径。城乡一体化的一项重要任务是实现城乡公共服务的均等化。北京总体而言是全国教育资源最丰富，教育水平最高的城市之一，公共教育的投入也居全国前列，但是，北京的城乡教育差距仍然很大。此小组通过对城乡两所学校各方面状况的对比鲜明地表现了北京城乡教育之间存在的差距，分析了差距产生的原因，也提出了自己的思考和建议，这就是社会实践的目的所在。

北京市城乡一体化发展调查

——以小汤山镇小汤山村为例

团队：追梦少年

成员：宋　健　王　玲　施欣彤　毛玮玲　徐汉正

藏谋安

一、实践方案

（一）了解实践背景

1. 城乡一体化是解决“三农”问题的根本途径

城乡一体化是随着生产力的发展而促进城乡居民生产方式、生活方式和居住方式变化的过程，使城乡人口、技术、资本、资源等要素相互融合，互为资源，互为市场，互相服务，逐步达到城乡之间在经济、社会、文化、生态上协调发展的过程。城乡一体化，是一项重大而深刻的社会变革。党的十八大指出，城乡一体是解决“三农”问题的根本途径，并提出了多项促进城乡一体化进程的措施，包括加大统筹城乡发展力度、加大强农惠农富农政策力度、加快发展现代农业、着力促进农民增收、坚持和完善农村基本经营制度、改革征地制度等。本小组的此次实践，正是围绕城乡一体化这一中心，力图了解目前我国农村，尤其是北京周边农村城乡一体化进程，旨在为我国城乡一体化献言献策。

2. 产权制度改革解放和发展农村生产力

农村产权制度改革是指以“还权赋能”为核心，旨在构建归属清晰、权责明确、保护严格、流转顺畅的现代农村产权体系，为农业农村经济加快发展提供制度保障。农村产权制度改革的具体做法有三：一是将集体资产在集体经济组织成员中量化，每个人根据家中人口数以及工龄量化股份，这样一来每位组织成员便成了股东，量化完成后由股东大会确定管理层；二是拥有土地承包经营权的农民，可以通过土地承包经营权入股的方式，共同经营这些入股集中的土地，农民所拥有的土地承包经营权则量化为价值，年底根据土地经营收益进行分红，这一方式下的典型例子就是股田制；三是资产量化与投资入股相结合，村子可通过农民直接投资与招商引资来兴办特色旅游产业，投资农户成为企业股东。

北京于1997年开始了农村产权制度改革，并在本市的许多农村取得了不菲的成绩，小汤山镇在城乡一体化发展方面取得的成绩得益于产权制度改革，这正也是本小组的考察范围之一。

3. 本次实践地点小汤山村的相关情况

小汤山镇位于北京市昌平区东部，处在中轴线的北延长线上，1994年被北京市政府和货架建设部确定为小城镇建设试点，1995年又被国家体改委等11个部委确定为北京市唯一的国家级综合改革试点镇，这为小汤山镇的全面发展提供了难得的机遇。小汤山镇各项工作坚持以经济建设为中心，以增加农民收入为主线，调整优化农业、巩固提高工业、大力发展三产、加快城镇建设，先后被联合国开发计划署确定为“中国可持续发展小城镇”、被国家环境保护总局授予“全国环境优美镇”、被建设部评为“全国小城镇建设示范镇”。

小汤山村地处温泉古镇，经济结构较为复杂而土地相对较少，正处于农村向小城镇的转型期。因此，我们选择小汤山镇和小汤山村作为本次实践活动开展地点，旨在以点辐面，能够相对完整地了解我国尤其是北京的城乡一体化发展情况，归纳总结其成就与不足。

（二）明确实践目的

1. 了解城乡一体化的理论知识及现实情况

城乡一体化是我国现代化和城市化发展的一个新阶段，主要是指把工业与农业、城市与乡村、城镇居民与农村居民作为一个整体，统筹谋划、综合研究，通过体制改革和政策调整，促进城乡在规划建设、产业发展、市场信息、政策措施、生态环境保护、社会事业发展的一体化，改变长期形成的城乡二元经济结构，实现城乡在政策上的平等、产业发展上的互补、国民待遇上的一致，让农民享受到与城镇居民同样的文明和实惠，使整个城乡经济社会全面、协调、可持续发展。通过本次的社会实践，我们除了可以在理论上了解城乡一体化的相关分析和政策外更重要的是我们可以亲身走近正在进行城乡一体化建设的社区，了解其发展状况，切实了解城乡一体化给农村地区带来的巨大发展。

2. 对现阶段的城乡一体化建设提出相关意见和建议

城乡一体化自实施以来，在市政建设、土地改革等方面取得了一定的成就，当然不可避免的也会存在一定的问题，尤其是对于有些城市化建设不是很成功的农村地区，依旧存在着很多的社会问题。通过这次实践，我们可以通过和农民以及相关政府官员的直接接触，了解到在城镇化建设过程中他们的切实感想，并依此为基础对城乡一体化的建设提出自己的评价，客观的分析其优劣，从而使其能够在未来得到更好的发展。

（三）设计实践内容

1. 实践流程

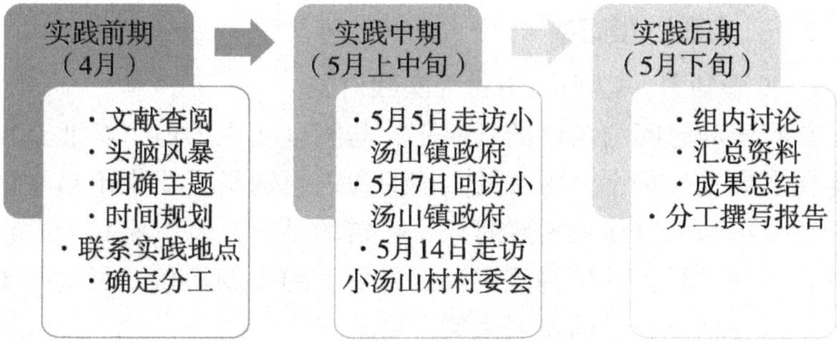

2. 实践方法

（1）资料查找

我们利用图书馆和网络资料，查找了大量近年来关于城乡一体化发展的多方面资料，包括官方文件、文献和新闻报道等。通过对资料的整合分析，我们从宏观上对城乡一体化有了初步认识和把握，并为之后的实践开展奠定了坚实的理论基础。

（2）实地考察

确定实践方向后我们分三次对小汤山镇和小汤山村进行了实地走访。第一次走访采用现场观察的方法，对实践地点进行全面了解。通过此次观察，我们深切体验了小汤山近年来在城乡一体化发展中取得的方方面面的成就，并更进一步确定了实践内容，为之后的深入实践做好准备工作。

（3）个别访问

实践中期我们分别走访了小汤山镇政府和小汤山村委会，对小汤山镇政府办公室负责人和小汤山村委副书记进行了个别访问。通过采取个别访问的方式，我们深入了解了小汤山城乡一体化的发展历程和发展过程中遇到的困难，并就相关问题和两位负责人进行交流，大大提升了成员自身的实践素养和能力。

二、实践过程

（一）实践过程纪实

1. 见微知著，以小汤山村为实践对象

在有限的时间与条件的限制下，若想全面深入地了解北京城乡一体化发展进程是十分困难的，因此我们组选择了北京市昌平区小汤山镇及小汤山村作为实践对象，可惜的是，在镇政府我们并没有获得具体的材料，后来转战小汤山村下属的小汤山村，目的是见微知著，从一个小村子的发展来管中窥豹。

我们有幸采访到了小汤山村的村党支部副书记——郝书记，在小汤山村工作了23年的他，向我们详细介绍了自改革开放以来，小汤山村的发展历程。

整个采访过程大约持续了70分钟，我们根据郝书记所讲的内容，整理出了一份会议记录。

2. 曲折发展，农民就业及福利逐步与城市接轨

小汤山村的发展历程，大致可以分为三个阶段：

第一阶段：以粮为纲，以农为岗

1979年以前，与全国绝大部分农村相同，作为第一产业的农业是小汤山村的中流砥柱，家家户户以种植粮食产物以及农业劳动为主，农业是最主要的产出，同时农田也是全体村民的工作地点。

第二阶段：农业向工业过渡，二、三产业取代第一产业

随着“文化大革命”的结束，改革的春风吹遍了神州大地。这时，因地处我国的首都——北京这一得天独厚的优势，以小汤山村为代表的首都圈中的村子走在了时代前列。1979年之后，从事第二产业的村办、乡镇企业在村中逐步兴起，这一点正顺应了我国当时的产业转型潮流，城乡发展一体化的趋势逐步显现。同时，由于全国大范围内实行了家庭联产责任承包制，从前的“以粮为纲”的大规模种植逐步弱化，村民们投身到二、三产业的热情高涨，由此造成田荒现象严重，村内只有部分老人仍然从事耕作。

在镇政府的政策支持下，截至1984年小汤山村成立了包括暖气片厂、建筑大队、熔炼厂、机务队（负责有偿收割）、运输队、温泉洗浴、幼儿园、蔬菜种植基地在内的八家村办企业，并且成为当时村里发家致富的主要经济来源。从前从事耕地的村民几乎全体“弃农从工”，只用了5年时间，小汤山村就凭借其集体性资产产值1亿元以上的村办企业成为远近闻名的“亿元村”，并且解决了整个村庄在这样一个过渡时期的就业问题。城市能够发展的产业，农村同样也可以发展，取得的成就并不比城市差。从这时起，小汤山

村这个城中村开始变得不那么像一个传统意义上的村落了，更像是北京城外的一个社区。

第三阶段：城乡一体化进程加速，多渠道解决就业

1990 年之后，随着城镇一体化进程的加速推进以及我国市场化经济的进一步发展，第一产业在小汤山村走向了时代的尽头。同时，由于不能逐渐适应市场竞争，包括曾经在第二阶段时期作为中小学示范教育基地的万亩蔬菜种植基地，以及曾经为村集体带来可观收入的暖气片厂在内的八家村办企业也面临着被淘汰或者被动选择、重组的窘境。

首当其冲的是暖气片厂、熔炼厂等这些中重型工厂，按照书记的原话，“同样都是差不多的工资，为什么我们的工作比人家更累更脏，而且生产出的产品质量也比不过人家?”正是在商品市场以及要素市场竞争加剧的双重夹击下，小汤山的村办企业逐步没落，转型的转型，关张的关张。如今暖气片厂的整个厂房转变成了商业用途，依靠厂房出租来获取收入；熔炼厂关张；建筑队、幼儿园于 2013 年解散；万亩的蔬菜种植基地转变成农场失败之后，继续靠出租土地营生；曾经的八大工厂如今只剩温泉洗浴作为小汤山村的特色产业还在运营。

如今的小汤山村总产出仍然在亿元上下，产业结构由过去的集体性企业一家独大转变为了由私营企业、集体性企业、市区镇政府企事业单位等构成的多极局面。小汤山村民就业去向和收入来源包括以下四个方面：

第一，私营经济，自营门面如小卖部、小饭馆等；

第二，外出务工，绝大部分年轻人选择去往北京或者外地打工；

第三，在本村村办企业工作，由于村办企业多已经转型，主要是承担本村双兴苑小区（农民腾退土地，开发商给予住房，双兴苑小区由此兴建）物业工作；

第四，小汤山村内尚未搬进楼房的村民依靠商业性出租自家土

地获取租金收入。

至此，第一产业彻底在小汤山村消失，第二产业逐渐没落，同时由于区政府的支持，以服务业为代表的第三产业开始兴起。此外，双兴苑小区建立后，村中大部分村民搬进新家，与北京城市居民生活在一个小区，随着村子的进一步开发，越来越多的村民也会成为“农转非”。体现在就业、收入以及户籍制度上，“农民”这一顶帽子最终会被摘下，取而代之的是村民与市民的融合，以及城乡一体化。

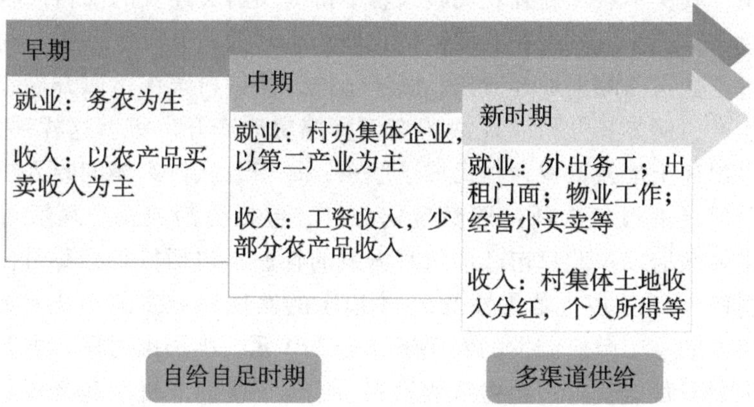

3. 综合考量，从就业和收入水平看小汤山村的城乡一体化

城乡一体化是我国现代化和城市化发展的一个新的阶段，城乡一体化就是要把工业与农业、城市与农村、城镇居民与农村居民作为一个整体，统筹谋划、综合研究，通过体制改革和政策调整，改变长期形成的城乡二元经济结构。

长期以来，农民被城市居民排斥在城市边缘，国家的各项政策似乎也常常倾斜于城市，使得农村居民与城市居民之间存在着许多不公平的地方，如工资收入水平以及社会保障制度之间的巨大差异。本小组选择了就业、收入两大方面论述小汤山村的城乡一体化发展进程，以了解北京市的整体情况。

前文述及，小汤山村自第二阶段起，村民的就业选择虽然变化多端，但就业率始终处在一个较高水平。书记提出了“244”比例，即2成村民闲置在家，通过领取福利金过日子，4成村民集中在双兴苑的物业工作岗位上，剩下的4成则选择了外出务工，使得小汤山村的就业率保持在近100%的水平（这里的100%是指，2成闲置在家的村民若想工作，村内会有充足的工作岗位供他们选择），由此看来，在就业方面，小汤山村的形式甚至超过了北京市内的一些地区。

与就业配套的便是收入了，过去我们总会认为农民的收入低于市民，其实不然。提到农民收入就不得提及前文述及的农村产权制度改革，小汤山村现在的发展模式便是以“股田制”为基础，村民通过出让自己的土地经营权，腾退土地，使得村集体得以开展集约化生产，例如开办村企业或招商引资搞房地产开发等。这样一来，通过出让土地经营权，村民成了股东，每年会从村集体的收入中获得分红（通过每人所持股数确定分红，包括劳龄股，户籍股等），加上村政府以及北京市政府每月派发的补贴，包括村委会每月向退休村民（60岁以上的男性及55岁以上的女性）派发的200元退休金以及北京市政府派发的农民退休金370元，小汤山村民，尤其是老人每月都能获得一笔可观的收入，这也正是前文提及有2成村民不愿工作闲置在家的原因，这部分福利是不会随着村民工作所在地或“农转非”改变而废止的。除此之外，根据政策规定，每当有开发商计划开发小汤山村的土地，必须完成一部分居民“农转非”的指标，费用由开发商全部承担，而成为“农转非”户口后，村民的福利进一步增进，逐步与城市居民接轨，城市居民能够享受到的福利，村民也都或多或少地能够得到。城市居民也可来小汤山村投资开店，购置住房，如今，小汤山村正处在与城市逐渐融合过程中。

此外，诸如升学奖励金、丧葬费等等，这些项目也属于小汤山村村民所享有的福利范围，同时，村民还享受着水暖气费半价等优惠待遇。在教育方面，村民的小孩子们可以在村域范围内从小学一直就读至高中，医疗和保险方面，也都获益于国家的新型农村合作医疗和新型农村社会养老保险。由此可见，村民们的福利水平还是较为令人满意的。

城乡一体化与城镇化相辅相成，城乡一体化是消除区别对待，实现平等的过程，而城镇化是农村城市化的过程，城乡一体化是城镇化的最终目标。从我们的实践成果来看，小汤山村在城乡一体化以及城镇化方面所取得成就是十分喜人的，村民搬进了现代化的小区，劳动力充分就业，又拥有充足的可支配收入，同时，村内的基础设施也在逐步完善，从马路两边的银行、邮局以及各类店面便可以看出。村民从农民变为了工人，再从工人变成了服务员甚至是一个小老板，城市居民能做的，小汤山村的村民同样能够做到，村民已经从传统的体力劳动中逐步脱离出来，土地对村民的束缚作用越来越弱，村民社会地位也日渐提高。这一切成就，得益于国家的政策支持以及政府对我国三农问题的高度重视，城乡一体化是一种不可逆的趋势，一旦步入正轨，必将会向前发展下去，小汤山村就是这样一个典型的例子。

（二）实践留影

1. 小组成员去往小汤山镇政府

2. 小组成员于小汤山镇经济普查办公室前

3. 小组成员去往小汤山镇市政管理所

4. 小组成员与管理所负责人合影

5. 小组成员去往小汤山村村委会

6. 本小组获得的走访回函

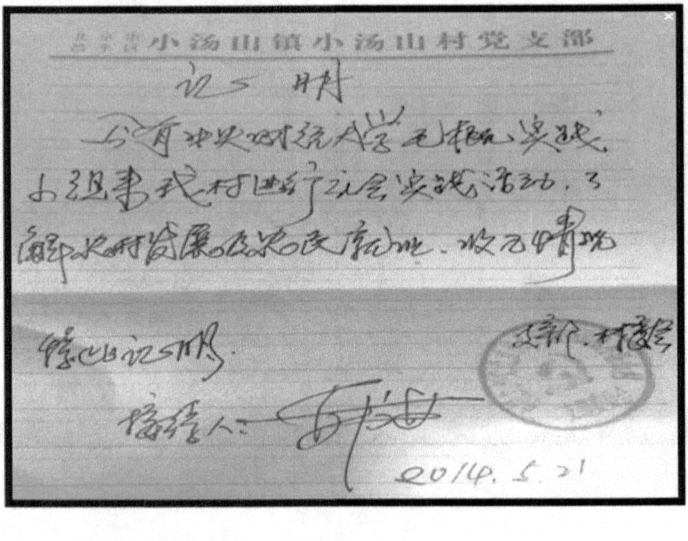
北京市昌平区小汤山镇小汤山村党支部

证明

兹有北京城市大学生假期实践小组来我村进行了社会实践活动，了解我村发展及农民生活状况，收集情况

特此证明。

支部、村委会

接待人：[illegible]

2014.5.21

7. 小组成员的部分会议记录

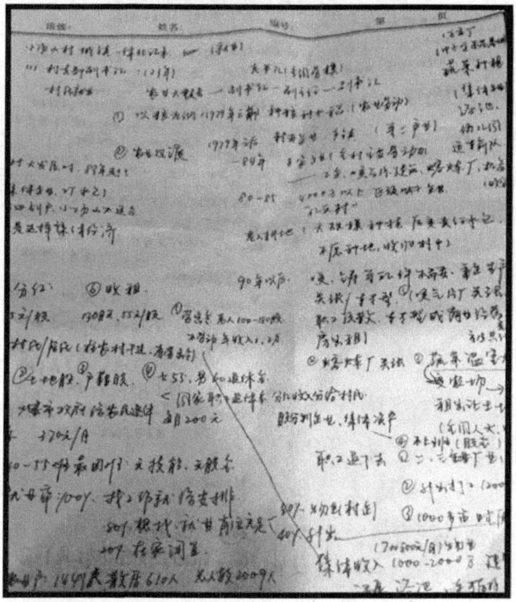

8. 小组成员于双兴苑小区门口处合影

三、实践感悟与思考

（一）一体化进程评价

小汤山在城镇化乃至促进城乡一体化进程中取得了可喜的成绩，但也存在一些亟待改善的问题。下面对进程中不同方面的成绩和问题进行分析：

1. 户籍的城乡一体化

我国的城乡二元户籍制度有其存在的历史性因素，但目前仍有其存在的合理性，虽然这种控制人口流动的制度存在一些缺陷和不合理的地方，但对有效调控城乡结构有很大作用。目前小汤山村人口的户籍结构是农业户数 530 户，农业人口 1401 人，非农业户数 290 户，非农业人口 466 人。非农业人口占比约为 25%，每年仍根据北京市的指标调控在上涨，2013 年农转非人数为 25 人。户籍在一定程度上反映了城镇化乃至城乡一体化的进程速度，小汤山村非农业人口的比例相对于其他农村已经很高，这反映了在户籍方面，小汤山村的城乡一体化程度已经取得不错的成绩，村民有机会选择成为城镇居民，这是很大的一个进步。但同样要注意的是，小汤山村因为特殊的区域优势，位于行政中心也就是小汤山镇政府附近。在这种情况下，村民因为宅基地或耕地被收归为国有土地，也就可以选择成为城镇居民，这是小汤山某些村民的优势，但对于其他村民来说就没有这种选择的机会了。

2. 行业结构的城乡一体化

小汤山村的行业发展过程已经由前文介绍，从只有农业到工业为主、农业为辅，再到第三产业为主。工业不仅仅只是城市以及城镇所有，农村不是只能发展农业，也可以发展乡村企业，小汤山之前的第二产业和部分第三产业发展得很好，较早地成为了亿元村，但后来由于缺乏竞争力逐渐走向下坡，乃至只剩下个别企业。目前小汤山已经完全失去了农业，第二产业也只剩下少数几家产量不高、没有竞争力的企业，主要的行业是个体工商户的服务业，村集体的土地租赁和出售业务、小区的物业公司以及村民个人的房屋租赁业。小汤山村由于失去了农业为主的第一产业，在某种性质已经说不上是村了，正在逐渐由村落向社区过渡。

书记在介绍小汤山村的情况时，也向我们表达了他的一些担忧。其中最引人注目的福利金的问题。根据书记所述，最初小汤山村从每股20元增长为如今的65元一股，目前仍以每年5元的速度增加。这部分福利金大部分来自于开发商支付的租金，但一旦开发失败或者经营不善，福利金必将断流，到时只能通过拆东墙补西墙的方式弥补空缺，事实上，这也正是村政府目前正在使用的办法，因为土地在出让的方式不仅仅只有出租这一种，还有无后续资金注入可言的一次性付款等。在转变过程中失去了第二产业的有效支撑，这是暴露出来的较大问题，但形成了以土地为收入来源的相关行业，这是小汤山合理利用自身优势的很好表现，但这种优势存在一定的风险性和不可持续性，需要强加注意。

3. 公共服务的城乡一体化

公共服务是城乡一体化中的重要组成部分，城乡的服务条件不均等也是城乡二元结构中最受诟病的地方。小汤山村在改善本村公共服务包括养老、教育、医疗方面做出了较大的成绩。这些成绩在前问已经详细描述，公共服务的基础在于收入的保障，小汤山村集体目前的收入情况还不错，依靠土地的出租入股以及建商品房出租售卖获得了可观的收入，但土地财政是不可持续和存在风险的，以这为基础的公共服务也是如此。因此解决公共服务这一难题不仅依靠市政府乃至中央政府的统一安排和提高民生支出，基层单位一定要努力提升自己的经济发展水平，为村民更好的公共服务提供保障，这是小汤山村在今后需要进一步改善的地方。

（二）实践成果总结

在总结小汤山村发展模式的基础上，本小组也提出了若干条政策性建议，旨在服务于小汤山以及北京市其他农村地区未来的发展。

1. 依托北京发展总部经济大战略，调整产业结构，吸收劳动力

因地制宜，发展具有首都特色的小城镇。北京是全国的政治、文化和国际交往中心，又是重要的消费城市，在国际上有着巨大的影响力。小汤山镇地处中关村北部研发服务和高新技术产业带东南，有一半镇域面积被纳入中关村北扩区范围，同时，小汤山镇域内拥有未来科技城北扩区，是未来科技城向北空间延伸和功能拓展的重要区域。在《中共北京市委关于制定北京市国民经济和社会发展第十一个五年规划的建议》中明确提出，“进一步完善政策环境，大力发展总部经济，吸引跨国公司在京设立地区总部、研发和结算中心，积极争取国际组织在京设立分支机构和总部，提升北京的国际竞争力和影响力”。小汤山农业科技园发展与北京市经济发展规划相统一，有效融入这一发展体系之中，进一步的发展应以优化各园区的产业结构调整为重点，以产业布局、产业链建设和重点龙头农业企业发展为突破口，大力优化发展园区环境，加强园区综合服务功能建设，培植、引进国内外各类型企业，重点发展现代农业服务业。

2. 城乡基础设施建设一体化

城乡基础设施建设的协调统一发展过程，也就是城镇化有效发展过程。基础设施建设城乡严重二元分割化，将大幅度增加城镇化的成本风险。当前，我国城乡基础设施这一类公共产品供给制度是非常不公平的，城市的道路、电力、公交、自来水、煤气等基础设施建设基本上是国家投入的，而农村基础设施基本上是农民自己负担的，哪怕是水利设施建设，国家主要是针对大江大河建设、城市的防洪，对于农村小型水利建设投入非常小。由于基础设施供给制

度的城乡分割，必然造成城乡经济社会结构二元化的强化，进一步加剧了城镇化发展的经济社会成本风险。为此，要防范和化解城镇化成本风险，就内在要求政府树立基础设施城乡统筹发展的观念，建立城乡基础设施建设一体化的机制，在财政支出预算时，要突破偏重于城市基础设施建设的旧观念，实行城乡基础设施建设的统筹协调发展。这就要求当前各级政府要加大对农村基础设施建设的投入，以补偿几十年来对农村基础设施建设的欠账，尤其是要加大中央政府和省市政府对农村基础设施建设的转移支付力度，以实现城乡基础设施建设的协调发展。

教师评语：

小汤山镇是全国小城镇建设示范镇，调查这里的小城镇建设经验和城乡一体化经验具有重要借鉴意义。以宋健同学为组长的实践小组通过实践考察和走访，了解了小汤山镇小汤山村经济社会发展的情况，分析了小汤山村城乡一体化的主要经验和存在的主要问题，并提出了自己的想法和建议。通过调研活动，实践小组深化了对城乡一体化相关知识和理论的理解，也深化了对北京城乡发展政策的认识和理解。

关于大学城在城乡一体化中作用的调查研究

——以沙河高教园为例

团队：信息之光

成员：石晓文　杜思康　李远航　平瑷嘉　韩宇飞　李小帅
　　　赵瑜琪　施蕴心　李　璐

一、实践方案

（一）实践背景

1. 历史背景

城乡一体化是随着生产力的发展而促进城乡居民生产方式、生活方式和居住方式变化的过程，使城乡人口、技术、资本、资源等要素相互融合，互为资源，互为市场，互相服务，逐步达到城乡之间在经济、社会、文化、生态、空间、政策（制度）上协调发展的过程。城乡一体化的思想早在20世纪就已经产生了。我国在改革开放后，特别是在80年代末期，由于历史上形成的城乡之间隔离发展，各种经济社会矛盾出现，城乡一体化思想逐渐受到重视。

2. 政治背景

实现城乡一体化是党和国家在改革开放新时期提出的发展战略。党的十七大提出："要建立以工促农、以城带乡的长效机制，形成城乡经济社会发展一体化新格局"的战略指导思想，标志着中国共产党已经把城乡关系的发展目标由城乡统筹提升为城乡一体化。十八大报告进一步提出："解决好农业农村农民问题是全党工作重中之重，城乡发展一体化是解决‘三农’问题的根本途径。要加大统筹城乡发展力度，（打破城乡二元体制结构）增强农村发展活力，逐步缩小城乡差距，（资源配置更加合理，城乡基本公共服务更加均等化）促进城乡共同繁荣。”推动城乡一体化是发展的重中之重，是深入贯彻落实科学发展观的重要方式，是实现共同富裕的必要途径。

3. 社会背景

在政府不断推进城乡一体化建设的同时，逐步外迁的大学城也渐渐对此产生影响，此前几年北京教委拟定，在5年内实现中央民族大学、北京建工学院、首都经济贸易大学、中央戏剧学院、北京信息科技大学、北京城市学院等学校通过置换原有校区，在新城建设新校区。高校外迁先以搬迁到北京郊区为主，由此北京周边的郊区可以以大学城为中心，以发展大学城经济为龙头，学城联动，大力发展优质高教、优质医疗以及相关产业，以学城联动推动城乡一体化，努力建设生产生活生态相融合、宜业宜居宜学宜游的新城区。大批高校陆续迁往郊区，对城乡接合部将产生多方面的影响。

（二）实践目的和意义

1. 了解大学城建设情况

作为一名央财人，身为昌平大学城的一分子，我们有必要了解一下自己生活的周边情况，因此我们小组特此展开实践，调查了解大学城的建设情况，包括基础设施与公共设施的完善情况、校园的绿化情况以及周边地区的开发情况。

2. 了解城乡一体化程度

城乡一体化是随着生产力的发展而促进城乡居民生产方式、生活方式和居住方式变化的过程，使城乡人口、技术、资本、资源等要素相互融合，互为资源，互为市场，互相服务，逐步达到城乡之间在经济、社会、文化、生态、空间、政策上协调发展的过程。我们小组为了响应这次实践主题，以昌平区为例展开实践，考察了解城乡一体化程度。

3. 加强与周边学校联系

在这次实践活动中，我们小组参观访问了北京航空航天大学，在那里，通过与几名同学的交流，加深了我们对北航同学的了解，拉近了我们之间的距离。作为与我校相距最近的学校，我们应该与北航同学有更紧密的联系，有更多的交流。

4. 增强综合素养

这次实践从多个方面入手，使调查研究更全面更具代表性。在整个实践中从前期计划研究到后期实地实践、报告总结，不仅能提高了自己的综合素质，开阔了视野，同时成员间的互帮互助、交流合作也有利于增强分析问题、解决问题的能力与团队合作精神。

（三）可行性分析

1. 优秀的团队成员

团队由9名同学组成，每位同学都各有特长与优势。在小组讨论中，同学们显示了很强的逻辑分析能力，规划能力。队员之间配合良好，分工明确，扬长避短，以全部的热情投入到本次社会实践之中。我们有着良好的逻辑推理、数据分析能力和充分的社会实践方法指导，队员谨慎沉着、思维缜密、脚踏实地、追求创新。理想与感性思维的碰撞，让实践变得充实。

2. 充分的前期准备

在确定实践主题后，我们通过网上查阅相关资料、小组讨论等，分析大学城在城乡一体化过程中的作用，进一步明确实践主题和方向。然后，积极进行其他前期准备工作。小组成员分工合作，制作问卷，确定大致的实践环节和日程安排；联系北航同学。充分的前期准备为实践的顺利开展和进行奠定了基础。

3. 组员的积极参与

在确定主题之前，每个小组成员都积极地查阅资料、提出主题，结合热点和要求，我们最终确定了“大学城在城乡一体化过程中的作用”这个主题。然后，小组成员又进行了多次讨论，初步确定实践内容；分工合作，确定日程安排。组员的积极参与和高涨的热情，让我们有了更大的信心做好这次实践。

二、实践过程

本次实践主要分为四大块内容：前期准备，校内调查，校外走访，后期总结。

（一）前期准备

根据老师给出的“城乡一体化”的主题，我组积极响应，分头在网上搜集了大量资料，然后进行了两次开会讨论，交流思路，结合我们自身所处的环境，最终确立了“大学城在城乡一体化过程中的作用”这一主题，并且得到了毛中特老师的一致赞同。

确立了主题后，接下来我们进行了相应的准备工作，确立了调

开会讨论

查地点：中财本校、北航以及周边地区；设计了相应的调查问卷，准备在线上和线下进行调查；确立了相应的采访对象，有北航同学。快递专员等等；明确了分工，大家有条不紊地开展实践活动。

（二）校内调查

经过了一系列的前期准备，我组成员首先在校内开展了相应的实践活动，这一块的实践主要是收集大家的意见。我们在教学楼六号楼、大学生活动中心的阅览室、宿舍等几个地方分发问卷，并进行回收总结。

经过讨论，我们觉得有必要对快递小哥进行一次采访。快递小哥因为大学城的建立频繁奔波于城市与郊区之间，想必有其独到的感受。我们选择一个中午拿快递的机会，对申通的快递小哥进行了采访。

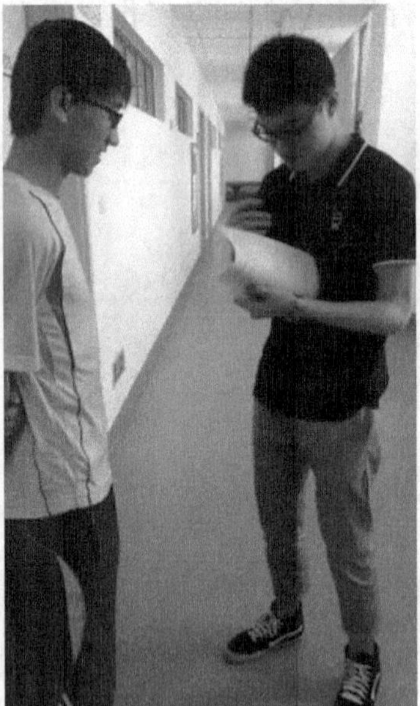

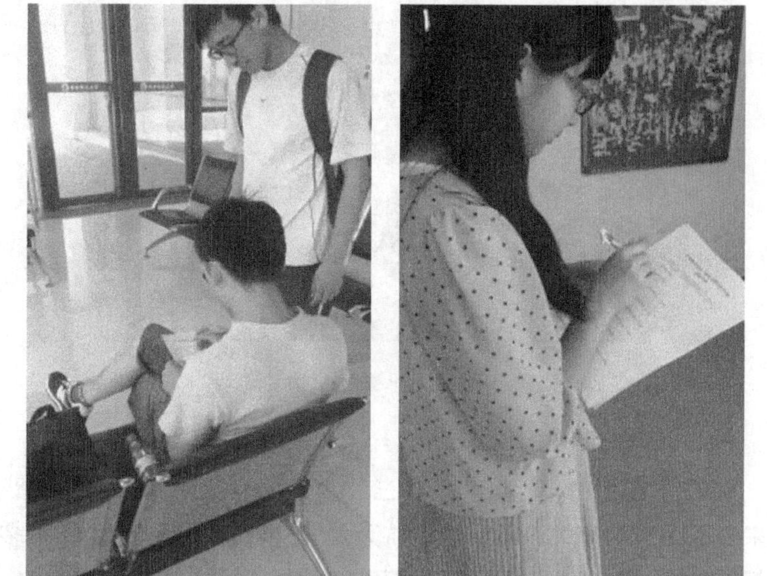

不同人在接受问卷调查

对快递小哥的采访

（三）校外走访

挑了一个周二、趁大家连着三节没课的空隙时间，我们实践小组来到了中财的邻居—北京航空航天大学进行实地调研。由于很多组员都不是第一次来北航，所以我们已经对北航的情况有了一个大概的了解。我们首先采集了北航周边的环境信息，感觉比中财那边气派不少，沿着大门那条道，我们可以到达北航的教学楼。在路上，我们很幸运地找到了一位同学并接受了相关采访，附图如下。

北航周边

一行合影

采访进行中

采访完成后，我们来到了北航的三号教学楼，教学楼内部的布置简约大方，这个时间正当课间休息，我们找了一间自习室，并向在里面上自习的同学发放了相应的问卷。

发放问卷

北航同学认真填写问卷中

走出教学楼，我们下一个目标是食堂，希望在那里得到更多的信息。由于正处于上课时间，所以食堂这会人并不是很多，我们主动地邀请北航的女生接受采访，附图如下。采访的同时，我们进一步获得了更多的问卷反馈信息。

北航食堂

第二轮采访

我们用自带的食物在食堂饱餐一顿后，一行人准备去下一个地点——图书馆。虽然是邻居学校，但我们对于北航有四层图书馆这一件事是又羡慕又嫉妒，一定要去探个究竟。这个时间图书馆的人大多在休息，我们也不好意思惊扰他们，所以只在馆内回收了几份问卷，看了一会书，便离开了。

北航图书馆

走出图书馆，映入眼前的是一泓清泉，在这种沁人心脾的地方合影之后，我们一行人带着满意的笑容，离开了北航。

湖边合影

离开北航之后，我们来到了北航门口的小商店里，趁着买水的时间对商店老板开展了一次访谈，得到了店主张女士的宝贵看法。

（四）问卷分析

问卷目的：调查昌平大学城学生对于大学城和城乡一体化的认识和看法。

基本情况：本次问卷共计100分，有效问卷85份。

调查对象：北京航空航天大学和中央财经大学的本科生。

问卷结构：问卷问题1—2属于调查对象的基本信息采集；

问题3—8主要研究昌平大学城的发展；

问题9—13主要研究同学们对城乡一体化的认识；

问题14—15主要研究大学城和城乡一体化之间的相互作用。

1. 您的性别：［单选题］

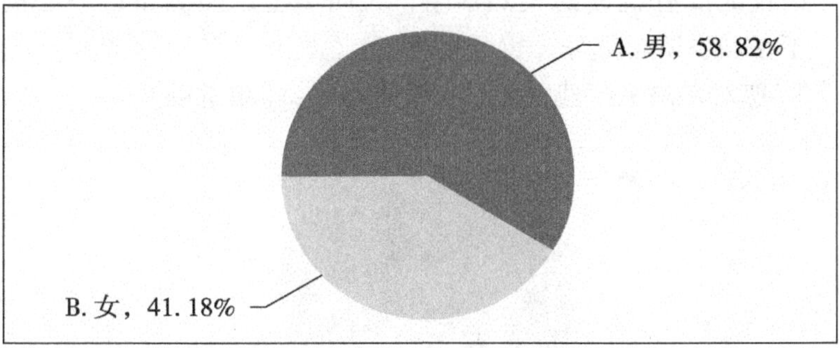

结果分析：

本次调查为随机发放问卷，主要在北京航空航天大学和中央财经大学进行，其中有58.82%的被调查者为男生，41.18%的被调查者为女生，男生人数总体上多余女生。

2. 您所在的年级：[单选题]

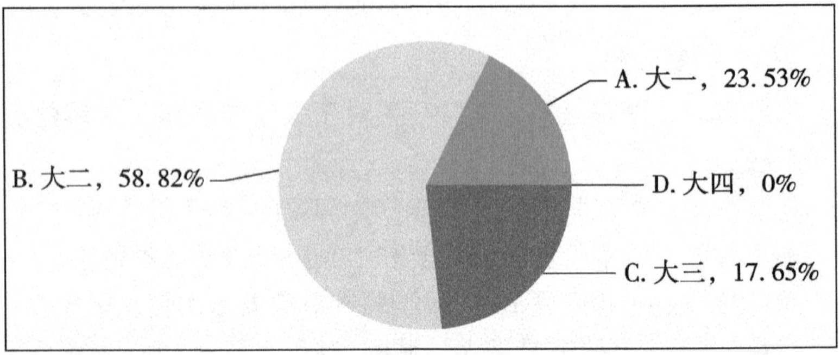

结果分析：

参加本次调查的一多半为大二学生，也有部分大一学生和大三学生，但是不存在大四学生，主要原因是：在进行调查的北航校区和中财校区没有就读的大四学生，大四学生已搬到市区中心的校区，不在城乡结合部分，暂可忽略。

3. 您对在昌平区建立大学城的态度是：[单选题]

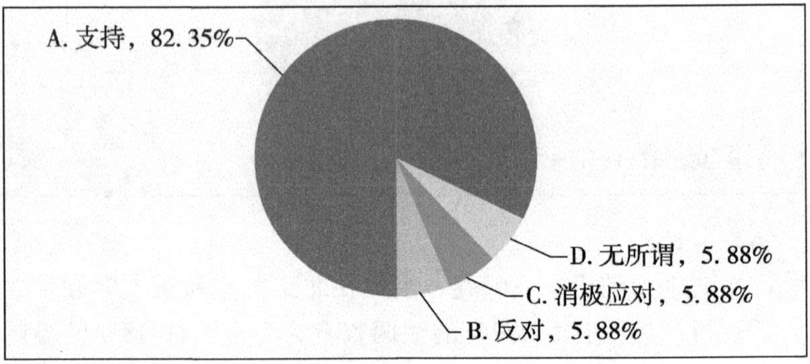

结果分析：

超过80%的学生支持昌平大学城的建立，只有极少数的人反对或持中立态度。可见，大部分学生对大学城的建立抱有乐观的态度，认为大学城有其存在的必要性和优势。

4. 您经常去昌平大学城内的其他学校吗？［单选题］

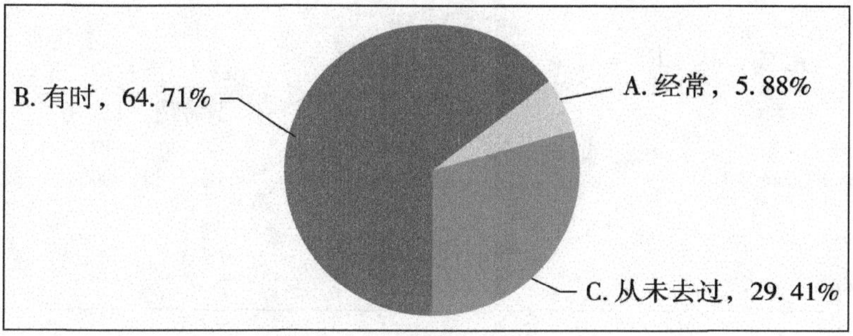

结果分析：

有结果可知，超过一半的学生有时会去大学城的其他学校，或蹭课，或找同学，或比赛交流，大学城学校之间的交流是广泛存在的。但也有约 3 成的学生只待在自己的学校，不能充分利用大学城的资源。

5. 您认为建造大学城会造成土地资源的浪费吗？［单选题］

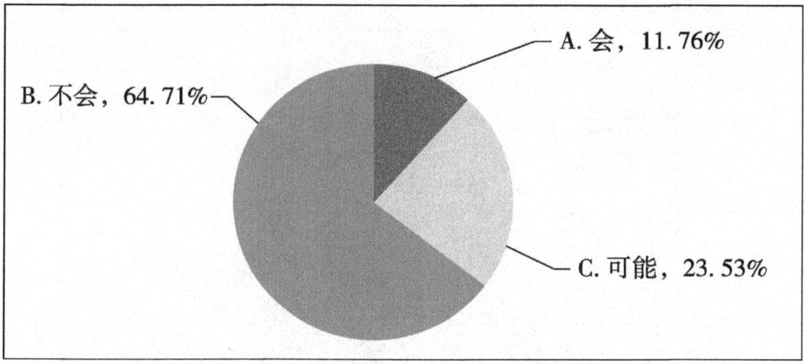

63.71% 的学生认为大学城普遍占地面积较大是有意义的，教育用地的过多在他们看来是合理的，教育用地不会造成土地资源的浪费。23.53% 的人提出可能有造成土地浪费的趋势，应加以控制。

11.76% 的人对大学占地面积较大持反对观点。

6. 您认为大学城能拉近各学校师生之间的交流吗？[单选题]

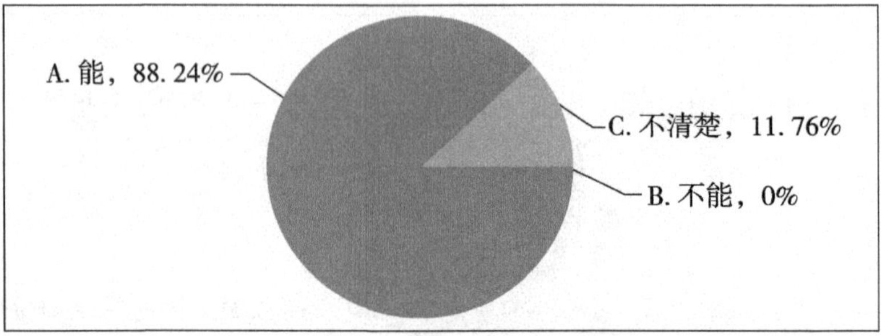

结果分析；

由结果可知，大学城不能促进师生交流的可能性不存在，绝大部分学生认为大学城可以促进师生的交流，认为大学城可以让教育资源更广泛地发挥作用，使更多人收益。

7. 您觉得大学城建设存在的主要问题有：[多选题]

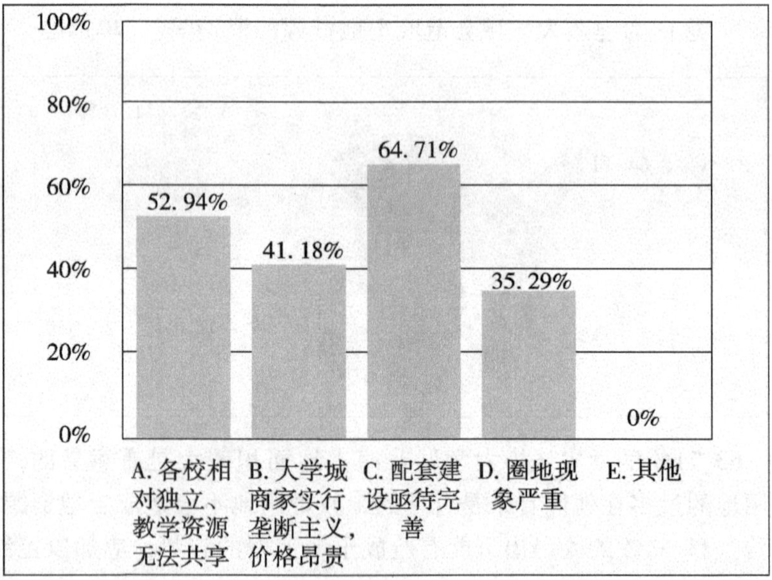

结果分析：

认为各校相对独立教学资源无法共享、大学城商家实行垄断主义、价格昂贵、配套建设亟待完善、圈地现象严重的均有人在，且人数大体相当。由此可见，大学城的建设还存在多方面的问题亟待解决和改善，尤其是大学城配套设施，如交通、休闲、学习、饮食等的健全尤为值得关注。

8. 长远角度看，您认为大学城是高等教育发展的必定模式吗？[单选题]

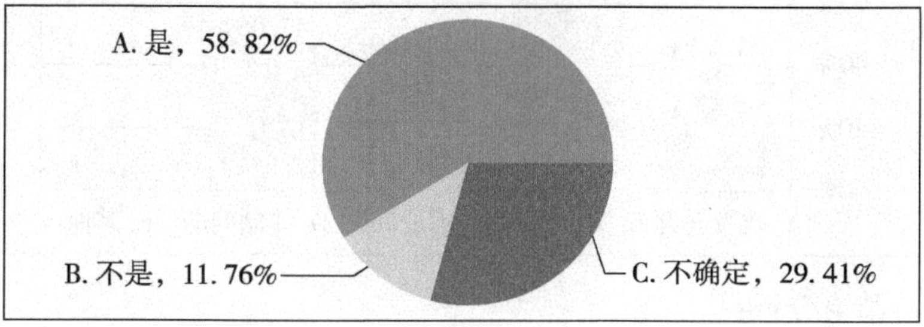

结果分析：

超过一半的学生认为随着教育的发展，大学城的存在将会替代单一、分散的大学，成为一种必定的模式，“规模经济”的优势将会体现。11.76%的学生认为分散、独立的学校将会比较适合社会的发展方式。

9. 您对城乡一体化建设了解多少吗？[单选题]

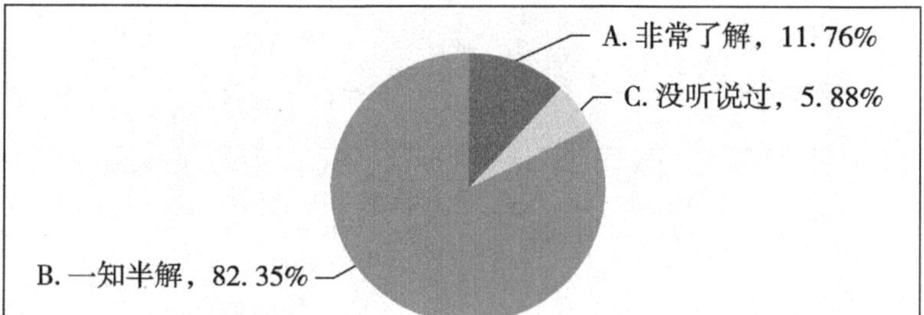

结果分析：

大部分学生对城乡一体化建设是处在一知半解的状态，极为了解的仅占10%左右，由此可见，城乡一体化的需要引起更多人的关注和了解，其宣传的工作迫在眉睫。

10. 您认为当前实现城乡一体化发展面临的主要难点是［多选题］

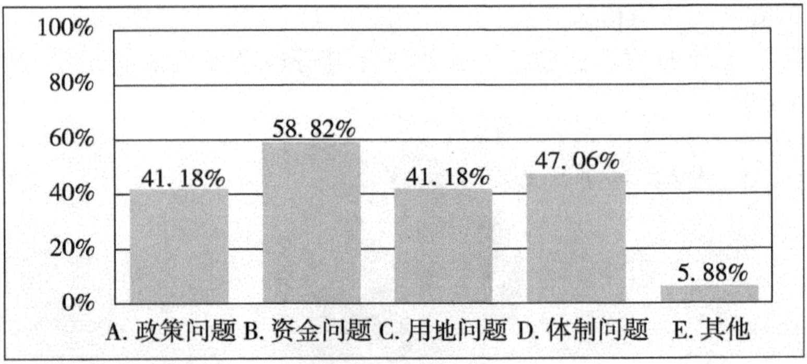

结果分析：

政策问题、资金问题、用地问题、体制问题都成为大学城建设关注的要点，且关注程度相当，其中资金的问题最为引人关注。

11. 在您看来城乡一体化是什么样的？［多选题］

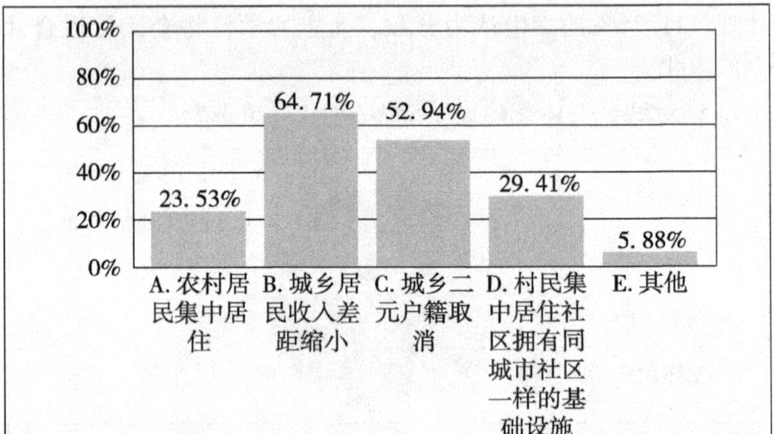

结果分析：

大部分同学们认知的城乡一体化主要是指城乡居民收入差距缩小和城乡二元户籍取消。这两个问题主要存在于经济发展和户籍制度两个方面，需要国家政策的大力支持。也有部分同学对于城乡一体化这个概念认知有误区或者不了解认为城乡一体化只是单纯的地理位置或者基础设施的一体化。推进城乡一体化发展还需要加强宣传。

12. 您个人最希望昌平加大哪方面的建设？［多选题］

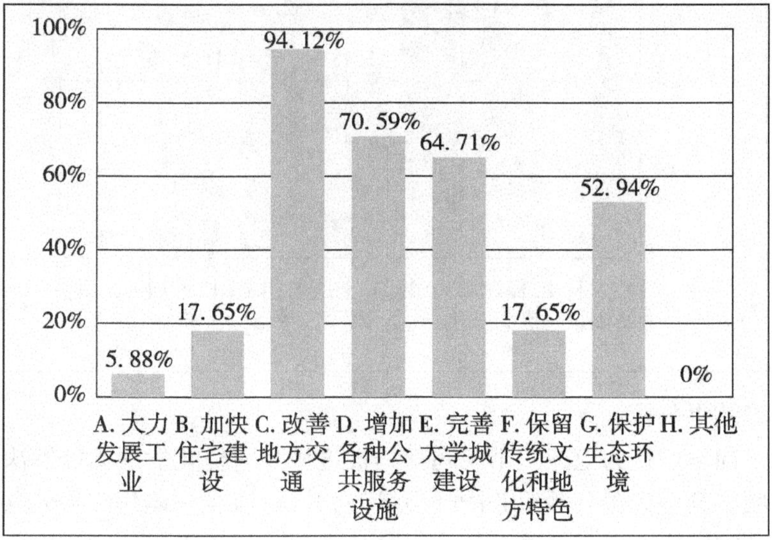

结果分析：

在大部分同学们看来，改善地方交通、增加各种公共服务设施、完善大学城建设、保护生态环境这四个方面是昌平最需要发展的方向，特别是改善交通的呼吁最高。

由此可见，昌平区的基础建设比较薄弱。

大部分同学不希望昌平发展工业和房地产这方面的经济。同时从分析结果可以看出，同学们对于保留传统文化和地方特色的意识比较欠缺。

13. 您认为当前推进城乡一体化发展，亟须解决的问题是：［多选题］

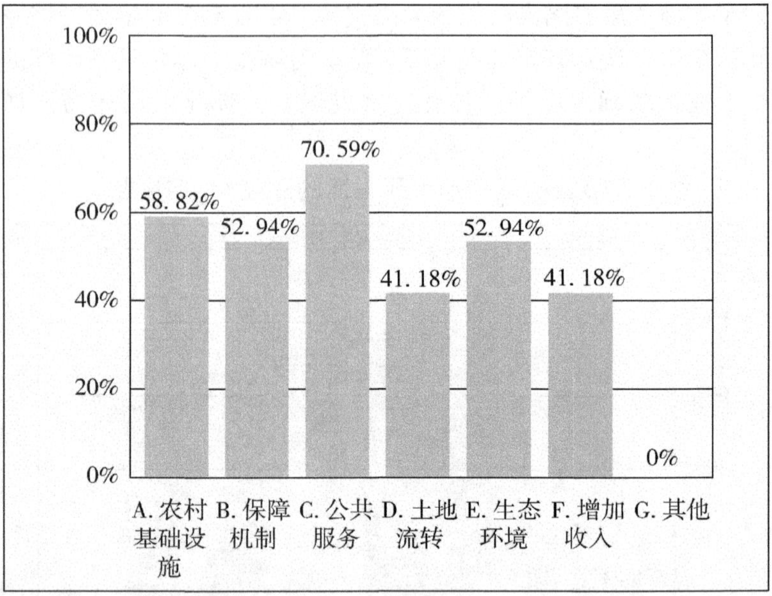

结果分析：

同学们认为上述六个问题都是推进城乡一体化发展亟需解决的问题。其中完善公共服务的呼声最高，推进城乡一体化改善公共服务还需国家财政的大力保障。而且从选项中可以看出，同学们的环保意识明显加强，对于改革中的生态环境保护相当注重。

由此可见，我国的城乡一体化建设问题还有很多，还需要在各个领域进一步地完善。

14. 您认为昌平大学城对北京城乡一体化建设有影响吗? [单选题]

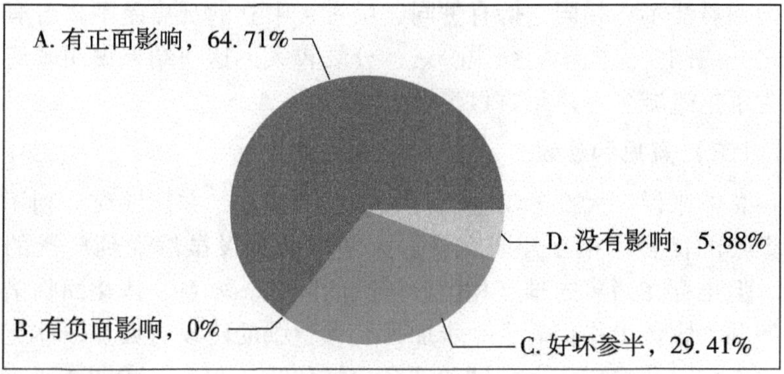

结果分析:

64.71%的同学认为昌平大学城对北京城乡一体化建设有正面影响, 29.41%同学认为影响好坏参半, 没有同学认为昌平大学城对北京城乡一体化建设有负面影响。

由此可见, 建设昌平大学城对北京一体化影响总体上说是正面的。

15. 您认为推进城乡一体化是政府建设大学城的主要原因吗? [单选题]

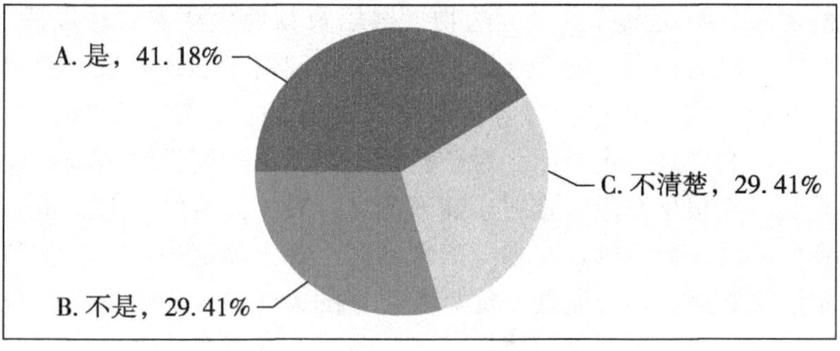

结果分析：

同学们对推进城乡一体化是否是政府建设大学城的主要原因这个问题看法不尽相同，持有赞同、反对、中立的观点差不多各有三分之一的同学。同学们众说纷纭，分歧较大，这一结果说明政府不能为了推进城乡一体化盲目建设大学城。

（五）意见和建议

总体来说，大部分学生支持大学城的建立，并能够充分利用大学聚集的优势，相互开展交流。大学城的建设虽然受到广泛的支持，但也存在诸多的难点和亟待解决的问题。城乡一体化面临诸多的问题，宣传工作仍需进一步加强。大学城的建设对城乡一体化有促进作用，政府应将大学城和城乡一体化统一起来。在调查研究的基础上，提出以下意见和建议。

1. 加强配套设施建设

中央财经大学毗邻沙河高教园地铁站，北航与外交学院距离地铁站较远，公共交通主要依赖公交汽车，但公交汽车时间间隔为三十分钟，等候公交的时间机会成本很高。即使是中央财经大学的学生，前往市中心一次平均所需的时间也在一个小时以上，对于北航和外交学院的同学来说则往往需要一个半小时以上。交通的不便利使得学校的学生长时间停留在学校。但是周围的经济发展又处于较低的水平，各类设施全无，购物、娱乐及其他生活需要难以满足。高教园区成为新世纪的象牙塔。学生长时间留于学校而很少前往城区，学习方式以书本学习等传统学习方式为主，较少参与社会活动，视野会受到一定局限。对于教师来说，由于高教园区基础设施建设落后，很少有教师定居于高教园区。新—老校区点对点班车的存在使得大多数教师过着白天高教园区，晚上城区的生活。教师没有定居高教园，高教园便不能算是真正的大学城，对于消费的拉动减少许多，周围的经济也难以活跃。每当夜幕降临，高教园区的教师纷纷离去，学生不出校园，保安不断巡逻保卫学校的安全。这雕琢精美、防卫森严的校园如同中世纪的城堡，同周围荒凉的农田格格不入。周围经济没有得到真正的腾飞，学生的视野受到局限，纵有华丽的大厦，也不能算真正的城，城镇化建设需要更多学生外的人来定居，各种配套设施的完善。

2. 提升商业运作水平

通过大学城拉动城镇化很重要的一方面是商业化运作。据了解，沙河三校的物业均采用了出包的方式，如中央财经大学将物业出包给昌欣物业公司，昌欣物业为独立的法人机构，这拉动了就业上。但除此之外，并没有更多的校企合作。许多技术企业和商业企业需要科研及学术支持。据了解，北航许多实验室研究人员与教师与科技企业有密切合作；中央财经大学许多教师为基金和其他产品操盘手。但并没有任何一家企业因为合作的原因而选择定址于高教园区，这和两校区分治有关。由于很少有教师定居于高教园区，导致校企合作时在城区进行更加方便，这需要政府政策的引导。学校校区建设时也应当从经济上加以考虑。

3. 加强校际沟通协作

大学城的建设并不只是地理位置上的聚集，应当在学术科研交流上也实现聚合。沙河高教园区目前有三个学校，从地理位置上说，北京航空航天大学与外交学院相邻，而中央财经大学与另外二者相距较远。但三校之间只有每年一次的社团交流等活动促进三校沟通起来，且活动影响力有限。学校间的图书资源、讲座资源、课程资源并没有实现共享。况且从地理上来看，中央财经大学到北京航空航天大学乘坐公交虽只需十几分钟，但等待时间长达半个小时。交通设施也为学生间的交流制造了障碍。加强高教园区各校的合作，需要市政和各校的共同努力。

三、实践感悟和思考

虽然本次社会实践已经结束，但社会实践给我们带来的巨大影响却远没有结束。这次实践让我走出课堂、走出校园、走上了理论与实践相结合的道路。

通过本次社会实践活动，一方面，我们锻炼了自己的能力，在近40度的高温下到各处分发问卷、采访录音，在汗水中成长。另一方面在实践过程中，我们表现出了经验不足、处理问题不够成熟等问题。在今后的学习生活以及以后的实践中要通过认识这次实践的不足和缺点，结合自己学到的知识，锻炼自己的能力，为今后更好地提升自己打下坚实的基础。

在本次实践中，我们最大的感悟是懂得了沟通。沟通是最重要的事情，任何工作都离不开沟通，在沟通中我们收获了最多。整个实践过程中，由于各自性格和想法有所不同，我们产生过意见的分歧，有过争论、彷徨、迷茫和不知所措。但正是在我们不断地交流下，才让我们的分歧越来越少。在大家的沟通下，我们分配好任务，使每个人的工作更加清晰。我相信，我们队员在以后的生活中，一定会铭记此次实践的经验教训，做得更好更优秀！

教师点评：

城乡一体化是中国现代化和城市化发展的一个新阶段，对于破解城乡二元结构，加快农业农村发展、促进农民富裕、实现全面建设小康社会的奋斗目标，具有重大意义。该实践报告主题新颖，创造性地提出了“大学城在城乡一体化过程中的作用”，通过对他们最熟悉的校园展开调查，以点代面，影射城乡一体化程度，能有更加深刻、全面的认识。同时，由于我校及北航正处于新开发的大学城之中，因此，实践地点临近，减少了不必要的行车时间，提高了调研效率。

探究北京市密云县城乡一体化中基础设施建设的若干问题

团队：城乡里的守望者

成员：何　蕊　印雨旻　王炜琳　刘思源　王韫璋

田　婧　王世杰

一、实践方案

（一）选题内涵

1. 研究城乡一体化问题的必要性

2014 年北京市政府工作报告中曾强调着力推进新型城镇化，率先形成城乡发展一体化新格局。北京市的城乡一体化发展，通过整合北京市城区的人力、环境、物力等优势资源，结合首都的行政优势，进行体制改革和政策调整，能够促进城乡规划建设、产业发展、市场信息、政策措施、生态环境保护、社会事业发展的一体化，改变长期形成的城乡二元经济结构，实现城乡在政策上的平等、产业发展上的互补、国民待遇上的一致。

2. 基础设施建设与城乡一体化发展的关联性

基础设施作为区域社会经济持续发展的基础和保障，为城乡一体化发展提供了一个不可或缺的硬环境，是城乡各种网络要素流的依托和保障。实证研究表明，区域基础设施发展水平总是在一定程度上促进或者抑制与城乡一体化发展程度紧密相关的区域经济增长、工业发展和人均国民生产总值的提高。国内学者所做的关于全国 30 个省、市、自治区的基础设施和人均国民收入相关关系的研究报告指出，经济性基础设施与地区经济增长存在着很强的相关关系，而其中以邮电通讯与人均国民收入的相关系数最高，为0.9325。其次是交通运输，其相关系数为0.9038。

区域城乡一体化并不是单纯指城市乡村化，而是指城乡一体化进程中城市与乡村的交融发展。图1反映了基础设施与城乡诸要素的关联模式，该模式内诸要素相互作用、相互反馈的过程就是城乡一体化过程，其最高形态是形成一个城乡经济、社会、文化相互渗透、相互融合、相互依赖的城—镇—乡有机联系的社会网络体系。

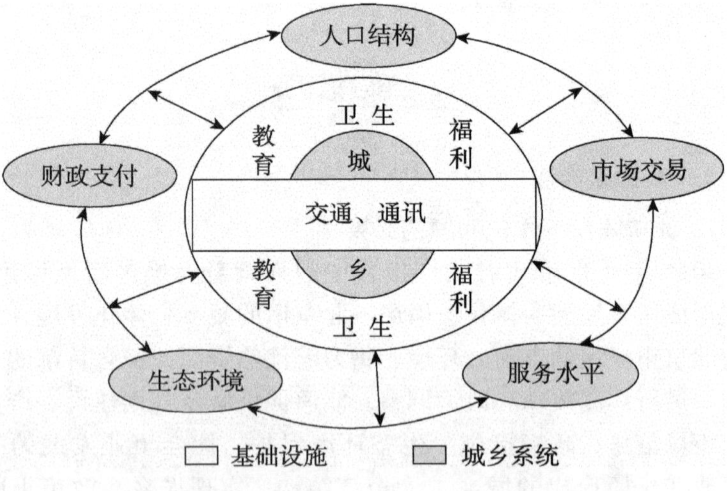

图1 基础设施与城乡一体化发展的关联结构

Fig. 1 Associative mechanism between infrastructure

（二）目的及意义

1. 将所学知识与中国的现状相联系，达到学以致用。
2. 加深对城乡一体化问题的理解。
3. 培养社会责任感和社会主人翁意识。

（三）调研地点选择

密云县位于北京市东北部，面积2229.45平方千米，常住人口47.4万人，是北京市五个生态涵养发展区中人口最多的区县，其近几年在公共基础设施方面发展极为迅速。例如在文化方面，密云县共有公共图书馆1个，文化馆1个，文化中心20个，卫生机构661个。

密云县是北方第一个国家生态县，被国家环保部评为"全国首批生态文明建设试点地区"，但其地理位置又成为发展的局限，使得资源整合与利用欠于其他北京市郊区，城乡一体化发展有其特色和值得研究之处。

因此，我们小组选择密云县的基础设施建设作为研究北京市城乡一体化发展的切入点。

（四）实地调研安排

时间：2014年4月5日—2014年4月7日

内容：探讨密云县城乡一体化发展中的公共基础设施问题。

地点：密云县石马峪村、密云县新农村、密云县城。

实践流程：

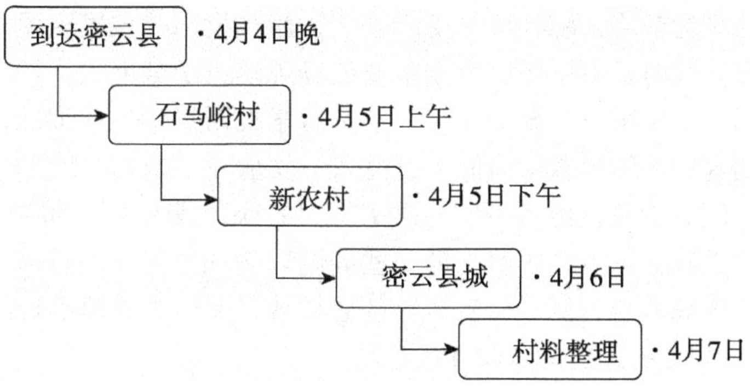

二、实践过程

（一）实地调研走访具体内容

1. 密云县村庄调研考察及典型访问对象案例分析

我们小组于4月4日晚到达密云县。当晚编制出调查问卷，并于次日向当地居民发放问卷120份，有效回收104份。除了发放调查问卷，我们还对当地的村民进行了实际走访，并在此选取两个有代表性的访问对象进行分析。

第一位是在公交车上碰到的一位石马峪村村民李大妈。在与她的交谈中，我们认识到石马峪村的各项基础设施及配备都基本到位且均匀，唯一的不足是村子里的排水设施不够健全。第二位是清明节回家扫墓的王先生。他告诉我们，密云县在推动城乡接合部重点区域改造、基础设施建设一体化、城乡公共服务均等化等方面都取得了积极进展。在他看来，城乡一体化的关键在于发展密云特色产业。

2. 密云县城走访实况

次日，我们一行人在密云县城进行了走访。如今密云县城已经发展的颇为繁华，随处可见街心公园、健身设施等供民众娱乐休闲的地方。同时，图书馆、大剧院及商场规模也十分庞大。随后，我们还到了一所密云当地的小学。通过对学校附近学生的询问，我们了解到这所小学的教学设施十分完备，实验室、机房、阅览室一应俱全，同时学校也给孩子们提供了很大的课余锻炼和活动的空间。

然而我们也发现了存在的一些问题。例如白天人流量非常大的商场、市场等地，到了傍晚垃圾随意堆放在路边，处理不到位。

3. 本次密云县走访调查的总结

（1）农业生产性基础设施

密云县的农业发展主要体现在以下三方面。第一，密云县目前农业机械化水平稳步提高。各果园基本达到全面机械化种植。第二，农业生产资料投入持续增加，这为密云县经济作物增长创造了坚实的基础。第三，耕地质量和农业水利建设质量提高，这使得农村灌溉效果得到有效提高。

（2）农业生活性基础设施

目前，密云县居民日常起居都使用管道天然气。密云县的道路建设成果也尤为显著。长期以来，贫困与农村孪生，弱势与农村齐名。加快农村公路建设，可为扶贫开发事业、农业长效发展机制以及建设社会主义新农村等“三农”事业奠定物质载体，做好前期基础工作。

（3）农村旅游基础设施建设

旅游业已经成为密云县一大经济产业支柱。为进一步提升密云乡村旅游品质，发挥旅游在促进“三农”发展上的作用，密云县正大力提升乡村旅游基础设施建设水平。一是加快乡村道路建设，把主要乡村旅游点和主要交通要道连接起来，路况要好、标识要明显，形成立体路网。二是改善乡村旅游点周边环境。积极开展密云水库、桃花溪等地区的生态环境建设工作，切实采取有效措施，保护好现有林地、园地和菜地，突出农村自然风貌，改善农民生活环境。三是扶持乡村旅游点修建停车场、旅游厕所、游客服务中心等基础设施，增设乡村旅游商业网点。

（4）农村社会发展基础设施

在石马峪村调研之后，我们来到了新农村。在这个村子的大街小巷参观一番后，我们发现虽然村子是新建的，规模也不大，但麻雀虽小五脏俱全。商店超市、幼儿园学校、银行药店、美容美发店一应俱全。我们还在新农村附近走访了一家养老院，从在该养老院养老的老人口中我们得知，新农村人口老龄化日益加重。这样的村子在密云绝不是少数，许多村子都不同程度地面临着这个问题。如何妥善而有效地解决这一问题，依然考验着镇政府。

（二）问卷结果分析

1. 您对所在村子的公共卫生设施是否满意？

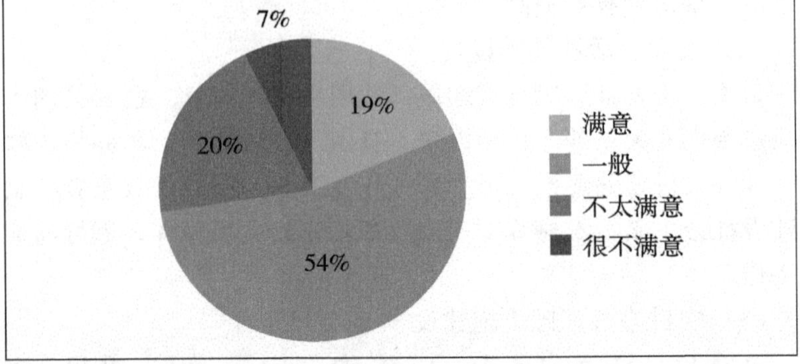

从调查结果来看，大部分村民对于村里的公共卫生设施的评价是相对较中庸的，而对其表现极度满意或不满的村民相对较少。我们在走访过程中，相继在村里看见了药房、卫生服务站等相关公共卫生设施，且在清明节假日期间，均能保持正常为村民提供服务。但与此同时，村里为数不多的医务从业人员的压力逐渐增大。由于硬件条件的限制，村里的卫生服务站仅仅能对一些常见疾病提供救治，突发重症时则需要转送至密云县城里的大医院。从石马峪村到密云县城有近

2. 您所在的家庭燃料使用不着情况：

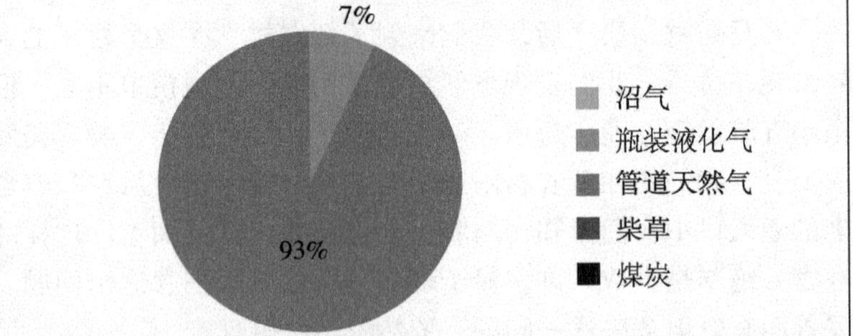

一小时的车程，而这一小时的紧急处理目前是村里卫生服务系统的盲区，村里没有相关的硬件与软件设施提供相应的紧急救治。

从调查结果来看，绝大多数的村民家里均以管道天然气作为主要燃料。我们在调查中了解到，石马峪村是密云地区最早一批铺设天然气管道的村子。但村里也有个别的村民仍然在使用传统的瓶装液化气作为燃料。经过详细询问，我们了解到这些村民家庭拒绝使用天然气的主要原因还是在费用的问题上。在改装天然气的时候，村政府就管道改装费用给予过参与改装的村民一定的补助，但其后续的燃气费用还是要高于使用瓶装液化气。

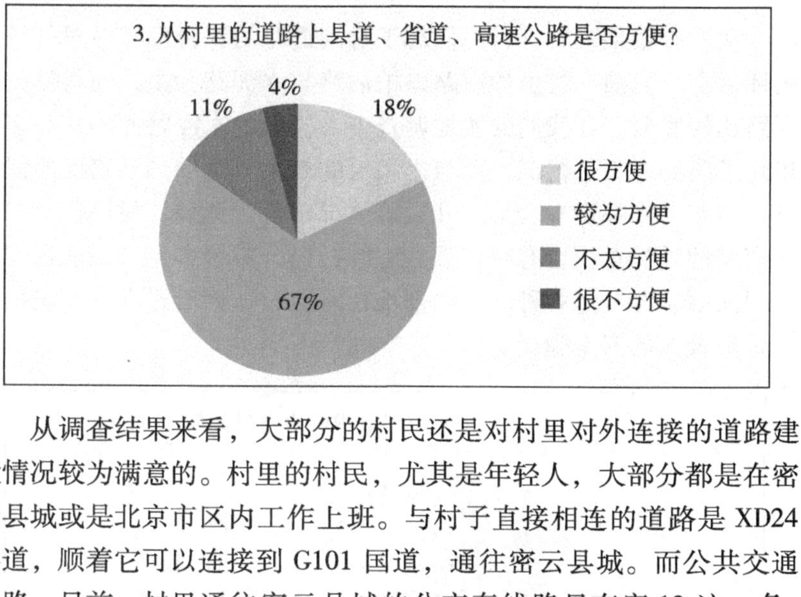

从调查结果来看，大部分的村民还是对村里对外连接的道路建设情况较为满意的。村里的村民，尤其是年轻人，大部分都是在密云县城或是北京市区内工作上班。与村子直接相连的道路是 XD24 县道，顺着它可以连接到 G101 国道，通往密云县城。而公共交通线路，目前，村里通往密云县城的公交车线路只有密 12 这一条，从密云县城到村子大约不到一小时。此外，道路的后续养护是个大问题。虽然各乡镇按照要求组织了养护人员进行道路养护，但现有养护人员因工资较低，无法胜任养护工作，更无从谈起提高养护水平，养护水平和养护质量都无法得到保证。

4. 您也认为村里的道不拾遗路状况如何?

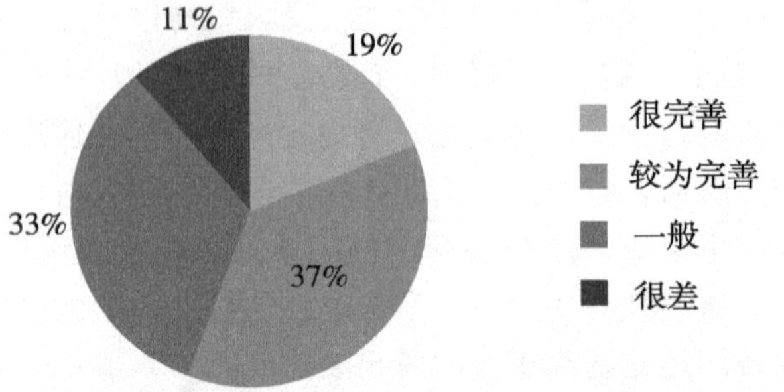

从调查结果来看，村民们对于村内道路的评价没有对对外道路的评价高。目前，村里的道路以柏油路与水泥路为主，而村里的水泥路比较脆弱。在我们的实地调查中，村里的水泥路面确实有多处出现了路面开裂的情况。而与之相对的是主干道的柏油路面质量很好，多年下来都没有变形、开裂等情况出现。此外，村民们本身对于道路的爱护意识也有待加强。有的村民公共服务意识、交通安全意识淡薄，经常把各种堆积物都堆在路边，从而给行人和车辆的出行带来极大的安全隐患。

5. 您家里有线电视收视质量如何

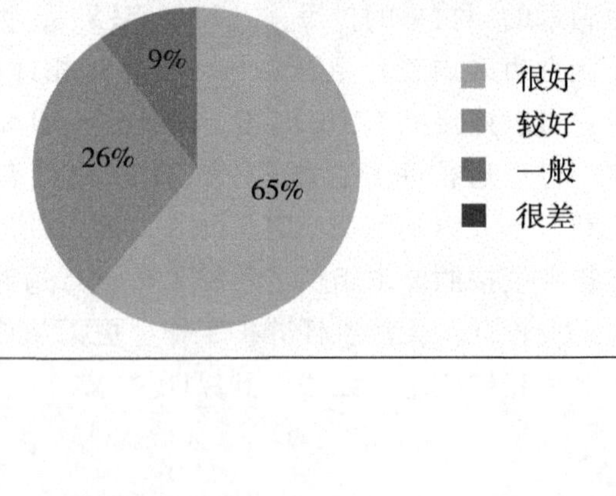

调查结果显示，样本中接近三分之二的村民反映有线电视收视质量“很好”，四分之一的村民认为收视质量“较好”。认为收视质量“一般”和“很差”的村民很少，不到十分之一。这充分说明了村里的有线电视网络的基础建设比较到位，收视效果得到了村民们的广泛认可。

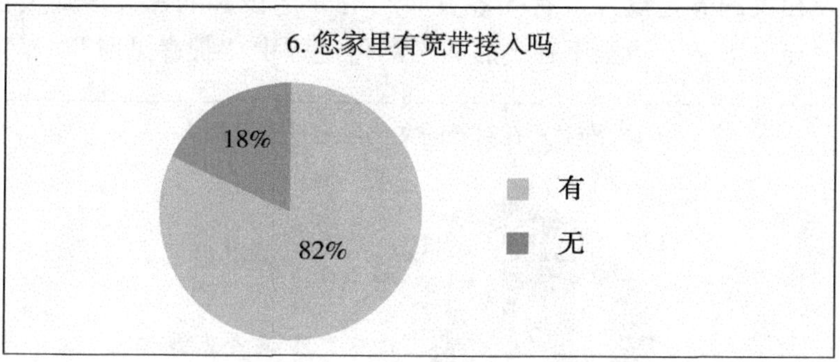

由调查数据可知，超过五分之四的调查对象的家中有宽带网络，网络在密云县村民中相对比较普及。在当今信息爆炸的时代，网络更是成了许多人与外界信息交流的重要媒介。所以，尽管本次调查的结果反映出网络比较普及，但宽带基础建设仍然需要进一步加强。

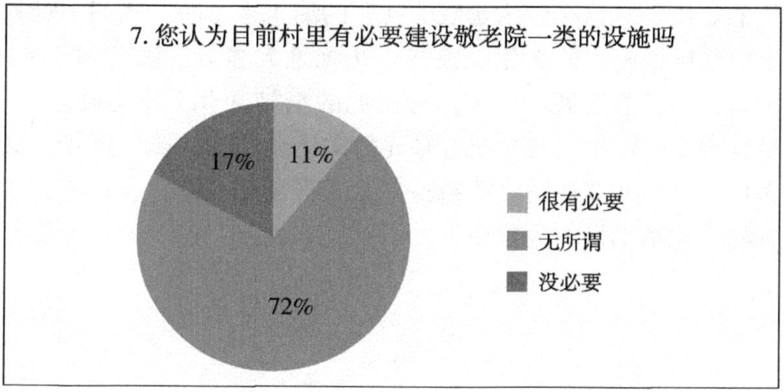

大部分村民对建立敬老院一类的设施持“无所谓”的态度。这反映出村民们对敬老院这类公共养老机构并未报以很大期望。由于需求的不足，当地的类似机构也很少。但是，面对村里的青壮年劳动力普遍流向城市的趋势以及人口老龄化的加剧，村民们势必将会面对越来越严峻的养老问题，未来也需要更多的养老院等养老机构以及相关的养老设施。有关各方应当对养老设施的建设多加关注，做好充分准备，不至于在之后的老龄化过程中“捉襟见肘”。

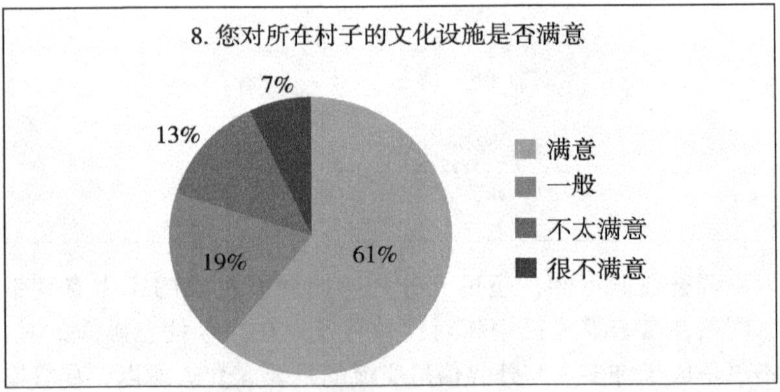

五分之三的调查对象对这个问题的回答是“满意”，余下的调查对象中有一半认为“一般”，另一半持“不太满意”和“很不满意”的态度。从这个较为宏观的问题的结果来分析，我们不难看出村子中基础设施中的文化设施并未达到绝大多数村民的理想要求。在物质文明日益发展的今天，村民们的精神文化需求也随之上涨。面对这种文化需求，首先要有必要的文化设施为保障，逐步开展各项文化活动，才能使村民在精神方面变得富裕。总之，很有必要加强农村文化基础设施的建设。

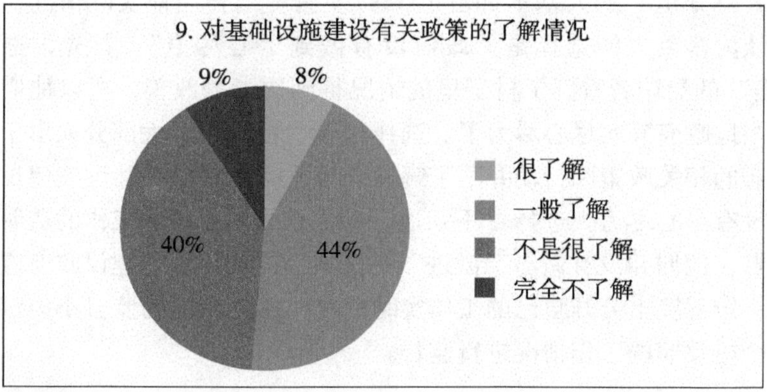

数据表明，大部分村民对于农村基础设施相关政策的认识比较模糊。出现这种情况，很大程度上是因为政府的政策宣传力度不够以及村民本身文化程度不高所致。因此，采取相应的措施，使得关于农村基础设施建设的政策能够被广大的人民群众深刻了解是刻不容缓的。首先，政府方面应该充分利用广播、电视、互联网等媒体手段进行相应的政策推广与宣传。另外，相关政府部门应该成立专门的推广宣传小组，负责向村民解答他们对政策的疑惑之处。

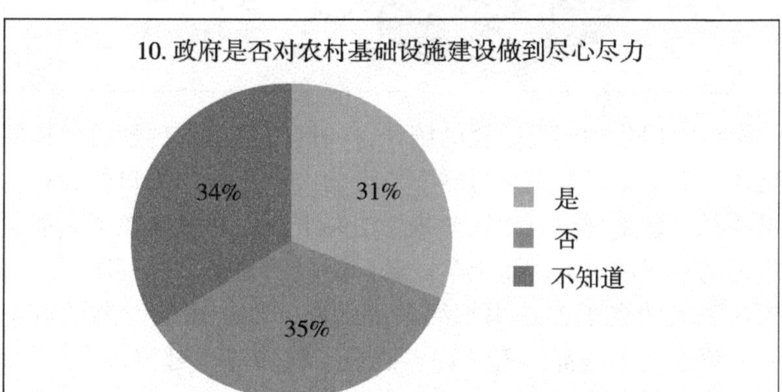

根据对收回问卷数据的分析，我们发现选择“是”、“否”或

者“不知道”的人基本都占了33%左右。结合当地实际情况，我们认为多数人的选择是“政府没有做到尽心尽力”。首先，选择“是”的受访者看到了村子里的情况得到逐渐的改善，所以他们认为当地政府确实尽心尽力了。选择“否”的人中，大部分人出于对政府的相关政策和行动并不了解而认为政府在农村基础设施建设中并没有尽心尽力。选择“不知道”的人也是由于政府工作的透明度不够，他们并没有做出“激进”的选择。对此，我们建议政府应该在一定程度上公开自己的工作实时情况，成立专门的监督小组，对各个村政府的工作情况进行监督。

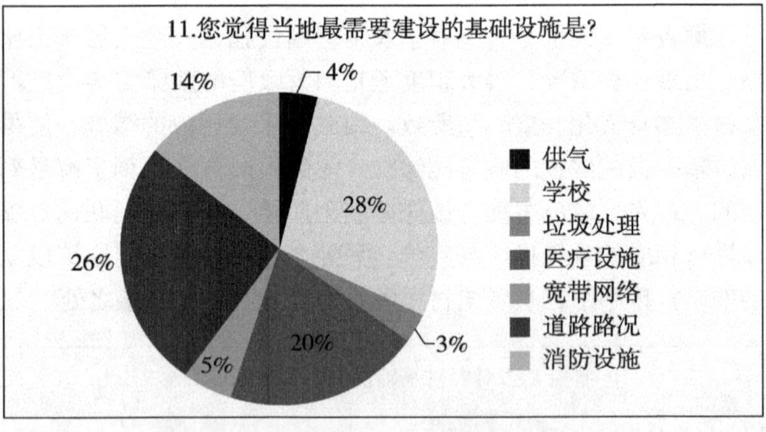

根据对回收的问卷数据的统计，我们得出当地的学校及道路路况这两方面的基础设施是急需要建设的。由于农村人口的迁移，村子里的孩子越来越少，导致学校无法办下去，留守的孩子只能去距离很远的镇里或者县城里上学。石马峪村的道路状况问题，主要是因为村子里的支干道是用水泥做成的路，加上施工时期的偷工减料，导致这些小路都出现了许多裂缝，沙石等也都浮现在了表面。等到大风一起，这些水泥路上的沙石就漫天飞舞。

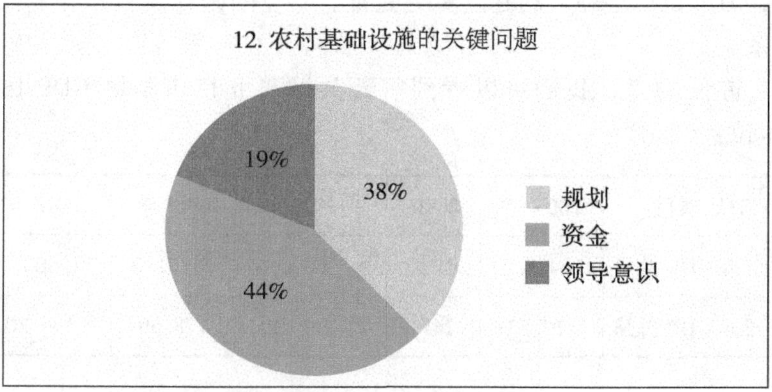

通过对该题数据的研究，我们发现大部分人对“规划”和“资金”看得很重。从大的方面来讲，我国制定的一系列的五年计划是我们国家能够取得巨大发展的前提，因此，对于农村基础设施的建设问题必然也需要一个非常全面的规划。政策的执行不可避免地牵扯到了资金问题，多数人也认为“资金”是农村基础设施建设的关键。另外，对于政策执行中另外一个方面——资金的使用情况，需要我们的政府部门严格地控制资金的出入情况，适当公开信息，并且成立专门的监督部门。

三、实践感悟与思考

（一）宏观经济数据分析

1. 纵向比较——密云县城与密云县区内农村的城乡一体化发展比较

从实地调研来看，密云县城公共基础设施非常健全，利用率较高。各乡镇的公用基础设施虽然也具备基本生活需要，但也有尚需改善之处，例如前文分析中提到的村子里道路路况需进一步改善、村子里的供暖系统存在问题、边远区县与市区的交通应该更为便捷等，另外也应当在农村建立更为完善、专业的医疗设施和养老设备体系。

佐证的是，我们可以看到密云县城与北京市整体 GDP 比较（单位：亿元）：

对比项目	2009 年	2010 年	2011 年	2012 年	2013 年
北京市 GDP 总量	10488. 0	14113. 6	16000. 4	17801. 0	19500. 6
密云县 GDP 总量	119. 53	141. 16	162. 00	178. 50	196. 30

由此可以看出，经济圈的不同在一定程度上会制约城乡一体化的发展。

2. 横向比较——北京市各区县比较

北京市的所有城区划分为：

首都功能核心区：东城、西城、崇文、宣武

城市功能拓展区：朝阳、海淀、丰台、石景山

城市发展新区：通州、顺义、大兴、昌平、房山

生态涵养区：门头沟、平谷、怀柔、密云、延庆

下图及表格为 2009 年—2013 年北京市各区县的 GDP 总量及比较一览：（以下数据来源北京统计局和网络，单位：亿元）

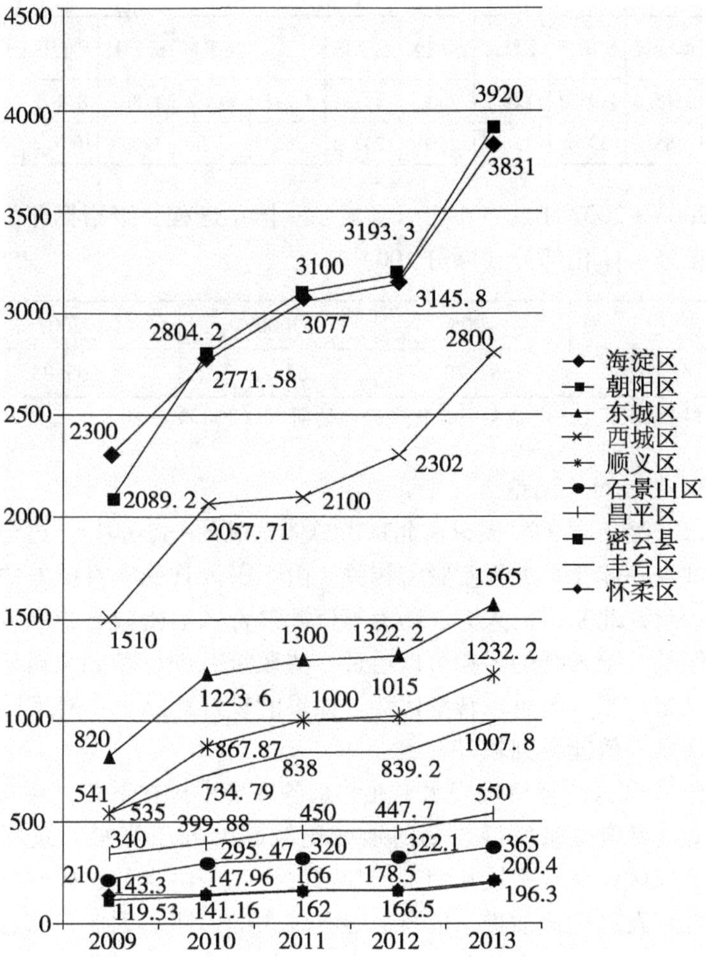

年份	海淀区	朝阳区	东城区	西城区	顺义区	石景山区	昌平区	密云县	丰台区	怀柔区
2009	2300	2089. 2	820	1510	535	210	340	119. 53	541	143. 3
2010	2771. 58	2804. 2	1223. 6	2057. 71	867. 87	295. 47	399. 88	141. 16	734. 79	147. 96
2011	3077	3100	1300	2100	1000	320	450	162	838	166

续表

年份	海淀区	朝阳区	东城区	西城区	顺义区	石景山区	昌平区	密云县	丰台区	怀柔区
2012	3145.8	3193.3	1322.2	2302	1015	322.1	447.7	178.5	839.2	166.5
2013	3831	3920	1565	2800	1232.2	365	550	196.3	1007.8	200.4

2005—2007年北京市密云县城乡一体化进程一级指标评价值—基础设施一体化部分（满分100）

年份	2005	2006	2007
分值	67.20	63.22	65.85

数据来源：《北京城乡一体化进程评估研究（2009）》

3. 图表对比结论

（1）密云县的发展只占北京市总体发展的一小部分，这与该地区的城乡一体化发展程度紧密相关。由于密云县受本身所处的地理环境约束，北京市的人力、物力等资源整合调运密云县受到较大影响。但是，密云县的劣势可以通过一些政策补助、基础交通、公共基础设施、服务等可以转变优势。如果能较好地结合本身实际情况合理开发，就能得到较好发展。

（2）密云的经济发展水平在北京各区县中排在下游，且与朝阳区、海淀区等经济发展强劲的地区比较起来处于劣势。只用GDP来衡量地区发展水平较片面，但却不失为一个中肯的比较数据。密云近五年发展增速前进，但与上游有较大的差距。因此，密云可以加强与其他兄弟区县的各项经济合作，打开市场，以北京城乡一体化发展势头为契机，抓住历史机遇，对接、高效利用各项输进资源，提高自身城镇化水平、经济水平。

（3）密云县因其地理位置的独特因素，具有得天独厚的生态风光，但距离北京城区较远又是其经济发展的一大瓶颈。根据实地调研的经历，发现北京市区至密云的交通不太便利，交通需求量大，交通基础设施的建设供给没能跟上需求，导致供求失衡。密云县城乡一体化建设要进一步加大对这方面的投入，使得密云县到北京城区的人口流动更方便。

（4）大力开发密云县的生态、土地资源，多重引入政府资金和社会资金，有效调节各类发展要素，破除城乡一体化发展瓶颈，或引入科学管理团队，高效率使用资源发展经济，充分利用政策红利这一因素，为密云县的人民谋福利，促进密云经济向更快更好发展。

（5）在详细做好农村的城乡一体化发展中，要鼓励干部走基层，多多听取群众的意见，发挥人民的主观能动性，切身了解什么是百姓需要的，什么是百姓缺少的，对症下药才能收获良好的治愈效果，这就不仅仅需要有上层领导的政策保障，还要基层干部、党员与百姓保持经常性的联系，实实在在地为百姓做事，这样的城乡一体化发展必可事半功倍。

（二）调研总结及对策建议

1. 必须统筹城乡基础设施规划

（1）把城市和农村作为一个有机整体

针对目前城乡基础设施差异大、各种功能布局不合理、设施共享性差等突出问题，要把城市和农村作为一个有机整体。特别要增加对农村道路、供水、排水、供气、污水处理和垃圾处理设施等方面的建设投入，提高上述设施的质量和服务功能，并与城市有关设施统筹考虑，实现城乡共建、城乡联网、城乡共享。

（2）强化城乡设施衔接、互补

在基础设施建设方面统一考虑、统一布局、统一推进，强化城乡设施衔接、互补，加大对农村基础设施投入的力度。例如走访密云县村镇的过程中，我们发现农村的垃圾处理是一个很严重的问题。对于这个问题，可以逐步建设村级收集保洁、镇级转运、县（市）级处理垃圾的处置体系，逐步实现城乡一体化的垃圾、污水集中和无害化处理，从小处着手实现城乡一体化大发展。

（3）将城市基础设施延伸到农村

统筹城乡公共基础设施建设要在城镇规划和村庄规划中，将农村基础设施建设纳入城镇长远发展规划，加快公共基础设施建设向农村的延伸。在村镇道路建设过程中增加雨污分流的排水系统，村庄污水收集与处理采用就近集中的原则，有条件的可与城市污水管网并网，靠近镇区的村庄污水，可纳入镇区污水收集处理系统，其他偏远村庄可根据地理条件，集中或相对集中收集、处理污水。

2. 应改革投融资体制

（1）在资金支持上应加大向农村倾斜的力度

统筹城乡基础设施建设，政府应在公共财政上实现城乡一视同仁，针对目前农村公共基础设施落后、老化等问题，在资金支持上应加大向农村倾斜的力度。正如我们访谈的王先生所言，城乡一体化其实是一个城市在用大量的资源和资金建设发展起来以后反哺农村的一个过程，在城乡差距明显的当下，当然应该由政府出面向农村提供更多的建设资金和条件，从政策上、资金上更好地帮助农村发展。

（2）积极吸引民间资本参与农村公共基础设施建设

除要加大政府投资力度外，还要引入市场机制，吸引社会资金的支持，积极探索建设资金来源的多元化发展道路。当然，政府须加强立法和监督职能，把握好民间资本投资公共产品领域的市场准入条件和范围。

（3）尝试个人投资农村公共基础设施建设

随着我国经济发展，有相当多的城乡居民具备了独立投资能力，可尝试个人投资农村公共基础设施建设与乡村回报“休闲式”、“季节型”村居服务的模式，引入民间资本。尤其是对于密云这样一个以生态涵养著称的区县，它能够为城市投资者提供的休闲、度假服务以及满足城市居民返璞归真的需求的潜力是不可限量的。

3. 应建立健全城乡一体的管护机制

(1) 增强管护部门之间的协调性

要建立健全城乡公共基础设施管护机制，将城乡基础设施纳入统一的管护体系，增强管护部门之间的协调性，提高基础设施综合利用效能。基础设施的建设完成之后不能扔在一边置之不理，而是应该与城市的基础设施一样，确定管护部门并积极协调职责安排，使得基础设施能够真正“为人民服务”。

(2) 合理划分公共基础设施的受益范围和层次

本着“谁投资，谁经营，谁收益”的原则合理划分公共基础设施的受益范围和层次，区分不同类别的公共基础设施属性。

(3) 落实农村公共基础设施产权主体、管养主体、监督主体的地位

重新界定中央、省与县、乡镇各级政府的责任与权利范围，尤其是财政职责范围要明确，落实农村公共基础设施产权主体、管养主体、监督主体的地位，确立三者的责权利，鼓励农村集体和农民个人广泛参与管护工作。

参考文献：

[1] 陆大道．论中国区域发展与区域政策的地学基础．地理科学，2000，20（6）：487－493.

[2] George C S Lin. Transportation and metropolitan development in China's Pearl River Delta：the experience of Panyu. Inhabitat. Intl.，1999，23（2）：249－270.

[3] 曾菊新．现代城乡网络化发展模式．城市发展与规划丛书．北京：科学出版社，2001.

[4] 李伯溪．中国基础设施水平与经济增长的区域比较分析．管理世界，1995，（2）：106－111

[5] 曾广录．城乡公共基础设施投入不均的消费差距效应．消费经济，2011 年 8 月，第 27 卷第 4 期．

[6] 战金艳，鲁奇．公共基础设施与城乡一体化的关联发展．地理学报，2003 年 7 月，第 58 卷第 4 期．

[7] 崔霞．统筹城乡基础设施建设思考．理论探索．2010 年第 6 期

教师点评：

实践报告对北京市密云县城乡一体化中基础设施建设问题进行了较为深入的研究。实践小组通过实地调研，收集了一手数据并进行数量分析，对居民交通、养老、宽带等满意度问题进行较为深入的讨论。报告注重宏观视角与微观个案相结合，体现了较高的研究水平。

城市轨道交通对城镇化的影响

——以北京市地铁为例

团队："毛概侠"
组员：李雅娴（组长）　李雨洁　邓　琪　薛　瑶
赵子妍　赵铭泽

一、实践方案

（一）实践背景

城镇化是指人口向城镇集中的过程。这个过程表现为两种形式，一是城镇数目的增多，二是各城市内人口规模不断扩大。城镇化伴随农业活动的比重逐渐下降、非农业活动的比重逐步上升，以及人口从农村向城市逐渐转移这一结构性变动。城镇化也包括既有城市经济社会的进一步社会化、现代化和集约化。2011 年 12 月，中国社会蓝皮书发布，我国城镇人口占总人口的比重将首次超过 50%，标志着我国人口由以农村为主向以城镇人口为主的转变，也标志着中国城市化进入关键发展时期。

在城镇化的基础上，我国又提出了新型城镇化的发展思路。新型城镇化的“新”就是要由过去片面注重追求城市规模扩大、空间扩张，改变为以提升城市的文化、公共服务等内涵为中心，真正使我们的城镇成为具有较高品质的适宜人居之所。

自从国家提出发展新型城镇化以扩大内需的政策以来，各地都积极投入了城镇化的建设中，而北京在这一方面做得尤为突出。

2006年底，我国城镇人口达到5.77亿人，城镇化水平43.9%，而北京城镇化水平要高得多，达到83.62%。2014年，北京城镇化率已达86.2%，与高收入国家城镇化水平接近，产业结构也与高收入国家基本一致，其水平仅比上海低3.6个百分点，居全国第二位。这就引发了我们进一步地思考，是什么样的原因导致了北京如此快得城镇化速度？同时，在如此高速的城镇化水平下，北京是靠什么承载这么多的人出行？北京市是靠什么不断推进城市化的快速发展的？什么方式主要解决了北京这么多城市居民的通勤？稍作分析就可以发现，地铁的存在及其网络化的建设发挥了巨大的作用。它的存在让之前属于郊区的人可以享受到市区的生活，并加强了人们之间的联系，也进一步带动了北京近郊城镇化的进程。深入研究其发展经历了什么样的过程、对城镇化发展发挥了什么样的作用的驱动，使我们选择了这一主题作为社会实践的主题。

（二）实践目的

随着城镇化的推进，城市人口日趋密集，引起了对城市交通资源的极大需求。在这一背景下，发展城市轨道交通——地铁，成为满足这一需求的首选。地铁的特点集中表现在：运量大、速度快、安全、准点、环保、节约能源和用地等方面。截止2012年，我国内地已有17个城市开通71条地铁线路，运营总里程达到2023.8公里，这些数字仍在逐年增长。与此同时，热门的地铁运营也引来社会各界的投资关注，截至2013年9月末，中国工商银行已向轨道交通行业发放贷款超过900亿元。

在城镇化带动地铁行业发展的同时，地铁交通也大大加快了城镇化的脚步，这也是我们此次的实践目的所在——探究地铁的发展带来的新的现象，以及它对城镇化诸多影响。

国家和各地的“十二五”规划均对公共交通系统给予高度关注，并指出要优先发展轨道交通。可见，地铁的发展将成为“十二五”的新贵，也将迎来它的高速发展期。在探究开通地铁对城镇化诸多影响的基础上，也让我们对城镇化发展进程和具体实施有更加深入的了解与认识，并大力宣传其优点，鼓励、引导市民更多地选择地铁交通出行，以减少交通方面的城市病。

（三）实践意义

首先，发展地铁交通在推动城镇化方面是一项重要举措，且效果卓著。中国城市轨道交通协会专家委员会主任施仲衡表示，我国正以世界罕见的发展速度推进城市轨道交通建设。在轨道交通超常规发展的背后，是我国新型城镇化浪潮的到来。数据表明，2012年我国城市化率达到51.3%，预计2020年城市化率将达到60%。这些数据同时意味着，伴随城镇化过程，我国正经历着前所未有的人口迁移过程。地铁交通作为现代城市交通规划中一个不可或缺的方式，它的科学规划意义尤其重大、深远。

其次，推动城镇化之余，地铁线路的开通也创造了更多的就业机会。早晨密集的早点摊就是一个最典型的例子。同时，地铁的线路规划实质上也在一方面划定了城市的商圈，这在均衡城市内部区域商业发展方面有重要的意义。

总之，发展地铁线路是城镇化道路上的重要加速器，这也是我们此次实践的意义——让城镇化思想和与日常生活息息相关的地铁交通结合起来，加强人们对此的理解与支持，从而为城镇化发展提供便利。

（四）实践方法

1. 文献法

在前期的准备工作中我们通过中国知网、万方数据等网站查阅了大量的关于城乡一体化的文献资料，综合对比了国内外近年来城乡一体化过程中的典型案例。此外，我们还对于北京近年来的发展状况进行了初步的研究，并结合以上案例分析，找到城乡一体化进程中可能出现的问题，吸取以往的经验与教训，以北京为例，对城乡一体化进程中地铁的作用进行分析研究，将今年来北京城乡一体化的进程与北京市政交通（此处特指地铁）的发展状况进行对比研究，为北京的城镇化发展提供思路。

2. 观察法

本课题研究采取参与观察法与非参与观察法结合的方式。参与观察法分为完全参与和部分参与两种，所谓的完全参与是指观察者完全生活在被观察群体中，作为群体的一员在群体的正常活动中进行观察；部分参与是指观察者不改变自己的身份进入到被观察群体中，与其建立一种友好亲密的关系，在半客半主的活动中进行观察，此次实践中所采取的方式为部分参与。我们采用上述方法，前往近年来新开通的地铁线路周边的地方进行调查，汇总调查结果，探究北京地铁运营与当地发展之间的关系。

3. 访谈法

在各调查点，对当地村民采取访谈的方式进行调查。访谈主要以谈话交流、询问调查的方式，对不同的人群进行不同侧重点的话题调查。比如，对于地铁站附近的商贩的采访更侧重于他们利润的获取方式、数额等与轨道交通有什么关系；对当地居住人员的访谈，则侧重于了解交通、人流、物价等是否受到轨道交通的影响。因人而异的访谈能够让我们比较深入、全面地了解到不同的人对轨道交通的态度，及其轨道交通对他们生活的影响程度和状况，也有助于我们发现调研之前做没有想到的问题。

4. 问卷法

采用上述方法之外，我们还运用统一设计的问卷进行了相对系统的调查。被调查者主要是经常乘坐轨道交通的校内大学生以及地铁沿线的居民。调查方式主要采取线上问卷调查和线下问卷调查两条途径，这样既能提高调查的效率，又能增加调查的样方量，还能比较快的进行调查的数据处理，也能保障调查的可信度，为研究提供便利。

二、实践过程

（一）实践过程设计

“毛概侠”小组实践过程		
时间	地点	过程
5月7日（周三）	东区宿舍4号楼3层平台	小组第一次会议，确定成员组成：李雅娴、李雨洁、薛瑶、邓琪、赵铭泽、赵子妍；小组内部进行细致分工，李雅娴负总责，决定由薛瑶负责撰写实践背景，李雨洁负责撰写实践过程，赵铭泽负责撰写实践方法，赵子妍负责撰实践成果（问卷），邓琪负责撰写实践的意义及目的，李雅娴负责撰写实践成果其余部分。
5月8日（周四）	东区宿舍4号楼3层平台	小组第二次会议，确定本次实践主题——“地铁对城镇化进程带来的影响”，并就调研主题的现状、目的、意义、可行性与创新性等内容展开深入讨论，形成调研的基本框架，也确定了小组的名称：“毛概侠”。
5月9日（周五）	东区宿舍4号楼3层平台	小组第三次会议，主题是编制调查问卷。每个成员编写5—10个需要调查的问题，并进行汇总，最后经过筛选取舍，形成调查问卷。随后，印制200份。

续表

时间	地点	过程
5月10日（周六）—5月11日（周日）	北京市区各大地铁站	成员分成小组，前往北京各大地铁站发放调查问卷并进行调研：李雅娴同学去到西直门站，李雨洁同学去复兴门站，主要调查市中心各站点市民对轨道交通的看法和直觉感受，以及地铁对城镇化进程的影响；薛瑶同学去南邵站，邓琪同学去天通苑站，赵铭泽、赵子妍同学去房山站，主要调查相对偏远城区居民对轨道交通的开发和直觉感受，以及地铁对城镇化进程的影响。调查时除了发放调查问卷，还对地铁站附近的乘客（分小孩、青年、壮年、老人等年龄段）、地铁站工作人员、地铁站门口小商贩、地铁站门口出租车司机等进行随机采访，了解地铁对城镇化进程带来的影响。
5月11日（周日）	东区宿舍4号楼3层平台	小组第四次会议，统计问卷调查结果，并对随机采访结果进行汇总。小组成员结合当前北京市通过的有关交通发展的政策、北京地铁是否应该涨价等热点问题以及自己的感受，结合问卷、采访的所得结果进行讨论，成员各抒己见，汇总地铁对城镇化进程的影响。
5月12日（周一）—5月13日（周二）	东区宿舍4号楼各个宿舍	小组成员根据实践所得资料、数据，和讨论形成的初步结论，撰写自己所负责的调研报告。
5月14日（周三）	东区宿舍4号楼3层平台	整合小组成员撰写的实践报告，并集体进行讨论修改，形成初步实践报告。
5月15日（周四）	东区宿舍4号楼3层平台	小组成员对整理好的实践报告进行最后校正与补充，形成实践报告最终版。

（二）实践成果

1. 问卷设计与数据统计分析

针对这次实践活动，我们设计了一份问卷，由小组同学于 5 月 10 日和 11 日两天在西直门、复兴门、南邵站、天通苑、房山站地铁口附近发放调查问卷 100 份，收回有效问卷 82 份。以下是我们的问卷内容及数据统计分析。

（1）您的年龄是______岁。

A. 30 以下　B. 30—45　C. 45—60　D. 60 以上

问卷第一题设计的是年龄分布。我们认为不同年龄段的人对北京的了解程度可能不同，对于地铁对北京的城乡一体化进程的影响的认识程度也不同。通过问卷发放回收的数据统计看，对本课题研究感兴趣的主要人群的年龄主要集中在 30 岁以下，占 45.24%；其次是 31—45 岁之间的人群，占 35.71%。随着年龄的增长，人们对这一话题的兴趣越淡。

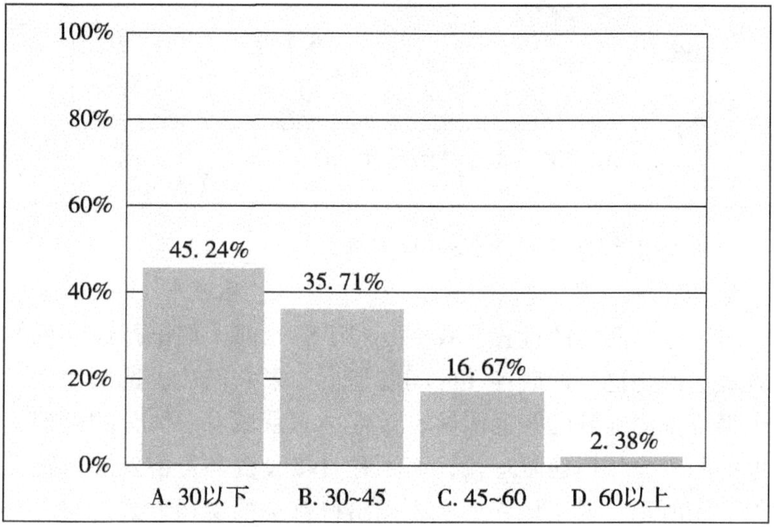

（2）您的职业是________。

A. 学生　　B. 个体经营者　　C. 职工

D. 其他（含无业）

设计第二个问题的初衷是想了解不同职业者对这个问题的认识程度和状况，但是由于乘坐地铁的人具有很强的流动性和很大的随意性，尽管我们网上调查的主要是大学生，实地还调查了出租车司机、食品销售摊贩老板，但是调查结果不尽人意，中学生还是对本课题的研究主题感兴趣，并表达了自己的观点和看法。

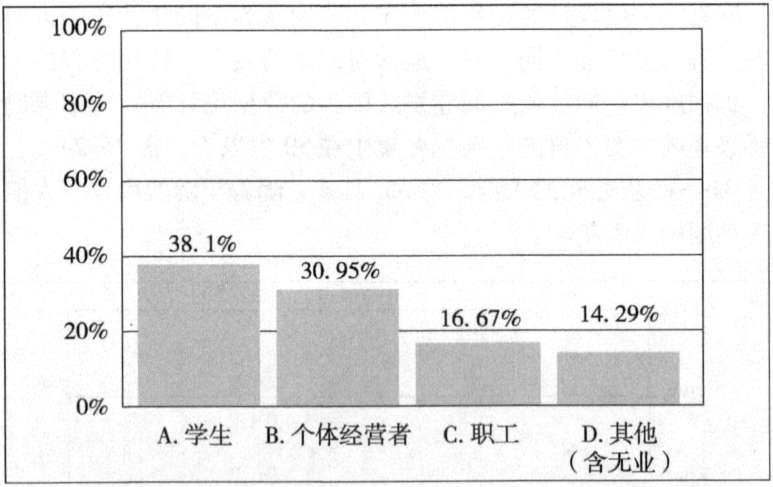

（3）您出行选用最多的交通工具是________

A. 步行　　B. 地铁　　C. 公交　　D. 私家车　　E. 其他

对于这个问题的设置，我们是想了解当前人们出行最常见的交通方式。但是这一调研存在的问题是，如果人们极少选用地铁，那么也很难说明地铁的开通能够有效促进北京城乡一体化的进程，毕竟地铁的首要作用还是运输，而不是直接投资与经济发展。统计结果如下图所示，说明地铁还是人们出行首选的交通方式，与之并列的是公交。

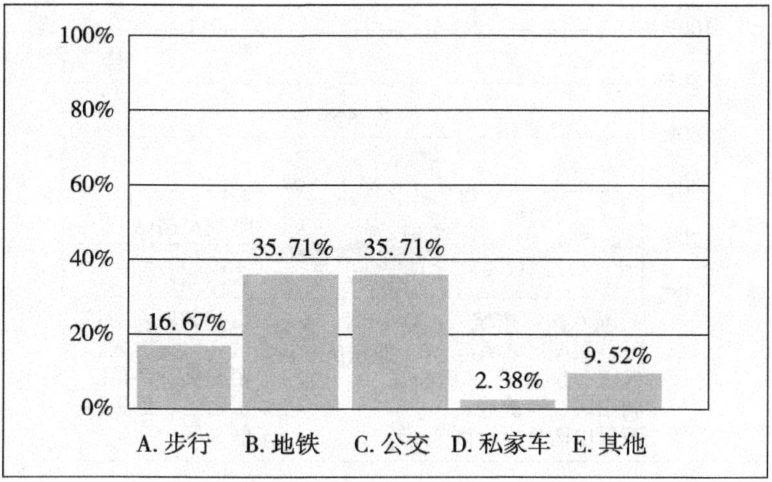

（4）您的居住地属于________

A. 城八区：东城区、西城区、宣武区、崇文区、朝阳区、海淀区、石景山区、丰台区

B. 近郊区：大兴区、通州区、昌平区

C. 远郊区：平谷区、门头沟区、密云县、怀柔区、房山区、延庆县、顺义区

由于北京作为首都具有特殊性，北京在总体上很难做出城市与乡镇的划分，每个区县都有繁华的核心地带，也有部分相对落后的农村地区。设计这一问题是希望通过城八区、近郊区、远郊区的划分来粗浅地模拟城乡的差异，在一定程度上了解人口分布的差异与轨道交通的关系。对这一问题的调研点设在昌平，而我们调查的大学生主要集中在昌平，所以含有昌平的选项所占比例最高，为59. 52%。不过这也在某种程度上能大致反应轨道交通对城市内不同地区人们出行的影响程度。

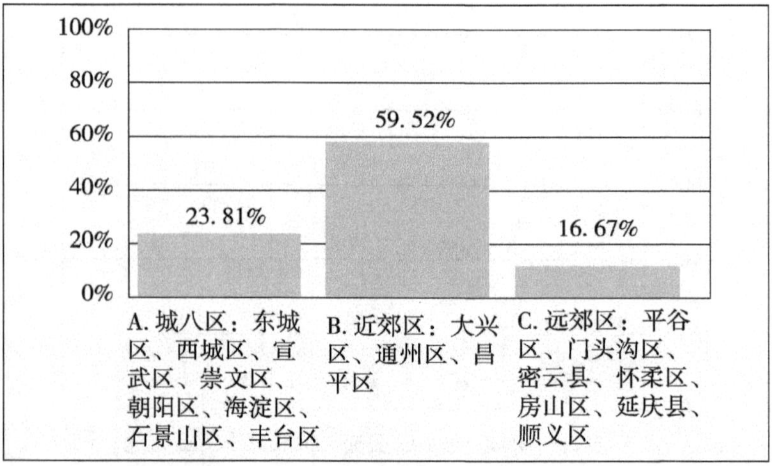

（5）您居住地附近的地铁交通现状是________。

A. 已有地铁　　B. 建设中　　C. 没有建设规划

D. 未建设，但不知道是否有规划

通过这个问题的设置，我们可以大致预测人们的居住地的选择是否与地铁开通有联系。但是依据北京市地铁规划图和回收上来的数据看，我们发现部分地区的地铁覆盖还不完全，例如北京的诸多远郊区县，其轨道交通线路还在规划中。

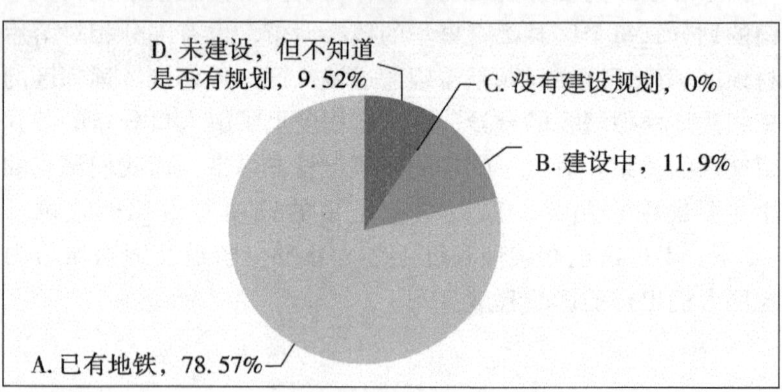

（6）您认为地铁建设与地铁口周围商业圈（如出租车、小吃摊）的形成与发展的关联程度是________

A. 密切相关　　B. 有些关联　　C. 无关

商圈的形成可以反映经济发达程度、人流大小等多项指标，对于常见的地铁口周边的商圈现象，我们想了解大家对于这个问题的想法。结果表明人们也普遍认为地铁建设与地铁口周围商业圈（如出租车、小吃摊）形成与发展有关联，尤其是设在乡村的地铁口，可以在一定程度上证实地铁利于北京的城乡一体化发展。

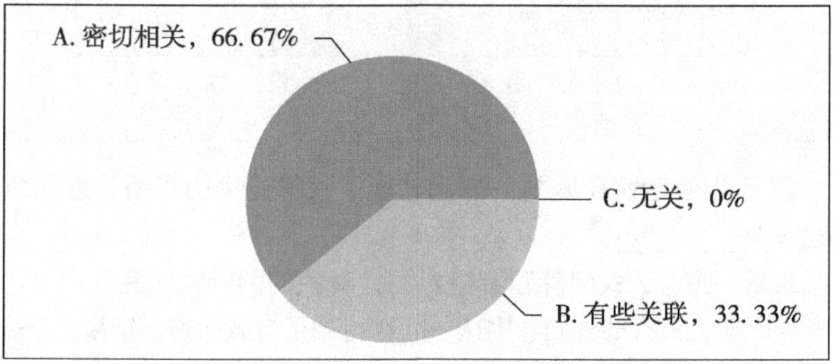

（7）您认为地铁对于北京的城乡一体化进程的影响程度是____

A. 有很大积极影响　　B. 有一些积极影响

C. 基本没有影响　　D. 有消极影响

这一问题直接从人们对于地铁和北京的城乡一体化的关系的主观认识上进行提问，统计结果见下图，表明大部分人主观上认同地铁对于北京的城乡一体化进程有积极影响，只有两位认为有消极影响。对此其给出的解释是地铁主要建在已经比较繁华的地区，从而会进一步拉大了城乡差距。

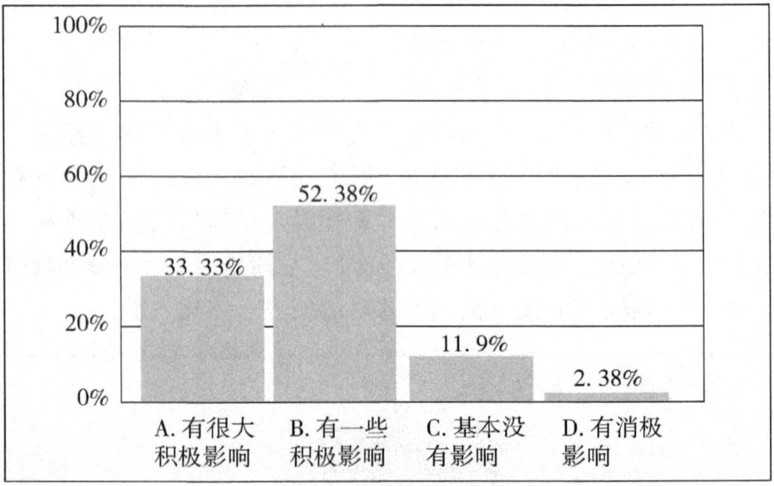

（8）为使地铁在城乡一体化进程中发挥更大的作用，您的意见或建议是________。

最后一道开放式问答题希望人们针对我们的研究话题说出自己的思考和理解，只有部分问卷中这一问题得到了有效回答，结果见下表：

对于远郊区的地铁建设要加快
不要实行分段计价
把地铁建到北京的乡镇中去
把地铁铺得更远更多
乡村尤其是郊区的地铁要加大建设力度
多开通线路
北京远郊开通地铁
地铁覆盖全北京
乡镇开设地铁
地铁对部分人（老人、孩子）免费
地铁拉大了城乡差距，应该在乡村也开通地铁

可见大家的建议主要集中于加强乡镇地区的地铁建设，这不难理解，而地铁收费问题与城乡一体化发展之间的关系还有待论证。

2. 地铁对城镇化进程的积极影响

地铁增加城镇化进程中地区活力。城市轨道交通的活力和地区经济活力是相辅相成的。一方面由于城市轨道交通的建设，能带来地区经济活力的增强；另一方面，地区经济活力增强了，能增加城市轨道交通的客流量。

在我国，北京地铁建成最早，对地区活力增强作用已十分明显。1969 年北京地铁一期工程北京站至苹果园全程 23.6km 建成通车，其一半以上线路是建在当时还是一片田野的西郊，附近仅有首都钢厂、锅炉厂两家大型重工企业。1962 年 11 月 21 日，在北京苹果园做过一次调查，当时那里仅有 336 路公共汽车通往城区，而坐这趟车进城的人仅有 200 人。而 2001 年，在苹果园站每天有 5 万多人上车。自从地铁建成之后，沿线不断新建住宅小区、高楼大厦、体育场、公园和游乐场。尤其是石景山地区高楼林立，其中有上百家旅馆和饭店。这样，形成了北京西区的发展势头明显优于东城区的局面。之后，北京又开始修建复八线，以增强东城区的活力。

昌平是北京的城市发展新区。改革开放之前，属于远郊区的范畴，基本上是一个农业县。改革开放以后，这里被确定为北京的卫星城，建立中关村高新技术产业试验区，昌平是北京最早的科技园区之一。高科技和旅游业的发展，为昌平引来了大量的城市人口。为了使昌平区与中心城市区保持交通的通畅，道路设施有了很大的发展，从北京城区到昌平，开通了地铁十三号线、五号线，每天有数十万人次搭乘公共交通往返于城市与郊区之间。而地铁昌平线的开通，又把昌平新城与城区或市区通过城市轨道交通系统紧紧地联系在一起。

3. 地铁周围存在秩序混乱等问题

我们小组通过去北京几个地铁附近进行实践，发现在昌平线各站以及天通苑各站，地铁口商贩聚集紧密，他们每人推着一辆三轮车，有的卖书，有的卖饮料，更多的人是在卖烤面筋、烤香肠等食物。不时会有乘客凑上前买几根串，站在地铁站门口狼吞虎咽起来。也有很多黑车司机，等着拉乘客。更有地铁周围黑三轮堵住了机动车道。

我们采访了几个出站的乘客，通过交谈发现，他们对这些商贩的态度也挺矛盾。“傍晚回家出地铁站，从这些商贩手里随手淘几件便宜衣服，挺高兴的。”刚出站的方小姐说，可是一看到绿地内被商贩扔了许多垃圾，烧烤摊前冒着大量油烟，又让人感觉不太舒服。

这些问题是地铁在推动城镇化进程中存在的问题，但是我们在实践过程中发现，在一些地铁出站口就有商场超市的地方，商贩明显少很多。我们小组认为，只有在加大监管力度的同时，在地铁口周围设置正式的购物场所，开设商场超市，以城镇化的发展进而反过来带动地铁交通轨道的发展与完善。

三、实践感悟与思考

这次社会实践，从开始确定主题，到组队，再到实践的开始、分工、布置任务，或许疏一看，甚易，但实则不然。

通过这次实践，在实地调查采访中，我们从人们的言语中更加真切地感受到地铁对每一个沿线的人的生活带来重大影响。地铁具有快捷便利，不受地面道路交通拥堵的影响，可以在交通高峰时段有效保证时间的特点，尤其利于上班族的交通出行。并且，从低碳经济的角度出发，地铁可以节约大量能源，不污染环境，绿色环保的特点。当然我们也在实践中发现，地铁周围的各种商贩和黑车由于需求过大，发展迅猛，聚集紧密，周围环境以及交通秩序遭到严重破坏。最后，我想我们在实践中收获了成长、自信、团结、合作。

通过本次实践，大家都对城镇化与新型城镇化有了一个新的理解与认识，对地铁与城镇化进程之间的关系也有了更进一步的了解。在新型城镇化快速发展，促进了地铁的发展和不断延伸。地铁的快速发展，解决了大家的出行问题，又带动了地铁沿线的经济发展和物价，也是更多的非城镇人口涌入城市，加剧了城市的交通拥堵问题。如何处理这些问题，取得双赢的效果，引发了我们的深入思考，也改变了我们已经习以为常的老师上面讲得眉飞色舞、我们在下面无动于衷的学习方式，和懒思维的不良学习习惯，收获是多方面的。

通过这次社会实践，小组成员都充分认识到交通便捷对于一个地方的地方建设和经济发展有多么重要。我国的大部分农村中有很多重要宝贵的物产和资源，但是由于交通不便，极大影响和制约了丰富的物产和多样的矿产、绝美的旅游资源能转化为现实经济发展的动力和生长点。因此，“要致富，先修路!”北京的轨道交通及其发展为我们上了非常生动的一课。

教师点评：

“毛概侠”小组一行五人，选取“城市轨道交通对城镇化的影响——以北京市地铁为例”作为社会实践的主题，通过选取具有代表性的站点和深入实地的调研，就北京市的轨道交通的发展及其对北京城乡一体化发挥作用做了比较深入的研究，为其他地方如何通过发挥便捷的交通方式以促进经济社会的发展和将现有资源很快转化为现实的经济生长点提供了一个很好的范例。本小组同学尽管在思路、表述，以及内容的深度和是否凸显主题上还显稚嫩、不够到位，但是他们认真的态度、善于学习的精神等还是值得称道的。

统筹规划，协调发展

——北京城乡一体化发展情况的调查

团队：同心 LOVE

成员：罗文珺　么向卿　黄尘拂　郑露露　邵　迪　曾　嵘
伊琳　散文婧　梁霄雯　杨志励　杨安然

一、实践方案

（一）实践背景

随着经济社会的快速发展，北京市对城乡一体化的认识不断深入，对城乡统筹工作的部署和要求也逐渐清晰。原北京市委书记刘淇曾提出“整个北京是浑然一体”的论述，把城区和郊区作为一个整体进行审视、思考，从而把城乡统筹发展上升到了全市整体发展战略层面。2008 年，北京市委出台《关于率先形成城乡经济社会发展一体化新格局意见》，对加快北京市农村改革发展步伐，率先形成城乡经济社会发展一体化新格局提出了工作意见。2010 年，北京市农委出台《关于集中力量统筹城乡集中资源聚焦三农全面推进城乡一体化进程的意见》，针对率先形成城乡经济社会发展一体化新格局的目标，对农村工作提出了具体要求。

实现城乡一体化格局是解决“三农”问题，建设“人文北京、科技北京、绿色北京”和构建繁荣、文明、和谐、宜居的首善之区的重要保证。全市在统筹城乡发展体制、机制上进行了一系列积极探索，在城乡产业融合、城乡资源均衡配置、城乡规划与建设统筹、城乡居民差距缩小等方面都取得了一些阶段性成果，为率先形成城乡经济社会发展一体化新格局打下坚实基础。

（二）实践目的及意义

通过实践前期的文献查阅，小组对于城乡一体化的内涵和基本理论有了大致的了解。在此基础上，走入城市和农村社区，并采访相关单位的工作人员，真实地了解到北京城乡一体化的进程和现状，具有重要的意义。因此小组前往国家发改委，采访了发改委相关领导，了解了城市居民的意见和看法，并深入农村了解农民和非北京户口但定居于北京的居民的生活状况及国家相关法律法规的落实程度。实践过程意在了解北京市城乡一体化发展的真实情况，并在了解了现状之后，我们要对现有的资料进行整合，并且加以分析，总结目前城乡一体化的问题，最后结合所学理论知识，提出一套可行的改善方案，为北京市城乡一体化发展提供简单的智力支持。

二、实践过程

（一）问卷调查及分析

本小组成员：梁霄雯、曾嵘、散文婧、杨志励、杨安然

为了更加全面地研究和分析北京市的城乡一体化，我们小组的问卷调查内容设计为三部分，包括城乡居民对于城乡一体化的概念认知和理解、当前城乡一体化建设中存在的问题调查以及民众的诉求和意见，并且按照由中心到边沿的角度设计出三份分别针对市中心、城乡接合部及农村地区的问卷，先后展开实地发放与调查。

每个地区平均发放50份，共发放150份，其中有效问卷为146份。在问卷回收的基础上进行定量分析总结，具体问卷调查结果及分析如下。

（注：以下所列的问题序号均为该问题所在的问卷中的标号）

第一类：市中心地区问卷调查典型问题的结果展示及对比分析

1. 根据您现有了解，您觉得“城乡一体化”是怎样的？

A. 不太了解

B. 城市化的一个表现

C. 城市发展带动乡村发展

D. 城市乡村统筹规划协调发展，体制创新改革

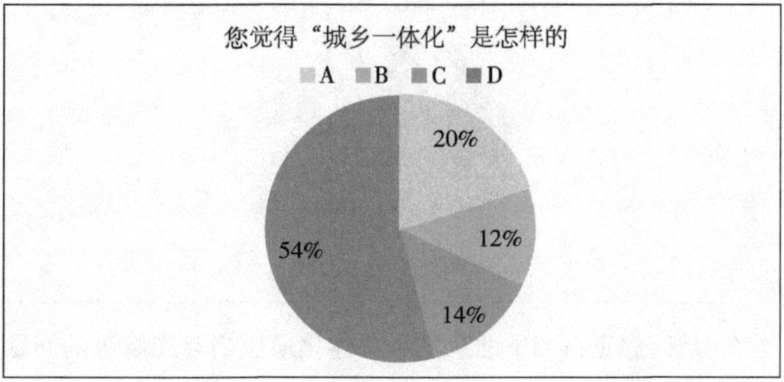

通过该饼状图可以直观地了解到，在市中心地区的问卷调查对象中，有超过一半的人对于城乡一体化的概念认知是较为正确的，但是仍有五分之一的人对于城乡一体化的概念依然不明确。与此形成鲜明对比的是，城乡接合部以及农村这两个地区的调查对象中有超过一半的人对于城乡一体化的概念“不太了解”，能够选择D选项的民众比例更是少之又少。

6. 您对当前的收入水平满意吗？ （ ）

A. 很满意

B. 还可以

C. 不太满意

D. 很不满意

由图可知，市中心地区将近一半的民众对于自己当前的收入水平持较为满意的态度，但仍然有29%的调查对象对当前收入水平“很不满意”。与此相对应的是，城乡接合部和农村地区的调查结果显示，对收入水平的评价占比较高的是“不太满意”的选项，对应的比例分别为53%和46%。

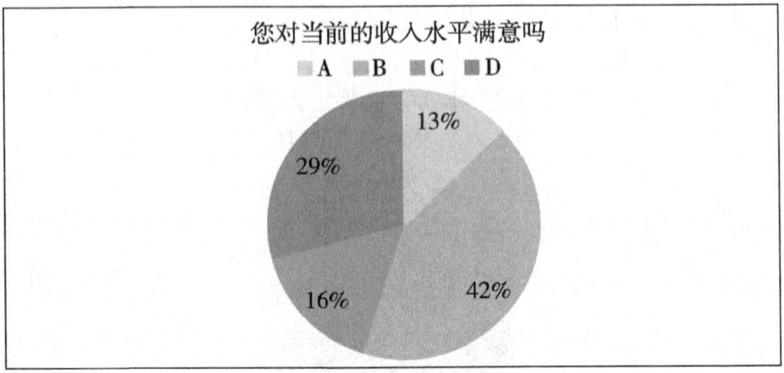

10. 请问您觉得当下北京城乡一体化最应当首先解决的问题有（最多选择三项）

A. 城乡人口分布不合理，造成人地矛盾、城市交通膨胀

B. 城乡产业发展不平衡，城乡产业结构需准确定位

C. 城乡居民收入差距较大，生活方式融合有待加强

D. 城乡资源配置、基础设施、社会事业和公共服务水平差距较大

E. 城乡人口与资源环境之间的日益突显的矛盾

F. 农村制度建设和社会管理相对滞后

G. 农村劳动者在外就业的竞争力弱，不稳定性高

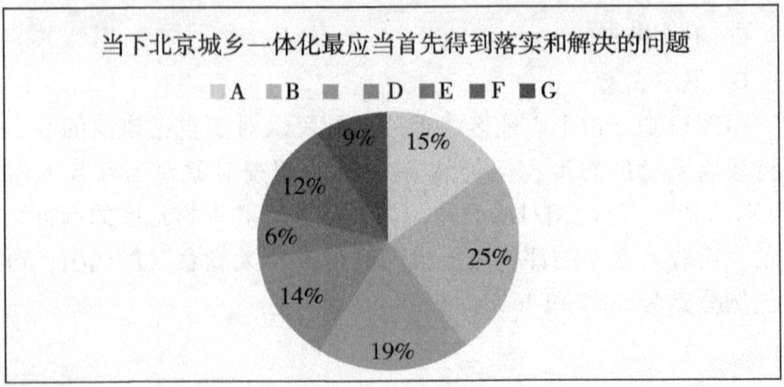

该图显示出，市中心地区的民众对于北京城乡一体化中最应当首先得到解决的问题的看法较为多样，但主要集中于产业结构、收入差距、资源配置这三个方面。

第二类：城乡接合部地区问卷调查典型问题的结果展示及对比分析

7. 您认为目前在基础设施建设方面，以下哪个选项所体现的城乡差距最大？（　　）

A. 交通设施建设　　B. 供水、供电、供暖系统

C. 垃圾处理　　D. 文化娱乐场所建设

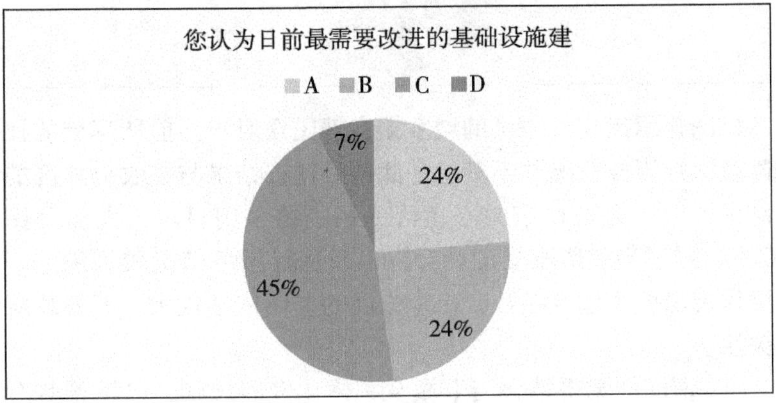

由图可知，大多数城乡接合部的居民认为当前最需要改进的基础设施项目是垃圾处理，这个结果的产生很大程度上与他们相对较差的生活环境有关。而市中心地区大部分的问卷调查对象则认为是交通设施建设和文化娱乐场所建设的差距最大，农村偏远地区的大部分民众则认为是供水供电供暖系统差距较大。不同的调查结果反映出不同地区民众的关注点和需求差异，可以为政府促进城乡一体化建设的政策制定提供方向性参照。

10. 您对当前所享有的社会保障及医疗服务情况满意吗？（　　）

A. 满意，社会保障及医疗服务比较完善，能满足需求

B. 不满意，社会保障尚不完善，医疗负担较重

C. 满意，保障措施和医疗服务都在改进

D. 不满意，改进提升速度慢，就医看病不方便

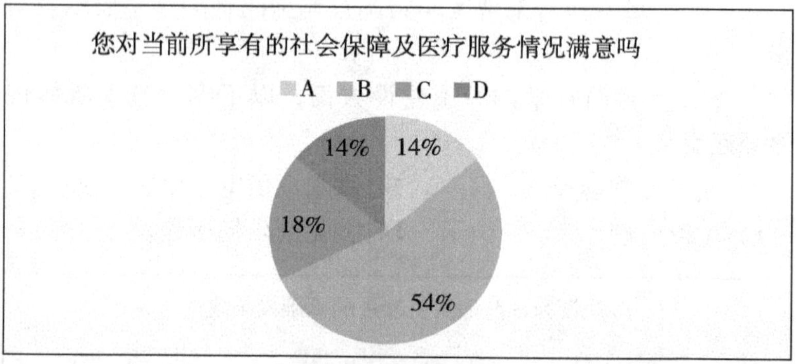

该图显示出超过一半的城乡接合部民众对于当前所享受的社会保障及医疗服务情况并不满意，此项的调查结果与在农村地区的调查结果类似，但是在市中心地区的调查结果则显示，大部分民众（47%）对于当前所享受的社会保障及医疗服务情况较为满意。该角度体现出城乡地区在社会保障方面的差距依然较大，需要政府重点关注。

13. 请问您觉得结合当下城乡一体化发展现状，以下哪些对策最有实践意义和效果（最多选择三项）

A. 调整优化农村产业结构，实现城乡产业联动发展

B. 大力发展农村社会事业，促进城乡基本公共服务均等化

C. 增加农民收入，缩小城乡居民收入差距

D. 强化城乡平等意识，提高城乡空间融合度

E. 强化新城发展，提高城镇化水平以带动城乡共同繁荣

F. 健全规范农村土地管理制度，并以全面建设农村社区为载体

G. 优化覆盖城乡的公共财政体制

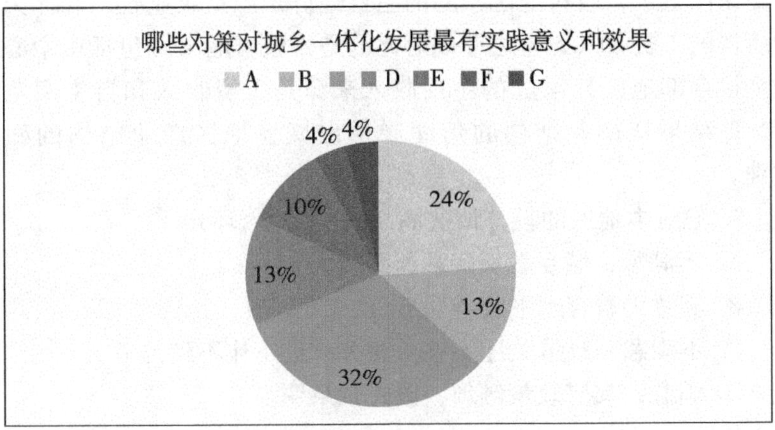

该图显示出，城乡接合部地区的民众对于最具实践性的政策的观点主要集中于产业结构、社会事业、收入差距、城乡平等这四个方面。

第三类：农村地区问卷调查典型问题的结果展示及对比分析

7. 您家庭的主要经济来源是（　　）

A. 工资收入（体力劳动）　B. 工资收入（技术、办公等）

C. 自主商业经营　D. 农业收入

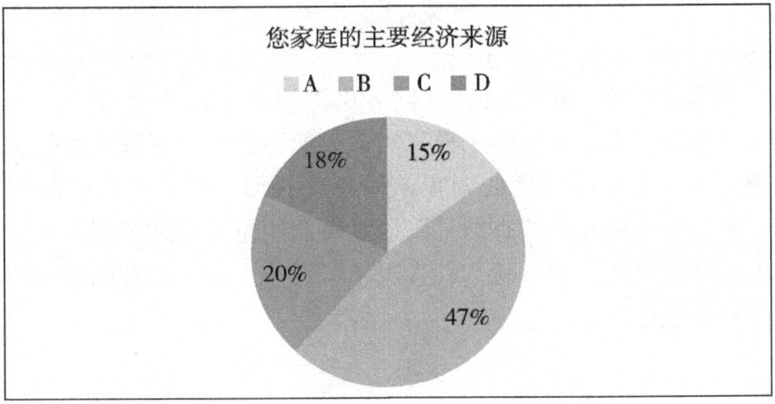

该图显示，农村地区家庭的主要经济来源是农业收入和体力劳动所得的工资收入，与之形成对比的是，城市地区（包括市中心和城乡接合部地区）家庭的主要收入来源是工资收入和自主商业经营。该结果从就业结构的角度展示出城乡地区产业结构的根本差别。

9. 您对本地区的教育情况满意吗？（五六环）

A. 不满意，城乡教育资源差距较大

B. 满意，教育水平改善明显

C. 不满意，政策关注不够，相关改进工作不到位

D. 满意，政府政策倾斜，改进效果明显

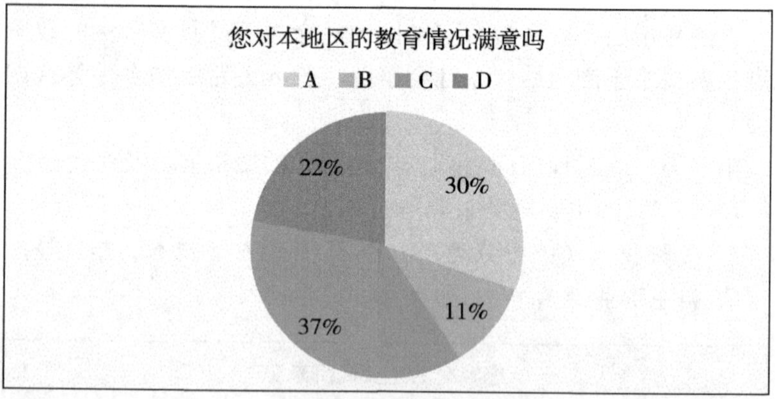

该图显示出，农村地区有较多比例的民众对于教育情况不满意，不满的原因主要集中于教育资源分配不公和教育政策推行上的问题。城乡接合部地区的调查结果与此相似，但总体比例相对偏低，而市中心地区的调查结果则显示民众的总体满意程度较高。通过该选项的对比分析，我们能直观了解到城乡地区教育问题的差距依然较严峻地存在。

12. 请问您觉得当下北京城乡一体化最应当首先解决的问题有（最多选择三项）

A. 二、三产业主要集中在城区，农民主要收入来源仍来自第一产业

B. 城市不断向农村方向扩张导致农业耕地面积的减少

C. 与城市居民相比收入差距较大

D. 城乡基础设施、公共服务、医疗卫生水平等差距较大

E. 部分工厂或旅游业在农村的发展，使农村生态环境恶化严重

F. 农村制度建设和社会管理相对滞后

G. 农村劳动者在外就业的竞争力弱，工作不稳定性高

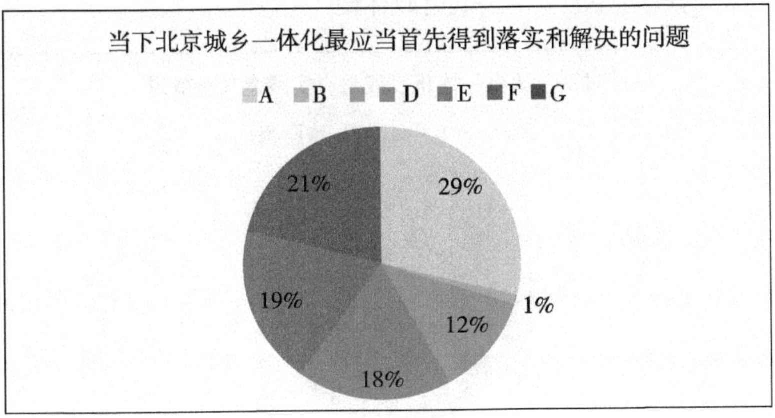

该图显示出，农村地区的民众对于城乡一体化中的关键性问题的认识较为多样化但比例分布较为均匀，只有B选项选择的比例偏低。该结果表明农村民众比较关注的问题主要集中于产业结构、生态环境、制度建设和社会管理、资源配置等方面，而对耕地问题并不怎么关注。反映出城乡一体化的推进已经较明显地改变了农村民众与耕地的经济关系，从而减少了农民对于耕地的经济依赖和思想

重视。结合城市地区对该选项的选择结果分析，表明城乡居民对于城乡一体化最需要解决的问题的认识较为一致。

13. 请问您觉得结合当下城乡一体化发展现状，以下哪些对策最有实践意义和效果（最多选择三项）

A. 调整优化农村产业结构，实现城乡产业联动发展

B. 大力发展农村社会事业，促进城乡基本公共服务均等化

C. 增加农民收入，缩小城乡居民收入差距

D. 强化城乡平等意识，提高城乡空间融合度

E. 强化新城发展，提高城镇化水平以带动城乡共同繁荣

F. 健全规范农村土地管理制度，并以全面建设农村社区为载体

G. 优化覆盖城乡的公共财政体制

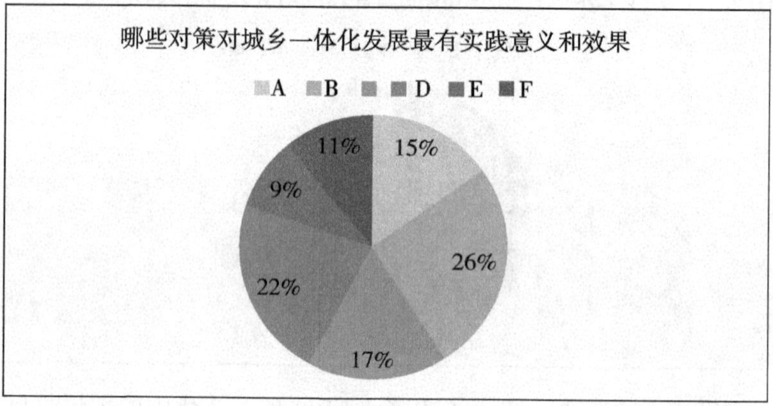

该图显示出，农村地区的民众对于城乡一体化对策的看法较为分散，因此整体的比例分布较为均匀。

综合以上分析，我们小组总结出以下结论：

1. 总体来看，城乡居民对于城乡一体化的概念理解情况并不乐观，尤其是在城乡接合部地区和农村地区，大多数民众的理解依然有偏差。

2. 产业结构、收入差距、资源配置等城乡一体化建设中的重点和难点问题依然是民众意见和诉求最集中的地方。

3. 北京市城乡居民对于城乡一体化建设中急需解决的问题认知以及需要采取的措施的看法多样化，表明城乡一体化建设进程中不同地区民众面对的问题有共性，同时也有地区差异。

（二）采访发改委官员范毅

本小组成员：罗文珺、么向卿、黄尘拂

采访内容总结如下：

1. 北京城乡一体化现状

第一，基础设施的延伸。总体来看，城乡道路设施建设、安全饮水、清洁能源和环境卫生的一体化进程不断加快。

第二，城乡公共服务的发展。在养老保险，医疗卫生水平，社会事业等方面，北京市城乡总体趋于平衡。

2. 现存问题

第一，现在人均只有一亩多地，在这种情况下要发展起来是很难的，因此要给农民从事非农产业的机会。北京市比较特殊，北京收入水平较高，城市人口比重高，因此消费会向农村转移。

第二，城乡一体化发展绝非搞“城乡一样化”。农村和城市各有其独特的自然风貌和生活方式。一定要把农村的生态和特色保护起来。城乡一体化的根本目的在于以城带乡，以工促农，带动农村地区的经济发展，提高农村人们的生活水平，使农村在生产发展，医疗卫生，基础设施，教育文化和相关养老保险等方面发展水平与城市相当，从而实现城市和农村在保留差异的基础上缩小差距，协调发展。

第三，农村确实应该适度集中，但是这个方法需要因地制宜，因为集中到一起也可能会带来很多问题。发展商业是需要一个环境和成本条件的，虽然集中在了一起，但是成本和环境都是要考虑的问题，有必要的条件才能发展。如果把农民集中在了一起仍然发展农业的话，这样做就相当的不方便。

3. 后续影响

影响不大。农业和其他的产业有很大的不同，农村老龄化程度比城市老龄化要高。此外，城市中的劳动力人口会“退休”，但农村的劳动力人口对于退休的概念相对模糊，因为大部分农村的劳动力是不会“退休”的。

在返乡农民工当中，绝大多数农民工返乡后会继续从事农业。也有一部分人回到农村从事小买卖或创办小企业，这也带动了农村的工商业发展。另一方面，随着农业的不断发展，农业收入水平不断提高，这也会吸引部分城里的农民工返回从事农业。

4. 相对合理的状态

如果全国的城乡都能具有像北京这样的（城市和农村的这种）收入水平和收入结构，可能我们就达到了城乡一体化较好的状态。我觉得北京最大的问题不是城市农村关系的问题，而是怎样处理北京这八百万人口的问题。2013 年，北京人口是 115 万，外来人口是 800 多万，北京农村不到 300 万人口。北京是轨道交通最多的一个城市，轨道交通随着未来的延伸扩散以后，接下来我们需要做的就

是公共服务，要扩散到郊区等地，差距得逐步缩小。当远郊区（相当于北京的农村）也能享受和中心城区相对均等的公共服务时，我认为就达到了一个比较理想的状态。

（三）百善村村民调查采访

本小组成员：邵迪、郑露露、伊琳

1. 上访受阻

村民反映，上访程序较多，问题反映到上级很难及时地解决问题。上访路径设计较为不合理，并且上访的渠道并不是很有效。电话、写信、上门上访，现在还能通过互联网，但是反映有一定的滞后性。

2. 少数政府官员素质较低

村民反映，在对待上访村民的时候，政府官员表现得不太友善，态度较差。有时候真正的情况不能够完全的反映。

3. 生活水平较低

农村居民普遍生活水平较低。农业生产这一块，政府给予的补助并不是很多，现在基本上种田主要靠雨水灌溉。现在虽然有医疗保障，但一年只有3000。教育方面，虽然能上本地的小学，但如果想要上择校的学校，则需要交纳择校费。

（四）调查结果总结

基于在城市发改委的采访，在北京城区不同地段的问卷调查，以及百善镇的实地访谈，并经过对三组采访结果的整理和分析，小组总结出目前北京市不同区域对于城乡一体化的认识以及目前北京市城乡一体化进程中出现的问题。

1. 采访发改委组

目前北京市城乡一体化进程较快，政府主要从推进基础设施和公共服务从城到乡延展着手，政策实行效果较好。目前亟待解决的是北京市800万人口滞留的问题。城乡一体化过程中出现的主要问题在于，很多地区政府没有很好地理解城乡一体化和城乡一样化的区别。

2. 问卷调查组

城市和农村对城乡一体化问题认识和意见存在差距，并且差距主要体现在基础设施建设方面和民生方面：

基础设施建设方面，农村偏远地区的调查对象认为供水供电供暖系统差距较大，而城市地区则认为是交通设施建设和文化娱乐场所建设差距最大。说明在城乡一体化过程中，要注重基础设施的完善和建设。

民生方面，虽然大家都表示对自己的收入不太满意，但收入的构成成分不尽相同。农村家庭的主要经济来源是农业收入和体力劳动所得的工资收入，城市家庭的主要收入来源是工资收入和自主商业经营。说明在城乡一体化的过程中要注重改善民生，同时促进人们收入结构的合理化。

3. 村民采访调查组

（1）农村居民对于城乡一体化的理解有不同

农村居民认为城乡一体化是农民转成居民，可以退休，有医保。现在工人可退休有保障但是农民没有。

（2）对基础设施建设如道路等还算满意但是公共服务做得不够

医疗保障上一年有每人三千补助。农民有农民保险，按照年龄计算。生病报销55%，到北京市三甲医院只报40%；而城镇报销95%。上学只能就近入学，则小学要缴纳高额择校费。在生活方面，生活不富裕，农民种地缺乏保障。

（3）缺乏情况了解

上层机关对农村农民的生活情况缺乏深入的了解。

（五）城乡一体化出现的问题分析

在实地调查的基础之上，小组也进行了大量相关文献的阅读和研究，保证了实践成果的全面性和科学性。小组通过对政府制定和推行政策过程的研究，来分析其中出现的问题，并对其解决措施及提升方案做初步的探究。

1. 政策制定

根据市场经济的发展规律，资源要素具有自发流向高收益地区和产业部门的必然趋向性。基于客观的经济规律，政策的制定也难免趋向于利益最大化，导致资源更多倾向于流向城镇，使第二、三产业得到优先、较快的发展。近年来，在北京市部分郊区，一些小型的工商企业开始兴办，部分乡镇企业仍在发展，且和当地旅游业结合的“农家乐”等形式的产业也取得了一定收入，但是这部分农村非农产业仍无法从根本上改变城乡二元结构。随着近年来乡镇企业改制，资本代替劳动的趋势明显，农民仍大多主要从事农业，收入较低，较大的农民人口基数也产生了很多剩余劳动力，进一步导致农民人均收入降低，城乡发展差距加大。

此外，政府各部门制定的城乡发展制度是不同的，这也是造成城乡发展不协调、二元结构明显的根本原因。仅以就业制度为例，在访谈过程中，国家发改委的工作人员表示，缩小城乡收入差距的方式之一，是鼓励农民进城打工，通过从事非农产业，提高农民收入。在农村剩余劳动力较多，且城镇失业、待业人口数巨大的情况下，将农民转入城市这一任务显得尤为艰巨。然而，即使农民进城，现行的就业制度也对他们的发展形成了阻碍，农民仍无法得到和城市人员一样的优先录用权，且很多岗位出现同工不同酬的现象。除就业制度外，严格的户籍制度、不完善的住房、医疗、保险设施和体系，使得农民工的整体生活水平并无明显改善，这些不平等的政策，都使得统筹城乡基础设施和公共服务的发展受阻，城乡二元结构长久地保持了下来。

2. 政策推行

在国家发改委采访范处长的过程中，我们了解到，现阶段有利于北京市城乡一体化发展的政策，还包括向农村延伸基础设施和公共服务。基础设施包括公路、铁路、通讯、水电煤气等公共设施，公共服务包括教育、科技、卫生、医疗、体育和文化事业建设等，为人们的生产和生活提供了极大的便利。发改委的范处长同样表示，北京市正在统筹城乡，使其相互促进，共同发展，因此北京市城乡一体化政策的推行以及实施效果是相对乐观的。

然而在小组组员前往百善村进行调查采访的过程中，村民则表示，他们真正享受到的政策福利很少，农村和城市的差距仍然很大。具体表现为生活水平较低，政府补助和保险保障费用较少，教育也不发达。

由此可见，相关政策的推行并非上层单位想象中的那样理想。近年来，政府在职能履行，政策推行方面的缺位和错位，放任和扩大了由市场带来的消极影响。个别部门仍然仅限于搞“面子工程”、“政绩工程”，导致城市向农村投入基础设施和公共服务建设的进度缓慢，效果不明显，无法惠及居住在农村的广大村民。

3. 反馈机制

村民也反映出“上访无门”等问题。当他们讲起上访经历的时候，都会遗憾地提及部分政府官员素质低下，没有耐心认真地倾听他们的诉求，甚至不接待村民的上访请求。社情民意反映渠道不够畅通，也导致政府和群众联系的链条上有脱节。这些都不利于上下层的交流联动，不利于政府及时发现问题，并采取相应措施提高人民生活水平，阻碍了城乡一体化发展的进程。

三、实践感悟与思考

经过实践，该小组得出加快城乡一体化进程的思路主要为以下两条：

（一）科学统筹城乡要素配置

为保障农村居民享受与城市居民共享发展成果，需要有效统筹城乡资源要素的分配，对公共资源的空间布局进行有效的调整。首先，要进一步加强基础设施的一体化建设，加大政府的资金投入，统筹城乡生活设施、信息基础设施、环境基础设施等。其次，将公共服务向乡村延伸，需要提高农村地区的教育文化水平，包括对设备、师资等方面的援助和支持。要提高医疗卫生的覆盖面，增加政府投入，增强公益性，减少商业性，加大对医学科研的支持力度，提高医疗报销比例，合理引导医疗资源的分配。要提高公共就业政策的科学性，不断开发就业渠道和岗位，落实就业管理，加强服务引导。要提高社会保障水平，就要尽快建立健全与社会发展水平相适应的社会保障制度，逐步实现覆盖城乡的社会保障体系。此外，必须调整收入分配格局，健全公共财政制度，一次分配注重公平，再分配注重效率，将更多的资金和政策扶持力度投入到农村建设上来，切实解决三农问题，缩小城乡发展差距。

（二）加强监督政府职能履行

加快推进城乡一体化的进程，实质上需要通过城乡收入分配格局的调整，来调节城乡利益关系。这需要政府来发挥强有力的宏观调控作用。从现状来看，目前政府还存在着管理幅度小，机构交叉多，信息不对称，职能履行差，部分政府官员素质有待提高，不作为或少作为等问题，这些都造成城乡基层群众的需求不被了解，阻碍了城乡一体化建设的顺利进行。因此政府应自觉履行职能，提高行政水平，使政策进一步透明化，并自觉接受人民群众的监督，坚持“从群众中来，到群众中去”的工作方法。

教师点评

该小组将合理在团队内部进行分工，就北京市城乡一体化的发展情况，既来到北京市发改委采访了权威专家，又来到百善村采访村民的感受，并且设计出三份分别针对市中心、城乡接合部及农村地区的问卷，对数据进行了采集和统计，这就形成了比较全面的样本数据，提高了采访结果的真实性。该小组在数据进行整合分析的过程中，发现了北京市城乡一体化在政策制定、推行以及反馈等环节中仍然存在较大的问题，这是整篇报告的创新点所在，也是其研究价值的体现。在发现问题后，小组成员积极进行了文献的查阅和分析，并在思考总结的基础上，创造性地提出了一套提升城乡一体化质量的方案，为城乡一体化问题提供了简单的智力支持。